데브옵스

DevOps Troubleshooting : Linux Server Best Practices

개발자, QA, 관리자가 함께 보는 리눅스 서버 트러블슈팅 기법

카일 랜킨 지음 / 조남웅, 주성식, 홍성민 옮김

Addison-Wesley
Pearson Education

위키북스

데브옵스:

개발자, QA, 관리자가 함께 보는 리눅스 서버 트러블슈팅 기법

지은이 카일 랜킨

옮긴이 조남웅, 주성식, 홍성민

펴낸이 박찬규 | 엮은이 이대엽 | 표지디자인 아로와 & 아로와나

펴낸곳 위키북스 | 주소 경기도 파주시 교하읍 문발리 파주출판도시 535-7

전화 031-955-3658, 3659 | 팩스 031-955-3660

초판발행 2013년 05월 30일

등록번호 제406-2006-000036호 | 등록일자 2006년 05월 19일

홈페이지 wikibook.co.kr | 전자우편 wikibook@wikibook.co.kr

ISBN 978-89-98139-26-1 (93000)

「이 도서의 국립중앙도서관 출판시도서목록 CIP는 e-CIP 홈페이지 | http://www.nl.go.kr/cip.php에서 이용하실 수 있습니다.
CIP제어번호: CIP2013005636」

데브옵스
개발자, QA,
관리자가 함께 보는
리눅스 서버
트러블슈팅 기법

• 차 례 •

01장   문제 해결 우수사례

02장　왜 서버가 이렇게 느리지? CPU, RAM 그리고 디스크 I/O의 자원 고갈

05장 서버가 다운됐는가?
네트워크 문제 원인 추적하기

10장   그건 하드웨어 고장이야! 일반적인 하드웨어 문제 진단하기

이 책은 우리의 첫째 아이인 기든을 가진 상황에서도
내가 시간 관리를 할 수 있게 다시 한번 도움을 주어
이 책을 마칠 수 있게 해준 나의 아내 조이의 지원 없이는 쓸 수 없었을 것이다.
또한 지금까지 그 어떤 서버보다 문제 해결에 탁월한
내 아들 기든에게 이 책을 바치고 싶다.

• 옮긴이 글 •

조남웅

문제 해결을 하다 보면 어떤 부분이 문제의 원인인 것 같은 심증은 있는데, 자신의 전문 영역이 아니라서 간단한 확인조차 하지 못하고 전문가가 오기만을 기다리는 상황을 자주 보아 왔다.

이 책은 특정 영역에 국한되지 않고 다양한 문제 상황에서의 문제 해결 접근법을 다루고 있기 때문에 문제 해결을 위해 전문가가 현장에 도착하기 전에 스스로 문제의 원인을 추적해 보고, 심지어 전문가의 도움 없이도 간단하게 문제를 해결할 수 있는 아이디어를 제공해 줄 수 있는 좋은 지침서가 되리라 생각한다.

늦은 번역에도 참고 기다려 준 공동 역자 성식이, 성민이에게 감사하고, 항상 멋진 남편, 멋진 아빠, 멋진 아들, 멋진 사위로 인정해 주는 가족들에게 감사의 마음을 전한다.

주성식

'배움 앞에 겸손하라.' 언젠가 대학교 동기인 친구랑 이야기하다가 나왔던 문구다. 지금 돌이켜 생각해 보면 대화의 앞뒤 문맥은 잘 생각나지 않지만 이 말을 처음 들었을 때의 충격은 여전히 또렷하다. 슬랙웨어 시절부터 리눅스를 좋아했던 역자는 리눅스에 관련된 문제 해결은 어떻게든 다 스스로 할 수 있다고 생각하고 있었고 알 수 없는 자신감이 항상 가득 차 있었다. 하지만 번역 과정에서 막상 당연하다고 생각했던 것들에 대해 왜 그렇게 됐을까, 라고 몇 번 더 스스로 반문하다 보니 금방 바닥이 드러났다. 저절로 대학 시절에 들었던 친구의 말이 떠올랐고, 다시 예전의 열정이 되살아났다. 카일 랜킨은 그동안의 경험을 군더더기 없이 이 책에 담아주었고, 책의 내용은 쉽게 이해할 수 있게 잘 쓰여졌다. 부디 이 책의 내용이 독자분들께 잘 전달되기를 기대한다.

좋은 책을 번역할 수 있는 기회를 주신 박찬규 대표님과 이대엽 편집자님께 감사드리며, 늘 피곤하다는 말을 입에 달고 사는 남편에게 위로와 희망으로 용기를 불어넣어주는 사랑하는 아내 정은이에게 깊은 감사를 전한다.

홍성민

역자는 여러 SI 프로젝트의 오픈 및 성능 테스트와 SM 사이트의 장애 현장에서 수많은 성능 문제 및 장애를 경험해봤다. 그 상황을 해결하기 위해 전문가 수준의 아주 깊은 지식과 경험이 필요한 경우도 있었지만, 많은 경우는 그 분야에서 조금만 경험이 있었더라도 해결할 수 있는 문제들이었다. 번역하는 내내 그 당시 이 책이 있었다면 해당 분야의 인력이 없어도 문제의 원인을 쉽게 찾을 수 있지 않았을까, 하는 생각이 머리에 맴돌았고, 역자가 현장에 있을 당시에 이 책이 나오지 않은 게 살짝 아쉽기까지 했다.

요즘 개발과 운영환경을 구분(?)하지 않고 긴밀하게 협업할 수 있는 데브옵스가 화두가 되고 있는 이 시점에 데브옵스 절차나 프로세스가 아닌 실제 현장에서 발생할 수 있는 여러 문제를 분석하고 해결책을 제시한 이 책이 그런 환경의 빈틈을 메꿔줄 수 있는 끈끈한 접착제가 됐으면 좋겠다.

아직은 원저자 카일 랜킨의 아들 기던처럼 문제를 해결하기 쉬운 대상은 아니지만 그래도 사랑스러운 17개월된 아들 태의와 이런저런 핑계로 집안일에 소홀하고 태의의 문제도 잘 해결해주지 못하는 남편을 대신해서 태의의 문제를 속전속결로 해결하는 "문제 해결 전문가"인 아내 지혜에게 사랑과 감사의 마음을 전한다.

·저 자 소 개·

카일 랜킨(Kyle Rankin)은 중견 시스템 관리자이자 데브옵스 엔지니어다. 노스 베이 리눅스 사용자 그룹의 현 대표이고, The Official Ubuntu Server Book, Knoppix Hacks, Knoppix Pocket Reference, Linux Multimedia Hacks, Ubuntu Hacks의 저자이자 다른 여러 책에 기여했다. 랜킨은 리눅스 저널(Linux Journal)에서 상을 받은 칼럼니스트로서 피씨 매거진(PC Magazine), 테크타겟(TechTarget) 웹사이트를 비롯한 다양한 매체에도 글을 기고해왔다. SCALE, OSCON, Linux World Expo, Penguico 및 다수의 리눅스 사용자 그룹에서 오픈소스 소프트웨어에 관해 자주 강연하기도 한다.

감사의 말

이 책에 대해 처음부터 실제 책으로 나오기까지 도와준 데브라에게 감사한다. 또한 시종일관 조언을 아끼지 않았던 트로터와 빌에게도 감사를 전한다. 마지막으로, 수년간 내가 작업했고 내 문제 해결 기술을 연마하는 데 도움을 준 모든 고장 난 시스템에게 고마움을 전한다.

•서 문•

데브옵스(DevOps)는 개발자, QA(Quality Assurance), 그리고 시스템 관리자가 여러 전통적인 환경에서 일하는 것보다 더 밀접하게 함께 일하는 세상을 그린다. 데브옵스가 이미 빠른 소프트웨어 전개와 자동화에 요긴한 것으로 인식됐음에도 데브옵스 접근법에 대해 종종 간과되는 이점은 모든 팀들이 시스템의 문제를 해결하기 위해 협업할 수 있을 때 나타나는 신속한 문제 해결이다. 안타깝게도 개발자, QA, 그리고 시스템 관리자는 시스템에서 발생한 문제에 대해 서로를 비난함으로써 그들이 자주 해결하는 문제 해결 기술의 차이를 보인다. 이 책은 그러한 차이를 극복하고 몇 가지 가장 일반적인 리눅스 서버 문제에 대해 팀 차원에서 적용할 수 있는 문제 해결 사례를 통해 모든 그룹에게 가이드를 제시하는 데 목표를 둔다.

이 책에서 다루는 주제는 모두 전통적으로 시스템 관리자의 영역이지만 데브옵스 환경에서는 개발자와 QA가 리눅스 관리에 대한 배경지식이 없더라도 직접 네트워크 문제를 해결하고, 웹서버를 설정하고, 과부하를 진단할 수 있다. 이 책을 시스템 관리자를 위한 문제 해결 가이드 이상으로 만들어주는 것은 바로 대상 독자와 이 책의 주제다. 이 책은 대상 독자를 리눅스 시스템 관리자로 두지 않고 데브옵스 조직에서 리눅스 시스템 관리자 수준의 경험이 많지 않은 재능 있는 개발자와 QA로 삼았다. 더불어 시스템 관리자이더라도 이 책의 내용은 여전히 유용하다. 이 책에는 선임급 시스템 관리자의 역량을 보강할 수 있는 문제 해결 기술들이 포함돼 있으면서 이해하기 쉽게 쓰여 있다.

데브옵스 원칙이 없는 전통적인 기업 환경에서 문제 해결은 개발만큼이나 제대로 되지 않는다. 어떤 서버 문제가 있을 경우 여러분이 개발자, 시스템 관리자와 동시에 통화할 수 있더라도 개발자와 시스템 관리자가 모두 각자의 전통적인 역할로 나뉘는 것을 예상할 수 있다. 시스템 관리자는 서버 자원과 로그만 살펴볼 것이고, 개발자는 "비대한" 또는 "버그를 유발하는" 코드에 대해 피할 수 없는 비난을 각오해야 할 것이다. 동시에 개발자들은 불안정하고 용량이 부족한 서버에 대해 불만을 토로할 것이다. 또는 아마 모든 이들이 운영 단계로 넘어가기 전에 미처 문제를 발견하지 못한 것에 대해 QA로 비난의 화살을 돌릴 것이다. 그 와중에 문제는 해결될 기미조차 보이지 않는다.

데브옵스 조직에서는 모든 팀 간의 협력은 부담을 주지만, 문제 해결에 있어서는 어떤 비난을 주고받는 상황이 없음에도 각자의 전통적인 역할로 나뉜다. 왜 그럴까? 그건 모든 사람들이 함께 일하고 싶지만, 동일한 수준의 문제 해결 기술과 기법을 갖추고 있지 않고, 다른 모든 이들이 각자의 분야에서 문제를 해결해주길 기다리고 있기 때문이다. 이 책의 목적은 리눅스 문제 해결에 있어 데브옵스 팀의 구성원들이 모두 같은 역량을 갖추게 하는 것이다. 모두가 동일한 리눅스 문제 해결 역량을 갖춘다면 QA 팀은 운영에서 문제가 발생하기 전에 그러한 문제를 더 잘 진단할 수 있을 것이고, 개발자들은 가장 최근에 체크인된 코드가 왜 시스템 부하를 두 배나 발생시켰는지 더 잘 추적할 것이며, 시스템 관리자들은 자신들이 진단한 내용에 더 확신을 갖게 될 것이다. 그렇게 되면 어떤 문제가 발생했을 때 모든 이들이 서로 앞다투어 도와주려고 할 것이다.

이 책은 여러분이 리눅스 시스템에서 직면할 가장 일반적인 문제 중 일부를 10개의 장으로 나눴고, 앞에서 배운 기법이 뒤에 나오는 내용(특히 과부하를 진단하는 방법과 네크워크 문제를 해결하는 방법에 관한)을 볼 때 도움될 수 있게 일정한 순서대로 나열돼 있다. 그렇지만 여러분이 이 책을 처음부터 끝까지 차례대로 읽지 않을 수도 있고, 특정 문제와 관련 있는 장으로 건너뛸 수도 있다. 그래서 다른 장에서 다루는 주제가 도움이 된다면 해당 부분을 알려줄 것이다.

- **1장 : 문제 해결 우수사례**   특정 문제를 해결하는 방법을 배우기 전에 리눅스 시스템의 바깥 영역에도 적용할 수 있는 전반적인 문제 해결 접근법을 배우면 좋을 것이다. 이 장에서는 이 책의 나머지 장에서 언급할 특정 문제 해결 절차를 밟을 때 활용하게 될 일반적인 문제 해결 원칙을 언급한다.

- **2장 : 왜 서버가 그렇게 느린 건가? CPU, RAM, 디스크 I/O의 고갈**   2장에서는 여러분이 해결해야 하는 가장 일반적인 문제 중 하나인 "왜 서버가 느린 건가?"에 적용할 문제 해결 원칙을 소개한다. 여러분이 QA 역할을 담당하고 있고 최근에 수행한 부하 테스트가 전보다 훨씬 느려진 이유를 찾고자 하는 상황이거나, 개발자로서 프로그램이 입출력을 과도하게 사용하는지 확인하려는 상황, 또는 시스템 관리자로서 8, 9 또는 13 부하가 괜찮은지 확신할 수 없는 상황일 경우 2장의 내용을 통해 부하 문제를 해결하는 데 필요한 기법을 모두 배울 수 있을 것이다.

- **3장 : 왜 시스템이 부팅되지 않는가? 부팅 문제 해결하기**   시스템이 부팅하지 못하는 원인은 다양하다. 3장에서는 먼저 정상적인 리눅스 부팅 절차를 훑어보고 부팅 과정의 각 단계가 실패했을 때의 상태를 살펴봄으로써 부팅 문제를 추적하는 데 도움을 준다.

- **4장 : 왜 디스크에 쓸 수 없는가? 가득 찼거나 오류가 생긴 디스크 문제 해결하기**   리눅스를 조금이라도 사용해본 사람이면 거의 누구나 시스템에서 디스크를 쓸 수 없는 상황을 겪어본 적이 있을 것이다. 개발자가 디버깅 로그를 남기는 탓에 우연히 디스크가 로그로 꽉 찼을 수 있고, 또는 단순히 파일 시스템 손상의 희생양일 수도 있다. 어떤 경우든 4장에서는 시스템에서 가장 많은 공간을 사용하고 있는 디렉터리가 무엇인지 추적하고 오류를 유발한 파일 시스템을 고치는 방법을 살펴본다.

- **5장 서버가 다운됐는가? 네크워크 문제 원인 추적하기** 데브옵스 조직에서 네크워크 문제 해결 기술은 대단히 가치 있는 능력으로 여겨진다. 때때로 네트워크 문제를 추적하는 것은 어려울 수 있는데, 왜냐하면 그러한 문제는 종종 이상한 방식으로 시스템에 영향을 주기 때문이다. 5장에서는 서로 다른 네크워크 계층에서 문제를 테스트하면서 단계별로 네크워크 문제를 분리해서 진단하는 방법을 보여준다. 또한 6장에서 언급할 DNS와 같은 특정 네트워크 서비스에 대한 문제 해결을 위한 기초적인 내용도 다룬다.

- **6장 : 왜 호스트명이 해석되지 않을까? DNS서버 문제 해결하기** DNS는 문제를 해결하기에 가장 난해한 서비스 중 하나다. 이것은 굉장히 많은 네트워크가 DNS에 의존하고 있음에도 많은 사용자가 DNS의 동작 방식을 잘 모르기 때문이다. DNS 대행업체를 통해 웹 화면에서 사이트에 대한 DNS 서비스를 만질 수 있는 웹 개발자이거나, BIND 서비스 전체를 담당하고 있는 시스템 관리자든 이러한 DNS 문제 해결 기법은 대단히 가치 있는 기술에 해당한다. 6장에서는 정상적이고 성공적인 DNS 요청을 추적하고 5장에서 다룬 DNS 문제 해결 사례를 기반으로 DNS 존 전송, 캐싱 문제, 구문 오류로 발생하는 문제를 파악하는 좀 더 구체적인 기법을 다룬다.

- **7장 : 왜 이메일이 전송되지 않았을까? 이메일 문제 추적하기** 이메일은 인터넷에서 가장 먼저 생겨난 서비스 중 하나였고, 여전히 중요한 통신 수단이다. 왜 자동화된 테스트 이메일이 전달되지 않았는지, 왜 소프트웨어의 이메일 알림이 막혔는지, 또는 왜 회사 전체를 대상으로 이메일 전송이 안 되는지와 관련해서 7장에서 다루는 내용은 잘못 설정된 중계 서버와 DNS 관련 메일 서버 문제와 관련된 각종 이메일 문제를 해결하는 데 도움될 것이다.

- **8장 : 웹사이트가 다운됐는가? 웹서버 문제 추적하기** 우리가 매일 접하는 꽤 많은 애플리케이션이 웹에 기반을 두고 있다. 사실 소프트웨어 개발자라면 웹 프로그래밍이 적어도 현재 개발 중인 소프트웨어의 일부를 차지하고 있을 가능성이 높고, 시스템 관리자라면 적어도 웹서버 한 대쯤은 책임지고 있을 것이다. 웹서버 관련 문제를 해결하는 것은 방대한 주제지만, 이 책에서는

요즘 가장 인기 있는 웹서버인 아파치와 엔진엑스(Nginx) 웹서버에서 접할 수 있는 일반적인 문제만 살펴보겠다. 8장에서는 서버 상태를 구하는 방법과 다른 일반적인 디버깅 기법뿐 아니라 높은 서버 부하의 원인을 확인하는 방법을 알아본다.

- **9장 : 왜 데이터베이스가 느린가? 데이터베이스 문제 추적하기**   여러분이 매일 사용하는 여러 소프트웨어가 웹을 기반으로 하는 것처럼, 여러분이 사용하는 많은 소프트웨어가 일종의 데이터베이스에 데이터를 저장한다. 9장의 내용은 8장과 비슷하지만 두 가지 가장 유명한 오픈소스 데이터베이스 서버인 MySQL과 PostgreSQL과 관련된 문제 해결에만 관심을 둔다. 8장과 마찬가지로 9장에서도 이러한 데이터베이스에서 부하와 관련된 수치를 구하는 방법과 과부하의 원인뿐 아니라 문제가 있는 쿼리를 찾는 방법을 알아본다.

- **10장 : 그건 하드웨어 고장이야! 일반적인 하드웨어 문제 진단하기**   앞에서 소프트웨어와 관련된 문제 해결 기법들을 알아보는 것과 더불어 서버 문제의 가장 일반적인 원인 중 하나인 하드웨어 고장에 대해서도 살펴봐야 한다. 하드웨어 고장으로 인한 문제 중 하나는 종종 하드웨어는 노골적으로 고장 나지 않는다는 것이다. 대신 RAM의 일부 영역에 오류가 생기거나, 하드디스크 섹터가 고장 나거나, 이더넷 카드가 임의의 패킷을 유실한다. 더 심각한 문제는 이러한 고장이 종종 거의 추적하기 불가능한 소프트웨어 문제를 유발한다는 것이다. 10장에서는 이상이 있는 RAM에서부터 고장 난 하드디스크, 죽어가는 네크워크 카드까지 몇 가지 일반적인 하드웨어 고장을 해결하는 방법을 알아본다. 10장에서는 랙에 탑재되는 서버에서부터 개인용 노트북에까지 적용할 수 있는 하드웨어 문제 해결 기법을 포괄한다.

01

문제 해결 우수사례

문제 해결은 일종의 능력이다. 저글링, 기타 연주, 요리, 프로그래밍과 같은 다른 능력들처럼 어떤 사람들은 선천적으로 문제 해결 능력을 가지고 있으며, 또 어떤 사람들은 그러한 능력이 없다. 여러분이 선천적으로 어떤 능력을 갖고 있다면 다른 사람들도 그럴 것이라고 생각할 수 있다. 하지만 결국 여러분이 한 번에 자전거 타기에 성공했었다면 (자연스럽게 기술을 습득하지 못하는) 다른 사람들에게는 상당히 많은 노력이 필요하다는 점을 당연하게 받아들일지도 모른다.

어떤 사람들은 선천적으로 문제를 잘 해결한다. 어떤 문제에 직면했을 때 그들은 자동으로 본격적인 문제 해결 활동을 시작하고 본능적으로 근본적인 원인을 찾을 때까지 문제를 더 분리하기 위한 조치를 취한다. 문제 해결에 능숙한 숙련공에게 자동차를 끌고 간다면 자동차의 증상을 설명하자마자 기어가 작동(회전)하는 것을 볼 수 있을 것이다. 숙련공은 이미 문제를 작은 원인으로 분리해내고 근본 원인에 대한 '예감'을 가지고 있다. 몇 가지 점검을 하고 나면 숙련공은 자신의 예감이 맞았다는 것을 확신할 것이고 자동차를 자기만의 방법으로 잘 수리할 것이다. 반면 문제 해결에 미숙한 정비공에게 자동차를 끌고 간다면 많은 수리비가 청구되고 연달아 부품을 교체하는 일이 발생해서 정비소를 계속해서 방문하는 일을 예상할 수 있다.

문제 해결은 누구나 배울 수 있는 기술이다. 다른 여러 기술처럼 문제 해결에는 그 기법들이 타고난 것이든 아니든 연습을 통해 제2의 천성으로 자리 잡을 수 있는 특정 기법들이 포함돼 있다. 여러분은 문제를 더 잘 해결하는 사람이 되기를 원할뿐더러 더 빨리 문제를 해결하는 사람이 되고 싶을 것이다. 특히 시스템 중단 시간이 비용으로 측정되는 환경에서 일을 한다면 더욱 그렇다. 문제 해결을 잘 하는 정비공과 못 하는 정비공 모두 결국에는 자동차를 수리할 테지만 여러분은 누구에게 그 일을 맡기고 싶은가?

데브옵스 조직에서는 팀원이면 누구에게나 일정 수준의 문제 해결 능력이 필요하다. 개발자는 본인이 만든 소프트웨어의 버그를 해결하고, 시스템 관리자는 자신이 관리하는 하드웨어 문제를 해결하고, 품질보증팀은 대부분의 시간을 문제를 찾고 근본 원인을 확인하는 데 보낸다. 데브옵스 팀원들이 모두 동일한 검증된 문제 해결 기법을 사용했을 때 전체 팀에 득이 된다.

1장에서는 여러분이 어떤 문제에도 즉시 적용할 수 있는 몇 가지 문제 해결 우수사례를 설명한다. 대부분의 사례를 읽고 나면 꽤 상식적인 것이겠지만, 얼마나 많은 사람들이 문제에 직면했을 때 아무 조치 없이 넘어가는지 알고 나면 놀라울 것이다.

문제 영역 나누기

내가 1과 100 사이에서 생각하고 있는 숫자를 알아 맞춰 보라고 한다면 어떤 숫자를 추측할 것인가? 내가 생각한 숫자가 73이라고 하고, 추측이 끝날 때마다 추측한 숫자보다 그 수가 큰지 작은지 말해 줄 것이다. 어떤 사람들은 무작위로 숫자를 추측할 수도 있고, 1로 시작해서 수를 증가시키면서 추측할 수도 있다. 문제 해결에 능숙한 사람은 아마 이와 같이 추측할 것이다. 50(더 크다), 75(더 작다), 63(더 크다), 69(더 크다), 72(더 크다), 73. 매번 추측할 때마다 맞출 경우의 수가 반으로 줄었다. 이 예제에서는 정답을 찾는 데 6번의 추측을 했다. 반면 1부터 시작해 하나씩 증가시켰다면 73회나 걸릴 것이다. 무작위로 추측했다면 운 좋게 정답을 맞히기 전에는 모든 숫자를 살펴봐야 할지도 모른다.

이 같은 접근법은 모든 문제 해결에 적용된다. 문제에 직면했을 때 어떤 사람은 즉시 가능성 있는 원인 목록의 맨 밑에서 시작해 하나씩 올라가면서 처리하고, 또 어떤 사람들은 운으로 원인을 찾을 때까지 무작위로 테스트한다. 문제 해결을 잘하는 사람은 테스트의 결과가 하나의 원인을 배제시키는 것이 아니라 같은 부류의 원인을 배제시킬 수 있는 각 테스트를 선택할 것이다. 나누어 정복하라. 문제 영역을 나눴을 때 테스트가 근본 원인을 밝히지 못할지라도 테스트 결과는 하나 이상의 원인을 배제시킨다.

예를 들면, 브라우저에 웹사이트를 띄우려고 했을 때 요청 시간이 만료되는 경우, 접속하려는 사이트에 또는 인터넷 연결에 어떤 문제가 있는지 테스트하고 싶다면 이더넷 케이블이 잘 꽂혀 있는지 확인하기 위해 바로 컴퓨터 뒤로 가지는 않을 것이다. 대신 아마도 내가 평소에 안정적이라고 알고 있는 다른 웹사이트 한두 개를 더 띄워 보려고 할 것이다. 그 웹사이트들이 잘 나왔다면 내 인터넷 연결은 정상이고 즉시 로컬 네트워크 연결을 검사하는 절차는 전부 배제시켰을 것이다.

팀원들과 함께 문제를 해결할 때도 팀원들이 문제 영역을 나누길 바랄 것이다. 가장 나쁜 것은 단지 여러분의 동료가 여러분과 정확히 같은 테스트를 해 왔는지 확인하기 위해 문제를 추적하는 것이다. 여러분이 팀을 이뤄 문제를 해결할 때는 각 팀원에게 서로 다른 테스트를 할당하고 일단 어떤 팀원이 한 원인을 배제시켰다면 그 결과가 모든 팀원에게 전달되는지 확인해야 한다.

협업할 때 원활한 의사소통 연습하기

팀으로 문제 해결을 수행할 때 가장 큰 도전거리 중 하나는 원활한 의사소통 방법을 마련하는 것이다. 의사소통이 원활하지 않다면 두 사람이 같은 문제를 해결하고 있다는 사실도 알지 못한 채 같은 문제로 작업을 하게 되고, 누군가가 이미 배제해놓은 문제 해결 경로로 접근하게 되거나, 더 심각하게는 지침을 잘못 이해해서 문제를 더 악화시키기도 한다. 다음 절에서는 협업을 위해 사용되는 몇 가지 의사소통 방법을 살펴보고 각 방법의 특징을 설명한다.

전화 회의

전화 회의는 가장 일반적인 방법 중 하나이며, 문제 해결을 위한 의사소통에서 절대적으로 가장 나쁜 방법 중 하나다. 가장 큰 문제점은 한 번에 한 사람만이 말할 수 있다는 것이다. 운 좋게도 전화 회의에 이슈를 직접 다루는 사람들만 참석했더라도 새로운 정보나 어떤 해결책, 주의사항 또는 그 밖에 다른 것들을 가지고 있는 사람들조차 발언 순서를 기다려야만 한다. 설사 차례가 돌아왔더라도 정전이나 불량 신호, 음소거를 잊은 스피커폰 사용자의 잡음 사이에서 그들이 말하는 바를 모두가 이해하리라 보장할 수 없다. 명령줄 명령어, IP 주소, 로그, 그 밖에 조금이라도 기술적인 사항에 대해 의사소통하기란 특히 어렵다.

문제를 빨리 해결하는 것이 중요한데도 전화 회의를 하자마자 수많은 장애물을 만날 것이다. 무엇보다도 전화 회의 번호와 접근 코드를 찾아 모든 것을 입력하고 '사회자'가 회의에 참석하는 동안 기다리는 데 시간을 보내야 한다. 일단 전화 회의가 연결되면 아래와 같이 첫 5분에서 10분까지는 전혀 회의가 진행되지 않으리라는 것을 예상할 수 있다.

> *삐~~* "___가 회의에 참여했습니다."
>
> 프레드: "누가 참여했습니까?"
>
> 테드: "테드입니다. 웹사이트가 동작을 안 해요! 무슨 문제인 것 같습니까?"
>
> 프레드: "글쎄요, 아직 확실치가 않습니다만… 방금 …에 로그인했습니다."
>
> *삐~~* "매리가 회의에 참여했습니다.."
>
> 매리: "안녕하세요. 웹사이트가 멈췄다구요? 무슨 문제인 것 같아요?"
>
> 프레드: "방금 웹서버에 로그인했고, … 보고 있습니다."
>
> *삐~~* "밥이 회의에 참여했습니다."
>
> 밥: (전화기 뒤로 고속도로 소음) "안녕하세요. 웹사이트가 멈췄다구요!"

사실 대부분의 문제 해결 팀은 전화 회의에서 혼자가 아니다. 관리자들은 문제 해결에 직접 기여할 수 없더라도 많은 문제 해결 프로세스와 관련된 의사소통 방법과 이슈를 '관리'하기 위한 중앙집중식 본부로서 전화 회의를 좋아한다. 전화 회의는 어쩔 수 없이 진척 보고를 빈번하게 해야 하며, 그것은 누군가가(문제를 해결하기 위해 가장 함께 일하고 싶은 팀 리더) 설명하기 위해 하고 있는 일을 중단한다는 것을 의미한다. 단지 한 사람만이 한 번에 말을 할 수 있기 때문에 설명하는 동안 팀원 누구도 의사소통할 수 없다.

본질적으로 아래에 나열한 다른 모든 의사소통 방법이 전화 회의보다 더 낫기 때문에 전화 회의는 이용 가능한 최후의 수단이 돼야 한다.

직접 대화

일반적으로 사무실에서 한 팀은 같은 공간에 함께 앉는다. 그러나 모든 팀원들이 가까운 거리에 있을 때도 사람들은 문제가 발생했을 때 의사소통을 위해 종종 전화 회의를 하려고 한다. 모든 팀원이 가까운 거리에 있는 경우, 소리를 내어 문제에 대해 논의하는 방법에는 많은 이점이 있다. 첫째, 일반적으로 누가 무엇을 말하는지 이해하기가 더 쉽다. 둘째, 한순간에 여러 명이 복합적인 대화를 더 쉽게 나눌 수 있다.

문제를 해결할 때 직접 대화가 불리한 점은 그리 길지 않은 로그나 URL 등의 비교적 기술적인 정보를 공유하기가 여전히 어렵다는 것이다. 무엇보다도 대화는 보통 기록되지 않기 때문에 사후검토를 위한 문제 해결 조치 기록이 없을 수 있으며, 중간에 대화에 참여한 사람에게 상황을 이해시켜야 할 필요가 있다. 게다가 모든 사람들이 같은 공간에서 일하지 않거나 문제가 퇴근 시간 이후에 발생한다면 결국 전화 회의로 되돌아가게 된다. 개인적으로 직접 대화는 몇 가지 더 나은 의사소통 방법을 보완하는 좋은 수단이다.

이메일

이메일은 문제 해결을 위한 협업에 좋은 수단이 될 수 있다. 긴급한 상황이 아닌 경우에는 더욱 그렇다. 인기 있는 오픈소스 프로젝트의 공개 오류 추적 시스템이 좋은 예다. (전화 회의나 직접 대화 같은) 소리를 통한 의사소통 방법에 비해 이메일의 이점은 아래와 같다.

- 한 번에 다양한 대화가 가능하다.

- 주제와 일부 벗어난 대화를 하는 것도 쉽다.

- IP 주소, URL, 명령어 등을 붙여넣기가 쉽다.

- 화면 캡처 이미지나 로그 등을 첨부할 수 있다.

- 문제 해결 과정에서 중간에 참여한 사람도 이메일 이력을 읽고 스스로 상황을 파악할 수 있다.

- 문제 해결을 위한 협업 과정에 대해 시간이 포함된 기록과 명령어의 출력 결과뿐 아니라 다른 의사소통 방법으로는 얻을 수 없는 그 밖의 데이터까지 포함된 내용을 자동으로 얻을 수 있다.

그러나 이메일을 이용한 의사소통 방식에도 여전히 많은 문제점이 있다. 첫 번째로 이메일은 실시간적이거나 상호작용이 풍부하지 않다. 그래서 항상 누군가에게 직접 이야기할 때는 없는 지연이 발생하며, 이로 인해 문제 해결 과정을 정말로 지연시킬 수 있다. 두 번째로 여러 개의 회신이 포함된 긴 이메일은 분석하고 읽기가 어려울 수 있다. 특히 사람들이 회신 방식에 대해 서로 다른 원칙을 가지고 있을 경우 본문 위에 회신을 넣었는지, 아래에 회신을 넣었는지, 혹은 본문에 직접 작성했는지에 따라 이해하는 데 어려움이 발생할 수 있다. 또한 문제에 대한 의견과 첨부된 출력 결과 사이에 중첩되어 포함된 중요한 정보를 못 보고 지나치기도 쉽다. 여러분이 관리자이고 모니터링 소프트웨어를 설치했다면 모니터링 결과를 알리는 방법의 하나로 이메일을 사용할 수도 있다. 문제 해결 과정 동안 여러분의 메일 수신함은 모니터링 소프트웨어에서 보내온 경보 메일로 가득 차 있을 수도 있으며, 이런 경우에는 많은 이메일 사이에서 문제 해결을 위해 논의한 메일을 찾기 어려울 수도 있다. 마지막으로, 여러분이 해결하고자 하는 문제가 이메일 서버가 다운된 경우라면 어떻게 하겠는가?

실시간 대화방

실시간 대화방은 한 팀이 문제를 해결할 때 협업하기에 가장 좋은 방법 중 하나다. 실시간 대화방은 IRC(Internet Relay Chat)나 그룹 대화 기능을 제공하는 재버(Jabber) 같은 메신저를 포함한다. 다른 의사소통 방법에 비해 대화방이 지닌 몇 가지 이점은 아래와 같다.

- 의사소통이 실시간으로 이뤄지고 상호작용이 풍부하다.

- 여러 명의 사람들이 동시에 의사소통할 수 있다.

- 각 개인들은 사적으로 대화할 수도 있다.

- 기술적인 정보를 첨부하기 쉽다.

- 대부분의 대화방 소프트웨어는 화면 캡처 이미지나 로그 등을 공유할 수 있는 파일 공유 기능을 제공한다.

- 사후검토를 위해 대화 내용을 기록할 수 있다.

- 일부 대화방은 새롭게 참여한 사람들을 위해 대화 기록을 보존하고 있기 때문에 쉽게 속도를 내서 참여할 수 있다.

- 여러분이 다른 뭔가에 집중하고 있을 때 대화를 무시할 수 있고, 다시 대화로 돌아와 따라잡을 수 있다.

- 문제의 현재 상태를 대화방 제목으로 설정할 수 있어 관리자를 만족시킬 수 있다.

하지만 대화방을 이용한 의사소통에도 문제가 없는 것은 아니다. 첫째, 일부 대화방 소프트웨어만이 대화 이력을 저장한다. 이 기능이 없다면 대화에 새로 참여하는 모든 협업자들은 최대한 빠르게 대화를 이해할 필요가 있을 것이다. 또한 몇 줄 이상 긴 텍스트를 붙여넣은 경우, 대화방에서는 읽기 어렵기 때문에 많은 양의 데이터를 공유하기 위해 이메일이나 다른 수단이 필요할 수도 있다. 마지막으로 어떤 사람들은 내용을 입력하기보다 이야기하는 것을 더 좋아하기도 한다. 특히 타이핑을 빠르게 하지 못하는 사람이라면 더 그렇다. 그렇기 때문에 그들을 대화방에 참여시키는 것은 어려울 수도 있다.

굳이 이야기하지 않을 수도 있지만 문제 해결 과정 동안 민감한 데이터가 많이 공유되기 때문에 기밀 유지를 위해 채팅 서버를 여러분의 통제하에 두고 사용하는 것이 더 좋다. IRC와 재버 모두 여러분의 통제하에 의사소통이 유지되는 것을 보장하기 위해 직접 설치해서 쓸 수 있는 오픈소스 서버를 제공한다.

대체 가능한 의사소통 수단 확보하기

어떤 의사소통 방법을 선택하든 대체 가능한 의사소통 수단을 확보하고 싶을 것이다. 이메일 서버가 다운된다면 이메일로 의사소통하기가 어려워진다. 네트워크 문제가 생긴다면 내부 채팅 서버에 연결하지 못할 수도 있다. 주된 의사소통 수단을 이용할 수 없는 경우 의사소통할 수단을 빨리 찾아서 모두가 그 수단을 이용하는 방법을 알고 있는지 확인한다.

느리고 복잡한 테스트보다 빠르고 간단한 테스트를 선호하라

모든 문제에 순서에 따라 시도해야만 하는 논리적인 테스트 집합이 있으면 좋을 것이다. 대신 똑같이 적당한 가능성을 지닌 다양한 원인들을 파악하게 될 것이다. 어떤 것을 가장 먼저 시도해야 할지 파악하기는 어려울 수 있지만 여러분이 수행해야 할 두 개의 동등하게 적당한 테스트를 확보하고 있을 경우 느리고 복잡한 것보다는 빠르고 간단한 테스트를 선호해야 하는 것은 오래전부터 내려오는 경험의 법칙이다.

시스템 중단 시간이 돈으로 측정되는 조직에 있다면 가능한 한 빨리 문제의 근본 원인을 찾는 것은 중요하다. 예를 들어, 웹서버가 다운됐을 때 문제를 해결하기 위한 수많은 방법이 있지만 서버로 ping을 시도해 본다면 서버가 여전히 네트워크상에 있는지 즉시 알려줄 수 있는 빠른 테스트를 수행할 수 있다. ping이 작동하지 않는다면 서버를 네트워크상에 되돌려 놓을 방법을 찾기 위한 노력을 기울일 수 있다. ping이 정상적으로 작동한다면 문제 해결과 관련된 좀 더 긴 절차를 시작할 수 있다. 하지만 이런 사항을 확인하는 데는 단지 몇 초밖에 걸리지 않는다.

빠르고 간단한 테스트는 팀을 꾸릴 때 한 번에 한 개의 테스트를 하는 것 이상으로 실행하기가 더 쉽다는 이점이 있다. 이러한 경우 누군가가 더 짧고 더 간단한 테스트에 집중하고 있는 동안, 한 명의 팀원이 느리고 복잡한 테스트에 공을 들이고 있다는 것을 이해해야 할지도 모른다. 팀원 모두가 의사소통이 잘 되기만 한다면 이런 방법을 이용해 근본적인 원인을 빠르게 파고들 수 있다.

빠르고 간단한 테스트를 선호해야 하긴 하지만 주로 참여자가 없는 경우라면 느린 테스트로 시작하는 것이 좋다. 이러한 이유는 느린 테스트를 시작하고 테스트가 진행되는 동안 다른 일들을 할 수 있기 때문이다. 이 같은 아이디어는 시간이 좀 걸릴 수 있는 다른 문제 해결 과정에도 적용된다. 예를 들어, 문제 해결 과정의 일부로서 티켓을 보관하거나 다른 지원 부서로 공지를 보낼 필요가 있다면 그 과정을 시작하고 나서 좀 더 집중해야 할 다른 일에 뛰어드는 것이 낫다.

다음은 문제 해결을 위한 훌륭한 질문이다. "플러그에 연결돼 있는가?" 이따금 가장 큰 문제 중 일부는 가장 간단한 원인으로 발생한다. 네트워크 케이블과 전원 케이블이 종종 느슨하게 연결돼 있는 경우 살짝 케이블을 밀어 넣기만 해도 충분히 서버를 네트워크상으로 돌려 놓을 수 있다. 플러그에 연결돼 있는지 확인할 수 있을 만큼 시스템에 가까이 있다면 결과를 확인하기 위해 몇 분 동안 포트 스캔 결과를 기다리면서 컴퓨터 앞에 앉아 있는 것보다 빠르게 플러그가 연결돼 있는지 눈으로 확인하는 편이 훨씬 더 좋은 방법이다.

과거의 해결책을 선호하라

중요한 사실은 대부분의 문제가 한 번 이상 발생한다는 것이다. 일부 사람들이 빠르게 문제를 분리할 수 있는 초자연적인 능력을 가질 수 있는 이유 중 하나는 그들이 이전에 같은 일들을 여러 번 경험했기 때문이다. 더 많은 문제 상황에 노출될수록 더 훌륭하고 빠른 문제 해결사가 될 것이다.

문제를 해결할 때 전에 봤던 것과 같은 증상을 종종 보게 될 것이다. 지난 번에 근본 원인이 무엇이었으며, 문제를 분리하기 위해 사용했던 조치가 무엇이었는지 떠올려 보려고 노력하라. 대개 증상이 같은 경우 근본 원인도 같을 것이고, 그것을 알아차릴 수만 있다면 훨씬 더 빠르게 문제를 해결할 수 있다. 사람들이 말하는 것과 같이 뭔가가 오리처럼 걷고 오리처럼 꽥꽥거린다면 아마도 그것은 오리일 것이다.

하지만 이따금 그것이 오리가 아닐 때도 있다. 어떤 증상이 유사한 경우 과거의 해결책을 선호하는 원칙을 취하는 일부 사람들을 봐왔으며, 그들은 절대로 어떠한 다른 설명도 듣지 않는다. 사실 완벽하게 다른 문제도 종종 같은 증상을 보일 수 있다. 특히 표면적으로는 더 그렇다. 예를 들어, SSH를 통해 서버에 연결할 때 서버가 부하를 많이 받고 있거나 네트워크 연결이 집중되어 포화 상태인 경우 연결이 지연되거나 느린 것처럼 보일 수 있다. Nmap(유용한 포트 스캐닝 도구)은 방화벽이 포트를 막았거나, 라우터에 설정이 잘못돼 있다면 포트가 걸러질 수 있다고 보고할 것이다. 여러분이 너무 **빠**르게 과거의 해결책에 모든 관심을 집중시킨다면 편견을 가질 수 있으며, 진짜 문제를 찾기가 훨씬 더 어려워진다.

문제 해결 과정을 이끌기 위해 과거의 해결책을 사용하더라도 여러분의 가설을 확실히 테스트하는 것이 문제 해결의 열쇠다. 지난 번 문제를 분리시켰던 몇 가지 방법들을 기억한다면 이번에는 훨씬 더 빠르게 테스트를 통해 입증할 수 있을 것이다. 테스트 결과가 다르다면 다른 이론으로 옮겨갈 준비를 한다.

문제점과 해결책 문서화하기

앞에서 언급한 바와 같이 대부분의 문제는 한 번 이상 발생한다. 이러한 사실을 이용할 수 있는 가장 좋은 방법 중 하나는 문제점과 해결책을 문서화하는 것이다. 이러한 과정을 사후검토라 한다. 문제가 해결된 후에 참여했던 사람들이 함께 모여 뭐가 잘못됐고 문제를 분리하기 위해 어떤 조치를 수행했었는지 결과와 함께 문서화한다. 사후검토의 마지막에 근본 원인을 파악하고 나면 더 나아가 이상적으로는 재발 방지 대책을 위한 몇 가지 조치가 추가된다.

사후검토를 진행하는 중에는 모두가 바쁜 일정 속에서 시간을 빼앗기지만 이를 수행할 만한 가치가 있다. 주된 이유는 같은 증상이 다시 발생한 경우 문제를 해결하기 위해 예전에 수행했던 사항들을 기억하기 어렵다는 것이다. 이성을 잃은 나머지 전에 해당 문제를 본 적이 있다는 사실밖에 기억나지 않을 때가 있다. 문제와 일치하는 사후검토를 찾을 수만 있다면 문제를 분리할 수 있는 즉각적인 문제 해결 절차를 알아낼 수 있다.

팀을 꾸릴 때 문서화 과정은 모든 팀원들을 더 나은 문제 해결사로 만든다. 후배 팀원들은 선배 팀원들의 경험으로부터 배울 수 있고, 팀원 모두가 새로운 도구와 기법들을 함께 배울 수 있다. 더 좋은 점은 어떤 문제에 대한 해결책이 문서화됐을 때 후배 팀원들이 스스로 문제를 해결하기가 더 쉽다는 것이다. 이것은 여러분이 대기 중이 아닐 때 긴급 호출을 덜 받고, 휴가 중일 때 덜 방해받는다는 것을 의미한다.

사후검토를 적절하게 수행한다면 중요한 자산이 될 수 있다. 그러나 형편없이 수행한다면 사후검토가 해결하는 것보다 훨씬 더 많은 문제를 야기할 수 있다. 문제 해결 기법과 절차에 대해 얘기하고 문서화하는 것은 좋다. 그러나 근본 원인으로 돌아가 추적해야 한다. 일단 문제가 해결되고 나면 근본 원인을 추적하기 위해 로그를 꼼꼼히 조사하는 일에 별도의 시간과 노력이 필요한 것이 사실이다. 어떤 팀은 증상과 문제 해결을 위해 그들이 했던 것들을 설명할 수 있는 능력이 있는 한, 문제 해결을 위해 몇 번이고 그렇게 할 것이다. 종종 서버를 재부팅하고 서비스를 다시 시작하는 것이 유일한 문제 해결 방법인 팀도 있다. 근본 원인을 분리하지 못한다면 아마도 반복해서 동일한 문제를 겪게 될 것이다.

물론, 문제가 재발하지 않게끔 몇 가지 조치를 취한다면 근본 원인을 찾아내는 것만으로도 유용한 방법일 것이다. 일단 근본 원인을 알고 있다면 어떻게 수정해야 하고, 누가 조치를 취해야 할지 알 수 있다. 대체로 이처럼 실천하는 것은 말은 쉽지만 행동하기는 어렵다. 하지만 같은 문제를 다시 볼 가능성이 충분히 있으며, 근본 원인을 파악해 둔 사후검토가 없다면 그 문제를 다시 봤을 때 최악의 경우 관련 문제를 해결하는 데 들이는 노력이 전혀 가치가 없다고 판단할 수도 있다.

어떤 팀들은(여러분이 그 팀들을 팀으로 부를 수 있다면) 정반대의 문제를 가진다. 그들은 근본 원인을 분리하기 위해 사후검토를 사용하는 것을 굉장히 좋아하지만 누구를 비난해야 하는지밖에 모른다. 이런 환경에서 사후검토는 방어적이고 종종 공격적인 성격을 띠어 결국 역효과만 생기고 만다. 책임소재를 밝혀내는 것이 사후검토의 전부가 돼 버린다면 사람들은 사후검토에 참여하기를 점점 싫어하게 되고 사실을 점점 더 밝히려 하지 않을 것이다. 특히 문제가 본인과 연관돼 있을지도 모른다고 생각하면 더욱 그렇다. 결국 책임져야 할 누군가를 찾았더라도, 실제 근본 원인을 찾지 못할지도 모른다. 이런 상황은 새로운 문제를 해결해야 할 때 더욱 더 불행한 역기능 환경을 초래하게 된다. 가까운 곳에서 문제를 해결하는 대신 "결론적으로 내 문제는 아니야"라는 것을 증명하는 데 초점이 맞춰진다.

마지막으로, 일부 사람들은 문제가 해결되기도 전에 사후검토를 할 만큼 사후검토를 너무 좋아한다. 위기 상황에 처했을 때는 반드시 문제에 다가서고 문제를 분리하기 위해 수행할 문제 해결 단계에 초점을 맞춰야 한다. 문제 해결 전 사후검토는 너무 일러서 근본원인을 알 수가 없다. 이를 표현하는 만고의 명언이 하나 있다. "이 문제가 다시는 발생하지 않게 하려면 어떻게 해야 할까?" 만약 복잡한 문제를 해결해본 경험이 있다면 근본 원인이 될 수 있다고 생각하는 것들이 문제를 해결하는 과정 동안 여러 번 바뀔 수 있다는 사실을 알고 있을 것이다. 종종 문제 해결 환경은 많은 스트레스를 주며, 고도의 집중력을 필요로 한다. 문제가 금전적인 비용 손실을 일으킬 때 특히 더 그러하며, 집중을 방해하는 요인들은 단지 문제가 해결되기까지 더 오랜 시간이 걸릴 것임을 의미할 뿐이다.

근본 원인을 이제 막 식별했다고 해도 모두를 위해 진정하고, 흥분을 가라앉히며, 장기적인 해결책을 계획하기에 앞서 발생했던 사항들에 대해 생각할 수 있는 충분한 시간을 부여하는 편이 훨씬 더 낫다. 이렇게 할 시간이 없다면 문제 해결이 지연되거나 문제를 해결하는 것보다 더 많은 문제를 일으키는 역효과와 임시방편에 불과한 대책들이 나올 가능성이 더 높다.

변경 사항 파악하기

시스템 문제의 가장 큰 원인 중 하나는 변경이다. 모든 것이 오랫동안 문제없이 작동하고 있었을 때 문제가 발생한다면 가장 먼저 물어봐야 할 것은 '무엇이 변경됐는가'다. 만약 시스템이 끊임없이 불안정하다면 문제의 원인으로 새롭게 변경된 것을 생각하지 않을 것이다. 그러나 안정되고 변경된 사항이 없고 모든 다른 것들이 동일한 시스템이라고 한다면 문제 해결을 위해 가장 먼저 변경 사항을 고려해야 한다. 시스템에서 변경된 사항을 식별하고 배제시키는 것은 문제 해결 과정을 극적으로 빠르게 진행되게 할 것이다.

시스템 변경이 문제의 원인이 될 수 있더라도 변경을 추적할 방법이 없다면 아마 문제를 더 빠르게 해결할 수 없을지도 모른다. 변경을 추적할 어떠한 수단도 갖추고 있지 않다면 일단 시스템이 안정적인지 진지하게 고려해야 한다. 누군가가 "짐이 문제가 발생한 시점에 코드를 변경했다"라는 말을 하는 즉시 문제를 추적하면서 경고 신호를 받는 것보다 더 좋은 것은 없다. 안정적인 시스템에서 무엇이 변경됐는지 물어보고 변경 사항을 알아낼 길이 없다는 사실을 깨달으면서도 문제를 발견하는 것보다 더 나쁜 것은 없다.

변경을 추적하는 수단을 갖추고 있더라도 한번에 단 한 가지만 변경하도록 통제할 수 있다면 가장 좋다. 문제가 발생한 시점에 일어났던 유일한 변경 사항을 파악할 수만 있다면 문제를 분리하기가 훨씬 더 간단할 것이다. 10개의 코드 조각과 3개의 설정 파일이 동시에 변경됐다면 훨씬 더 문제를 찾기 어려울 것이다. 관계없는 많은 것들은 한꺼번에 제거하기 위한 방법으로 maintenance windows[1]를 사용하는 팀을 본 적이 있는데, 문제는 maintenance windows를 사용하는 동안 문제가 발생할 때 근본 원인을 분리하기가 훨씬 더 어렵다는 것이다.

변경을 추적하기 위한 시스템을 가지고 있다면 훌륭하다. 그러나 문제를 야기시킨 변경 사항들을 원래 상태로 되돌려 놓는 시스템이라면 훨씬 더 좋을 것이다. 적어도 문제가 발생하기 전의 시스템 상태로 모든 변경 사항을 돌려놓을 수 있고, 그럼에도 여전히 문제가 있다면 주요 가설을 배제하고 다른 테스트로 옮겨갈 수 있다. 변경 사항을 되돌려 놓을 수 있더라도 여전히 한 번에 한 가지만 변경하려고 노력하라. 대량의 변경사항들을 원래대로 되돌려 놓음으로써 문제가 해결될지도 모르지만 문제의 원인을 찾으려면 여전히 각 개별 변경 사항을 파헤쳐야 한다.

이 모든 것들이 그렇다 하더라도, 변경이 항상 문제의 원인이 되는 것은 아니다. 사실 저자는 문제 해결 과정에서 '무엇이 변경됐는가?'라는 질문이 중요한 것에서 관심을 딴 곳으로 돌리게 하는 경우를 자주 경험하기도 했다. 이 모든 문제 해결 철학과 마찬가지로 변경이 문제의 원인이라는 가설을 확실히 테스트하고, 문제의 첫 징후를 보는 즉시 모든 것을 원래대로 돌려놓아서는 안 된다.

시스템의 동작 방식 이해하기

내가 시스템 관리자로서 수년 동안 배운 한 가지는 바로 문제가 생겼을 때 사람들은 자신이 가장 잘 이해하지 못하는 기술을 탓한다는 것이다. 내가 경험한 바로는 DNS가 네트워크 문제에 대한 희생양이었다. 내가 DNS 서버를 관리했던 동안 DNS 서버는 항

---

1 http://technet.microsoft.com/en-us/library/bb694295.aspx

상 안정적이었기 때문에 어쩌다 그렇게 됐는지는 전혀 모른다. 그러나 네트워크 문제가 발생한 순간 사람들은 칸막이 위로 얼굴을 내밀고 "DNS가 다운됐어요?"라고 물어볼 것이다. 나는 DNS 서버 책임이라고 했던 사람들이 DNS 서버에 대해 가장 적게 알고 있는 사람들이라는 사실을 알게 됐다. 나는 회사 내에 DNS의 작동 방식을 가르치는 강좌를 개설해서 해결했는데, 나중에 그 강좌에 참석했던 사람들이 네트워크 문제를 DNS 탓으로 돌리는 것을 그만뒀다는 것을 알게 됐다(그 강좌에 참석하지 않았던 몇몇 사람들은 여전히 DNS 문제라고 생각했다.)

여기서 중요한 점은 여러분이 잘 이해하지 못하는 기술로 책임을 돌리는 본능이 여러분과 같은 문제 해결사뿐 아니라 그 밖의 사람들에게도 적용된다는 것이다. 문제를 해결 중인 시스템이 어떻게 작동하는지 이해하고 있다면 훨씬 더 효율적인 문제 해결사가 될 것이다. 리눅스 문제를 해결하는 관점에서 보면 이것은 TCP/IP, DNS, 리눅스 프로세스, 프로그래밍, 메모리 관리 등을 잘 이해하는 것을 의미한다. 이 책은 문제 해결 측면에서 이 주제들 중 상당 부분을 설명하는 데 도움될 것이다. 그러나 이러한 주제가 굳이 문제 해결을 위한 것이 아니더라도 어쨌든 알고 있어야 할 좋은 주제라는 사실은 자명하다.

시스템이 어떻게 작동하는지 더 많이 이해할수록 더 빠르게 해당 시스템의 문제를 해결할 수 있다는 사실을 알게 될 것이며, 문제에 대한 여러분의 예감을 더 많이 신뢰할 수 있을 것이다. 더불어 여러분이 헛된 노력을 기울이지 않게 도와줄 것이다. 그러면 많은 테스트를 수행하지 않고도 근본 원인을 상당 부분 배제시킬 수 있을 것이다.

인터넷을 사용하되, 주의 깊게 사용하기

인터넷은 문제 해결을 위한 매우 소중한 자원이 될 수 있다. 아마 여러분은 특별한 오류 메시지를 전 세계에서 처음으로 접하는 사람이 아닐 것이다. 다른 누군가가 여러분과 같은 증상을 경험해 봤으며, 검색을 통해 적용 가능한 해결책을 찾을 가능성이 있음은 말할 것도 없다.

문제 해결을 위해 인터넷을 사용하기에 앞서 문제에 대해 확실히 이해하고 있어야 한다. 서버가 네트워크상에 있지 않을 때 검색 엔진에 '서버가 네트워크상에 있지 않음

(server not on network)'이라고 입력했다면 크게 도움이 될 만한 결과를 얻지 못할 것이다. 일단 문제 범위를 좁히기 위해 몇 가지 조치를 취하고 문제를 더 확실히 이해하고 있다면 문제 해결에 매우 도움이 되는 구체적이고 정확한 검색어를 구사할 수 있을 것이다.

나는 매우 구체적인 오류 코드나 구문이 포함된 문제를 해결할 때 인터넷이 가장 유용하리라는 사실을 알게 됐다. 구체적인 문제를 설명하는 오류 코드는 해당 코드가 의미하는 바를 이해하지 못하더라도 검색하기에 간단하기 때문에 도움될 수 있다. 보통 오류 코드를 봤을 때 그것이 의미하는 바와 해야 할 일을 설명하는 게시판이나 지식 기반 시스템에서 도움될 만한 사람들을 찾을 것이다. 또한 프로그램의 출력 결과에 포함된 오류 메시지가 충분히 구체적이라면 문제를 해결할 때 도움될 만한 좋은 자료가 될 수 있다.

인터넷 검색은 문제를 잘 이해하지 못하거나 명확한 검색어를 사용하지 않는 경우라면 인터넷상의 많은 잘못된 정보와 문제 해결 조치로 인해 근본 원인에서 점점 멀어지게 할 만큼 위험할 수 있다. 또한 솔직히 무엇을 이야기하고 있는지도 모르는 사람에게서 조언을 받게 될 수도 있다. 항상 출처를 확인하고, 특히 검색 결과에서 명령어나 코드 등을 복사해서 붙여넣기 전에는 반드시 해당 내용을 이해해야 한다.

재부팅 참기

윈도우95 시절로 돌아가 보면 재부팅은 종종 문제를 해결하는 가장 좋은 방법이었다. 지금은 더는 윈도우 95 시절이 아니며, 심지어 이 책에서는 윈도우를 사용하지도 않는다. 그러나 일부 사람들은 그 시절의 사고방식에 갇혀서 문제가 발생한 순간 가장 먼저 취하는 행동은 서비스를 재시작하거나 하드웨어를 재부팅하는 것이다.

문제를 해결하기 위해 재부팅하는 방법의 가장 위험한 점은 재부팅 후에 문제가 해결되지 않을 수 있고, 어떤 경우에는 실제로 문제가 해결된다는 것이다. 여기서 위험한 것은 만약 문제가 해결된 경우, 근본 원인까지 여전히 가까이 가지 못했다는 것이다. 그리고 다시 테스트를 했을 때 문제가 더는 발생하지 않는다면 결코 문제의 원인을 분리해 내지 못할 수도 있다. 문제가 더는 존재하지 않을 때 문제의 원인을 찾는 것이 불가능하다면 정말 어려운 상황에 빠지게 된다. 근본 원인을 분리하지 못한다면 나중에 동일한 문제를 반드시 다시 보게 될 것이다.

내 말을 오해해서는 안 된다. 문제를 해결할 때 하드웨어를 결코 재부팅해서는 안 된다거나 서비스를 재시작하지 말라는 것이 아니다. 내가 말하는 것은 재부팅은 항상 최후의 수단이어야 한다는 것이다. 문제가 사라져 버릴 경우를 대비해 모든 문제 해결 데이터를 수집하라. 특히 이것은 문제가 비용을 발생시키거나 팀장이나 고객이 당장 재부팅을 하고 문제가 해결됐는지 확인하라고 소리칠 경우를 대비한 영리한 정책이 될수 있다. 그렇더라도 마음을 굽히지는 마라. 지금 팀장이나 고객이 화가 나 있다면 일단은 같은 문제가 다시 발생할 때까지 기다려라.

왜 서버가 이렇게 느리지?
CPU, RAM 그리고 디스크
I/O의 자원 고갈

서버에서 볼 수 있는 대부분의 문제는 네크워킹에서 비롯되어 발생하지만, 어떤 문제는 여전히 로컬호스트와 관련이 있다. 문제를 까다롭게 만드는 것은 일부 로컬호스트와 네트워킹 문제가 종종 동일한 증상을 보이기도 하지만 사실은 로컬호스트의 문제가 네트워크 문제를 야기시키거나 그 반대의 경우가 발생할 수도 있다는 것이다. 2장에서는 호스트에서 발생하는 문제를 다루기로 하고 네트워크에 영향을 끼치는 문제는 5장에서 알아보기로 한다.

데브옵스 팀원 모두가 느려지거나 응답이 없는 호스트 문제에 직면했을 때 개발자라면 왜 최근에 체크인한 코드가 예전보다 훨씬 느리게 실행되는지 추적할 것이고, 품질보증 엔지니어라면 운영환경으로 이관되기 전에 부하 테스트를 수행하려 할 것이며, 시스템 관리자는 더 많은 RAM과 추가 CPU 혹은 더 빠른 디스크를 구입해야 할지 계산할 것이다. 이 같은 방법은 리눅스 데스크톱에서조차도 문제를 해결하는 데 똑같이 도움이 된다.

호스트에서 찾을 수 있는 가장 흔한 문제 중 하나는 응답이 느려지는 증상일 것이다. 이 문제는 종종 네트워크 때문에 일어나기도 하지만 2장에서는 과부하가 걸린 네트워크와 과부하가 걸린 로컬호스트 장비의 차이점을 파악하는 데 사용할 수 있는 몇 가지 로컬호스트 문제 해결 도구에 대해 논의한다.

시스템의 특정 자원을 모두 소비했기 때문에 시스템이 느려질 때가 종종 있다. 시스템의 주요 자원은 CPU, RAM, 디스크 I/O 그리고 네트워크다(네트워크에 대해서는 5장에서 다루겠다). 이러한 리소스 가운데 어느 것 하나라도 남용된다면 유일한 최후의 수단인 재부팅을 빈번히 야기시킬 수 있다. 그러나 시스템에 로그인할 수 있다면 원인을 파악하기 위한 각종 도구를 사용할 수 있다.

시스템 부하

시스템의 평균 부하는 아마도 느려진 시스템의 문제 해결을 시작할 때 기초적인 지표가 될 것이다. 느린 시스템의 문제 해결을 위해 내가 첫 번째로 사용하는 명령어 중 하나는 uptime이다.

```
$ uptime
13:35:03 up 103 days, 8 min, 5 users, load average: 2.03, 20.17, 15.09
```

평균 부하(load average)의 다음에 나오는 세 개의 숫자(2.03, 20.17, 15. 09)는 시스템에서의 1분, 5분, 15분 동안의 평균 부하를 각각 나타낸다. 시스템의 평균 부하는 실행 가능한 상태 혹은 중단 불가능한 상태의 프로세스들의 평균 개수와 같다. 실행 가능한 프로세스는 현재 CPU를 사용하고 있거나 CPU 사용을 위해 대기 중인 상태이고, 중단 불가능한 프로세스는 I/O를 기다리고 있는 프로세스다.

단일 CPU 환경의 시스템에서 평균 부하 1의 의미는 한 개의 CPU가 끊임없이 일을 하고 있었다는 뜻이다. 단일 CPU 환경의 시스템에서 평균 부하가 4라면 처리할 수 있는 부하보다 4배의 부하가 시스템에 걸려 있다는 것이고, 4개의 프로세스 중 3개의 프로세스는 CPU 자원을 사용하기 위해 대기 중이라는 뜻이다. 시스템에서 보고된 평균 부하는 시스템에 탑재된 CPU 수에 따라 변화하지는 않는다. 시스템에 2개의 CPU가 장착돼 있고 평균 부하가 1이라면 그 중 하나의 CPU만 항상 작업을 하고 있다는 것이고, 이것은 50%의 부하가 걸려있음을 의미한다. 단일 CPU 환경에서 부하가 1이라는 것은 네 개의 CPU에서 부하가 4라는 것과 사용 가능한 자원의 양적인 측면에서 동일하다.

1분, 5분, 15분 동안의 평균 부하는 각각의 시간 경과에 따라 부하의 평균적인 양을 나타낸다. 그리고 이 정보는 시스템의 현재 상태를 확인하고 측정하려고 할 때 참고할 만한 가치가 있다. 1분 동안의 평균 부하는 현재 무슨 일이 시스템에서 발생하고 있는지 잘 이해할 수 있게 해준다. 앞의 예에서는 서버에서 최근 1분 동안에 2의 부하가 있었음을 확인할 수 있지만 실제로 부하는 지난 5분에 걸쳐 평균 20의 수치로 발생하고 있었다. 또한 최근 15분 동안에는 평균 부하가 15였다. 이것은 이 시스템이 적어도 15분 동안 높은 부하를 겪었고 부하는 5분 전의 시점에서 증가하는 현상이 나타났지만 잠잠해졌다. 이것을 완전히 다른 평균 부하와 함께 비교해 보자.

```
$ uptime
 05:11:52 up 20 days, 55 min, 2 users, load average: 17.29, 0.12, 0.01
```

이 경우 최근 5분 동안의 부하와 15분 동안의 평균 부하는 낮다. 하지만 1분 동안의 평균 부하는 매우 높다. 이것으로 이 부하에서 최대점은 상대적으로 최근이라는 것을 알 수 있다. 이러한 상황 속에서도 연속적으로 uptime을 여러 번 실행해(혹은 잠시 후에 다룰 예정인 top 같은 도구를 사용할 수도 있다) 부하가 올라가는 중에 있는지 내려가는 중에 있는지 파악할 수 있다.

평균 부하가 높다는 것은 무슨 뜻인가?

어떤 평균 부하가 높은 축에 속하는가? 라고 묻는 것은 아주 적절한 질문이다. 이 질문에 짧게 답하자면 "원인이 무엇이냐에 따라 달라진다"라고 할 수 있다. 왜냐하면 부하는 자원을 사용 중인 활성화된 프로세스의 평균 개수를 의미하기 때문에 부하의 최대치는 몇 가지 의미를 나타낼 수 있다. 여기서 중요한 것은 부하가 CPU에 집중된 것인지(프로세스가 CPU 자원을 대기하고 있는 것), RAM에 집중된 것인지(특히, 높은 RAM 사용율로 인해 프로세스가 RAM 영역이 아닌 스왑영역으로 옮겨졌을 경우) 혹은 I/O에 집중된 것인가다.

예를 들어, 동시에 여러 지점에서 많은 수의 스레드를 사용하고 있는 애플리케이션을 실행하고 있고, 이 모든 스레드가 동시에 시작된다면 시스템의 자원을 사용하기 위해 경합하게 되고 시스템의 부하는 20에서 40 혹은 더 높아질 수도 있다. 스레드의 작업이 완료되면 시스템 부하는 원상태로 되돌아올 것이다.

보통, 시스템은 CPU에 집중된 부하를 받을 때가 I/O에 집중된 부하를 받을 때보다 더 빠르게 응답하는 것처럼 보인다. 저자는 CPU에 집중된 수백 개의 부하를 받는 시스템을 봐왔고, 그러한 시스템에서도 진단 도구를 꽤 괜찮은 속도로 실행할 수 있었다.

한편으로, 디스크 I/O가 완전히 과부하 상태에 있어서 상대적으로 I/O가 덜 집중된 부하를 받는 시스템에서는 단지 로그인하는 데만 몇 분이 걸리는 모습도 본 적이 있다. RAM이 다 소진된 시스템은 종종 I/O에 집중된 부하를 받는 것처럼 보이는데, 일단 해당 시스템이 디스크의 스왑 영역을 사용하기 시작하면 디스크를 소모하게 되고 프로세스가 서서히 멈추게 되면서 악순환이 발생한다.

top을 이용한 부하 문제 진단

과부하를 진단할 필요가 있을 때 top은 저자가 가장 먼저 사용하는 도구 중 하나다. 명령줄에서 top을 입력하고 실행하면 많은 시스템 정보를 한번에 살펴볼 수 있다(그림 2-1). 이 데이터는 시스템이 얼마나 오랫동안 가동되고 있는지, 평균 부하는 얼마나 되는지, 실행 중인 프로세스는 몇 개나 되는지, 전체/사용된/남아있는 메모리가 얼마나 되는지, 결국에는 프로세스의 목록과 해당 프로세스들이 얼마나 많은 자원을 사용하는지를 포함한 시스템의 실시간 정보를 보여주기 위해 계속 갱신될 것이다. 현재 실행 중인 모든 프로세스를 top을 이용해 다 보고 싶지는 않을 것이다. 또한 모든 프로세스를 화면에 맞춰서 보여줄 수도 없다. top은 기본적으로 프로세스의 CPU 사용량에 따라 정렬해서 보여준다. 이를 통해 어떤 프로세스가 CPU를 소비하고 있는지 한눈에 볼 수 있다.

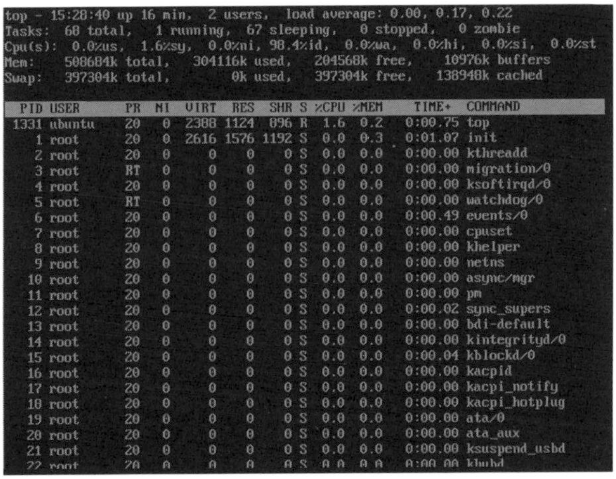

```
top - 15:28:40 up 16 min,  2 users,  load average: 0.00, 0.17, 0.22
Tasks:  68 total,   1 running,  67 sleeping,   0 stopped,   0 zombie
Cpu(s):  0.0%us,  1.6%sy,  0.0%ni, 98.4%id,  0.0%wa,  0.0%hi,  0.0%si,  0.0%st
Mem:    508684k total,   304116k used,   204568k free,    10976k buffers
Swap:   397304k total,        0k used,   397304k free,   138948k cached

  PID USER      PR  NI  VIRT  RES  SHR S %CPU %MEM    TIME+  COMMAND
 1331 ubuntu    20   0  2388 1124  896 R  1.6  0.2   0:00.75 top
    1 root      20   0  2616 1576 1192 S  0.0  0.3   0:01.07 init
    2 root      20   0     0    0    0 S  0.0  0.0   0:00.00 kthreadd
    3 root      RT   0     0    0    0 S  0.0  0.0   0:00.00 migration/0
    4 root      20   0     0    0    0 S  0.0  0.0   0:00.00 ksoftirqd/0
    5 root      RT   0     0    0    0 S  0.0  0.0   0:00.00 watchdog/0
    6 root      20   0     0    0    0 S  0.0  0.0   0:00.49 events/0
    7 root      20   0     0    0    0 S  0.0  0.0   0:00.00 cpuset
    8 root      20   0     0    0    0 S  0.0  0.0   0:00.00 khelper
    9 root      20   0     0    0    0 S  0.0  0.0   0:00.00 netns
   10 root      20   0     0    0    0 S  0.0  0.0   0:00.00 async/mgr
   11 root      20   0     0    0    0 S  0.0  0.0   0:00.00 pm
   12 root      20   0     0    0    0 S  0.0  0.0   0:00.02 sync_supers
   13 root      20   0     0    0    0 S  0.0  0.0   0:00.00 bdi-default
   14 root      20   0     0    0    0 S  0.0  0.0   0:00.00 kintegrityd/0
   15 root      20   0     0    0    0 S  0.0  0.0   0:00.04 kblockd/0
   16 root      20   0     0    0    0 S  0.0  0.0   0:00.00 kacpid
   17 root      20   0     0    0    0 S  0.0  0.0   0:00.00 kacpi_notify
   18 root      20   0     0    0    0 S  0.0  0.0   0:00.00 kacpi_hotplug
   19 root      20   0     0    0    0 S  0.0  0.0   0:00.00 ata/0
   20 root      20   0     0    0    0 S  0.0  0.0   0:00.00 ata_aux
   21 root      20   0     0    0    0 S  0.0  0.0   0:00.00 ksuspend_usbd
   22 root      20   0     0    0    0 S  0.0  0.0   0:00.00 khubd
```

그림 2-1 top을 실행한 화면

그렇다면 모든 CPU 자원을 소비하고 있는 프로세스를 발견했고 해당 프로세스를 종료하고 싶다면 어떻게 해야 할까? top 화면 상단에 PID라고 적힌 첫 번째 칼럼은 프로그램의 프로세스 ID(시스템에서 할당받은 모든 프로세스에 대한 고유한 번호)다. 특정 프로세스를 종료하려면 'K' 키를 누른다. 'K' 키를 누르면 15번 시그널을 보낼 수 있는 프롬프트가 나오고 여기에 PID를 입력하면 프로세스를 종료시킬 수 있다.

top은 기본적으로 화면에 맞춰진 대화형 모드로 실행되고, 대화형 모드는 화면에 맞지 않는 정보를 보고 싶은 경우가 아니라면 괜찮다. top의 전체 출력 결과를 보고 싶거나, 출력을 별도 파일로 저장하고 싶다면 top을 배치 모드로 실행하면 된다. -b 옵션은 배치 모드를 활성화하고, -n 옵션을 이용하면 top을 종료하기 전에 배치 모드를 몇 번 실행해서 정보를 업데이트할지 제어할 수 있다. 예를 들어 단지 top을 한 번만 실행해 전체 출력 결과를 보고 싶다면 다음과 같이 실행하면 된다.

```
$ top -b -n 1
```

해당 정보를 top_output이라는 파일로 저장하고 싶다면 다음과 같이 사용하면 된다.

```
$ top -b -n 1 > top_output
```

top의 출력 결과를 화면으로도 보고 파일로도 기록하고 싶다면 편리한 명령줄 도구인 tee를 사용하면 된다.

```
$ top -b -n 1 | tee top_output
```

top의 출력 정보 이해

top을 이용해 부하를 진단할 때 기본적인 단계는 top의 출력 정보로 어떤 리소스(CPU, RAM, 디스크 I/O)가 고갈됐는지 파악하는 것이다. 일단 그것을 알아내면 어떤 프로세스가 해당 리소스를 가장 많이 소비하고 있는지 파악할 수 있다. 먼저 top의 시스템에 대한 표준 출력을 진단해 보자.

```
top - 14:08:25 up 38 days, 8:02, 1 user, load average: 1.70, 1.77, 1.68
Tasks: 107 total,   3 running,  104 sleeping,   0 stopped,   0 zombie
Cpu(s): 11.4%us, 29.6%sy, 0.0%ni, 58.3%id, .7%wa, 0.0%hi, 0.0%si, 0.0%st
Mem: 1024176k total,   997408k  used,    26768k  free,    85520k  buffers
Swap: 1004052k total,     4360k  used,   999692k  free,   286040k  cached
```

```
  PID USER   PR  NI  VIRT   RES   SHR  S  %CPU  %MEM     TIME+  COMMAND
 9463 mysql  16   0  686m  111m  3328  S    53   5.5  569:17.64  mysqld
18749 nagios 16   0  140m  134m  1868  S    12   6.6  1345:01    nagios2db_status
24636 nagios 17   0 34660   10m   712  S     8   0.5  1195:15    nagios
22442 nagios 24   0  6048  2024  1452  S     8   0.1  0:00.04    check_time.pl
```

첫 번째 줄은 uptime 명령어를 사용해서 볼 수 있는 것과 같다. 보다시피 4개의 CPU가 탑재된 이 시스템은 과부하 상태에 있지 않다는 것을 알 수 있다.

```
top - 14:08:25 up 38 days, 8:02, 1 user, load average: 1.70, 1.77, 1.68
```

top은 시스템의 표준 부하 정보 말고도 추가적인 통계 자료를 제공한다. 예를 들어, Cpu(s)가 있는 줄은 CPU가 현재 하고 있는 일들에 관한 정보를 제공한다.

```
Cpu(s): 11.4%us, 29.6%sy, 0.0%ni, 58.3%id, 0.7%wa, 0.0%hi, 0.0%si, 0.0%st
```

Cpu(s)에 표시된 약어가 무엇을 나타내는지 모른다면 이러한 약어가 별로 도움되지 않을 것이다. 그래서 각 약어를 아래와 같이 정리했다.

- us: user CPU time

  이것은 nice가 적용되지 않은 사용자 프로세스가 소비한 CPU 사용량을 시간의 비율로 나타낸다. (nice는 다른 프로세스에 우선순위를 적용하는 것을 말한다.)

- sy: system CPU time

  이것은 커널과 커널 프로세스의 CPU 사용량을 시간의 비율로 보여준다.

- ni: nice CPU time

  nice를 적용한 프로세스가 있을 경우 해당 프로세스의 CPU 사용량을 시간의 비율로 보여준다.

- id: CPU idle time

  이 지표는 우리가 수치를 높이고자 하는 것 중 하나다. 이것은 CPU가 사용되지 않는 유휴 상태의 비율을 나타낸다. 느려진 시스템에서 이 수치가 높게 나타난다면 시스템이 느려진 원인이 CPU 부하 때문이 아니라는 뜻이다.

- wa: I/O wait

  이 수치는 CPU가 I/O를 기다리면서 소비한 시간의 비율을 나타낸 것이다. 이 수치는 느려진 시스템의 원인을 찾을 때 특히 중요하다. 이 값이 낮으면 원인을 찾을 때 디스크 혹은 네트워크 I/O를 확실하게 배제할 수 있기 때문이다.

- hi: hardware interrupts

  하드웨어 인터럽트를 제공하는 데 CPU가 소비한 시간의 비율을 나타낸 수치

- si: software interrupts

  소프트웨어 인터럽트를 제공하는 데 CPU가 소비한 시간의 비율을 나타낸 수치

- st: steal time

  가상 머신을 실행 중일 경우 이 수치는 가상 머신을 위해 다른 task에서 사용된 CPU 사용량에 대한 시간의 비율을 나타낸 수치다.

앞서 Cpu(s)에 표시된 예에서 봤듯이 이 시스템은 50% 이상의 유휴 상태이고, 이것은 4개의 CPU가 장착된 이 시스템의 평균 부하 수치가 1.70인 것과 일치한다. 여러분이 느려진 시스템을 진단할 때 가장 먼저 확인해야 할 수치 중 하나는 I/O 대기 값이다. 이 수치를 통해 디스크 I/O를 문제의 원인에서 배제할 수도 있다. I/O 대기가 높다면 그다음 단계는 무엇이 높은 디스크 I/O를 유발하는지 진단하는 것이다. 이 단계에 대해서는 조만간 다루겠다. I/O 대기와 유휴 시간이 모두 낮다면 다음으로 높은 사용자 CPU 사용률을 살펴볼 것이고, 무엇이 높은 사용자 CPU 사용률을 야기하는지 확인해야 한다. I/O 대기 시간은 낮고 유휴 시간값은 높다면 시스템이 느려진 원인은 CPU 자원 때문에 발생한 것이 아니므로 문제 해결을 다른 곳에서 시작해야 한다. 예를 들면 MySQL에서 속도가 느린 쿼리가 있는지 살펴보거나, 네트워크 문제 또는 웹서버의 문제를 살펴보는 것에 여기에 해당한다.

높은 사용자 시간(High User Time) 진단하기

높은 사용자 CPU 사용률로 일어나는 과부하는 흔히 일어나고 진단하기가 비교적 간단한 문제다. 왜냐하면 서버의 특정 서비스가 대량의 시스템 부하를 차지할 가능성이

높고, 이것들은 사용자 프로세스이기 때문이다. 사용자 CPU 사용 시간이 높지만 I/O 대기 시간은 낮은 경우 시스템의 프로세스 중 어떤 프로세스가 대부분의 CPU 자원을 사용하는지 간단히 확인할 필요가 있다. 기본적으로 top은 모든 프로세스를 CPU 사용률을 기준으로 정렬한다.

```
  PID USER    PR NI  VIRT   RES  SHR S %CPU %MEM     TIME+  COMMAND
 9463 mysql   16  0  686m  111m 3328 S   53  5.5  569:17.64  mysqld
18749 nagios  16  0  140m  134m 1868 S   12  6.6   1345:01   nagios2db_status
24636 nagios  17  0 34660   10m  712 S    8  0.5   1195:15   nagios
22442 nagios  24  0  6048  2024 1452 S    8  0.1   0:00.04   check_time.pl
```

위의 예제에서 mysqld 프로세스는 CPU의 53%를 사용 중이고, nagios2db_status 프로세스는 12%를 사용하고 있다. 이 수치는 단일 CPU일 때의 비율이라는 점에 주의하자. 4개의 CPU가 장착된 시스템이라면 하나 이상의 프로세스가 99%의 CPU를 소비하는 것을 볼 수도 있다.

가장 흔히 볼 수 있는 CPU 과부하 상황은 하나 혹은 두 개의 프로세스 혹은 많은 수의 프로세스에 의해 모든 CPU 자원이 소비되고 있는 경우다. 두 가지 경우 모두 파악하기가 쉬운 편이다. 첫 번째 경우에는 맨 위에 있는 프로세스 혹은 두 번째 프로세스가 매우 높은 CPU 사용률을 차지할 것이고 나머지 프로세스는 상대적으로 사용률이 낮을 것이다. 이러한 경우 간단하게 문제를 해결하기 위해 CPU를 점유하고 있는 프로세스를 종료시킬 수 있다(K 키를 누르고 해당 프로세스의 PID 값을 입력). 많은 수의 프로세스에 의해 CPU 자원이 고갈된 경우에는 아마도 하나의 시스템에서 너무 많은 작업을 하게 한 경우일 것이다. 예를 들어, 상당히 많은 수의 아파치 웹서버 프로세스가 실행되는 와중에 상당량의 로그 분석 스크립트가 cron에 의해 실행되고 있을지도 모른다. 이러한 모든 프로세스는 거의 같은 양의 CPU 자원을 소모하고 있을 것이다. 이러한 문제에 대한 해법은 장기간에 걸쳐 더 까다로워질 수 있다. 예를 들어 웹서버의 경우 모든 아파치 프로세스가 실행돼야 하고, 로그 분석 프로그램도 필요할 것이다. 단기적으로는 부하가 낮아질 때까지 특정 프로세스를 강제로 종료시킬 수 있다(혹은 실행을 지연시킬 수도 있다). 하지만 장기적으로는 시스템의 자원 증설이나 일부 기능을 하나 이상의 서버로 분리하는 방법을 고려해볼 필요가 있다.

메모리 고갈 문제 진단하기

top의 출력 내용에서 그다음 두 줄은 RAM 사용량에 대해 가치 있는 정보를 제공한다. 세부적인 시스템 문제를 진단하기 전에 메모리 문제를 배제할 수 있는지 살펴보는 것은 대단히 중요하다.

```
Mem:  1024176k total,  997408k used,   26768k free,   85520k buffers
Swap: 1004052k total,    4360k used, 999692k free, 286040k cached
```

첫 번째 줄은 물리적으로 사용 가능한 RAM의 크기가 얼마나 되는지, RAM이 얼마나 사용됐는지, 얼마나 여유가 남아있는지, 얼마나 버퍼로 사용됐는지 보여준다. 두 번째 줄은 swap 영역의 사용량에 대해 해당 정보를 유사하게 보여주는데, 리눅스 파일 캐시를 위해 RAM이 얼마나 사용됐는지 함께 덧붙여 보여준다. 언뜻 보기에는 시스템에서 사용 가능한 메모리가 단지 26,768k밖에 남아있지 않은 것으로 나오기 때문에 시스템의 RAM이 거의 모두 고갈된 것은 아닌가, 라고 생각할 수도 있다. 문제 해결을 하는 많은 사람들은 출력된 정보에서 사용된 부분(used)과 사용 가능한 부분(free)의 수치에 속을 수 있는데 이것은 리눅스 파일 캐시 때문이다. 리눅스에서는 파일을 RAM으로 불러오고 나면 해당 프로그램의 실행을 완료했더라도 반드시 RAM에서 제거하지는 않는다. 이용 가능한 RAM이 남아 있다면 리눅스는 해당 파일에 또 다시 접근할 때 훨씬 더 빨리 접근할 수 있게 RAM에 해당 파일을 캐시에 남겨둘 것이다. 시스템의 활성화된 프로세스 때문에 RAM이 필요한 경우 많은 파일을 캐시로 적용하지 것이다. 파일 캐시 탓에 상당히 오랜 시간 동안 실행돼야 할 서버가 캐시를 점유하고 있는 프로그램과 함께 사용 가능한 RAM의 양이 적다고 보고하는 것은 흔히 볼 수 있는 현상이다.

얼마나 많은 양의 RAM이 실제로 프로세스에 의해 사용되고 있는지 파악하고 싶다면 사용된 RAM에서 파일 캐시 부분을 제외해야 한다. 방금 살펴본 예제 코드에서 997,408k의 RAM이 사용됐고 286,040k는 리눅스 파일 캐시로 사용됐다. 즉, 실제로는 오직 711,368k 만큼의 RAM이 사용됐다는 뜻이다. 위의 예에서 시스템은 여전이 많은 사용 가능한 메모리를 보유하고 있고 스왑은 거의 사용되지 않았다. 스왑이 일부 사용 중인 것을 발견하게 되더라도 그것이 반드시 문제의 징후인 것은 아니다. 프로세스가 유휴 상태라면 리눅스는 종종 다른 프로세스가 사용할 RAM을 확보하기 위해 프로세스의 메모리를 스왑 영역으로 옮긴다. RAM이 부족한지 알 수 있는 좋은 방법은 파일 캐시를 살펴보는 것이다. 실제로 사용된 메모리에서 파일 캐시를 뺀 값이 크고 스왑 사용량도 함께 크다면 아마 메모리에 문제가 발생한 것으로 볼 수 있다.

메모리 문제를 발견했다면 그다음 단계는 어느 프로세스가 RAM을 고갈시키고 있는지 파악하는 것이다. top은 기본적으로 프로세스의 CPU 사용률을 기준으로 정렬해 보여준다. 그래서 이를 RAM 사용률을 기준으로 표시되도록 바꾸고 싶을 것이다. 그렇게 하려면 top을 실행한 상태에서 M 키를 누른다. 이제 top에서 각 프로세스의 RAM 사용량을 기준으로 정렬되어 표시될 것이다.

```
PID   USER   PR  NI   VIRT    RES   SHR  S %CPU  %MEM    TIME+   COMMAND
18749 nagios 16  0    140m   134m  1868  S  12   6.6   1345:0 nagios2db_status
 9463 mysql  16  0    686m   111m  3328  S  53   5.5  569:17.64 mysqld
24636 nagios 17  0    34660   10m   712  S   8   0.5   1195:15 nagios
22442 nagios 24  0    6048   2024  1452  S   8   0.1   0:00.04 check_time.pl
```

%MEM 칼럼을 살펴보고 상단에 위치한 프로세스가 RAM의 대부분을 사용하고 있는지 눈여겨보자. 높은 RAM 사용률을 차지하는 프로세스를 찾아냈다면 해당 프로세스들을 강제로 종료할지 결정할 수 있다. 혹은 프로그램에 따라 무엇이 해당 프로세스에서 이렇게 많은 RAM을 사용하게 하는지를 확인하기 위해 세부적인 문제 해결 절차를 밟아야 할지도 모른다.

 알아두기

실제로 top은 출력되는 정보를 각 칼럼 가운데 하나의 값을 기준으로 정렬할 수 있다. 이를 변경하기 위해 정렬 가능한 칼럼을 선택할 수 있는 화면으로 전환하려면 F 키를 누르면 된다. 변경하고 싶은 특정 칼럼에 해당하는 키를 누르고 나면(예를 들어, K는 CPU 칼럼에 해당한다) Enter 키를 눌러서 top의 메인 화면으로 되돌아갈 수 있다.

리눅스 커널에서는 out-of-memory (OOM) killer도 제공하는데, 이것은 시스템이 위험할 정도로 낮은 RAM을 확보한 상태에서 실행되고 있을 때 작동한다. 시스템의

RAM이 거의 고갈됐을 때 OOM Killer는 프로세스를 강제로 종료하기 시작할 것이다. OOM Killer는 RAM을 모두 소모하고 있는 프로세스를 종료시키기 위해 작동하지만 이렇게 보장되지 않는 경우도 있다. OOM Killer는 실제 원흉인 프로세스 대신 sshd 같은 프로그램이나 다른 프로세스를 대신 강제로 종료시킬 수도 있다. 대부분 경우 이러한 이벤트 중의 하나가 발생하고 나면 시스템이 불안정해진다. 이런 경우 모든 시스템 프로세스가 제대로 실행되게 하려면 시스템을 재부팅해야 한다. OOM Killer가 작동했다면 /var/log/syslog에 다음과 같은 내용의 로그가 생기는 것을 볼 수 있다.

```
1228419127.32453_1704.hostname:2,S:Out of Memory: Killed process   21389 (java).
1228419127.32453_1710.hostname:2,S:Out of Memory: Killed process   21389 (java).
```

높은 입출력 대기 문제 진단하기

높은 I/O 대기 증상을 보았다면 가장 먼저 확인해봐야 하는 것은 시스템이 대량의 스왑을 사용하고 있는가다. 하드디스크가 RAM보다 훨씬 더 느리기 때문에 시스템에서 RAM이 고갈되고 스왑을 사용하게 되면 거의 모든 시스템은 성능 문제로 고생할 수밖에 없다. 디스크에 접근하려는 것들은 모두 디스크 I/O를 위해 스왑과 경합을 하게 된다(그래서 먼저 메모리가 모두 고갈됐는지 진단하고, 그렇다면 그 부분에서 문제를 처리하면 된다). RAM 용량이 충분하다면 어느 프로그램에서 대부분의 I/O를 사용하고 있는지 밝혀낼 필요가 있다.

때로는 어떤 프로세스에서 대부분의 I/O를 사용하고 있는지 파악하기 힘든 경우도 있다. 하지만 시스템이 다중 파티션으로 구성돼 있다면 어떤 파티션에서 가장 많은 I/O가 발생하고 있는지 확인하면서 범위를 좁힐 수 있다. 그러자면 레드햇(Red Hat)과 데비안(Debian) 양쪽 모두에 포함된 sysstat 패키지에 들어있는 iostat이라는 프로그램이 필요하다. 이 프로그램이 설치돼 있지 않다면 패키지 관리자 프로그램을 이용해 설치할 수 있다.

가급적이면 문제를 진단하기 전에 이 프로그램을 설치해 두는 편이 좋다. 이 프로그램을 설치해 두면 iostat 명령어를 아무런 인자 없이 실행해도 시스템의 전반적인 상황을 간략하게 살펴볼 수 있다.

```
$ sudo iostat
Linux 2.6.24-19-server (hostname) 01/31/2009

avg-cpu:  %user   %nice %system %iowait  %steal   %idle
           5.73    0.07    2.03    0.53    0.00   91.64

Device:           tps    Blk_read/s    Blk_wrtn/s    Blk_read    Blk_wrtn
sda              9.82        417.96         27.53    30227262     1990625
sda1             6.55        219.10          7.12    15845129      515216
sda2             0.04          0.74          3.31       53506      239328
sda3             3.24        198.12         17.09    14328323     1236081
```

출력 결과에서 가장 먼저 나오는 정보는 top에서 본 것과 유사한 CPU 상태 정보다. 아랫부분에는 시스템의 모든 디스크 장치뿐 아니라 개별 파티션에 대한 I/O 통계 정보를 보여준다. 각 칼럼 정보가 무엇을 뜻하는지는 아래의 내용을 참고한다.

- tps

  이 칼럼의 값은 장치에 대한 초당 전송량을 나타낸다. "전송"은 장치에 보내는 I/O 요청을 다르게 표현한 것이다.

- Blk_read/s

  이 칼럼의 값은 장치에서 초당 읽혀지는 블럭의 수를 뜻한다.

- Blk_wrtn/s

  이 칼럼의 값은 장치에 초당 쓰여지는 블럭의 수를 뜻한다.

- Blk_read

  이 칼럼의 값은 장치에서 읽어들인 전체 블럭의 수를 뜻한다.

- Blk_wrtn

  이 칼럼의 값은 장치에 쓰여진 전체 블럭의 수를 뜻한다.

시스템이 과도한 I/O 부하에 걸려있다면 맨 먼저 진행해야 할 단계는 각 파티션을 살펴보고 어느 파티션에서 과도한 I/O 부하가 발생하는지 확인하는 것이다. 이를테면 시스템에 데이터베이스 서버가 있고, 이 데이터베이스 자체는 /dev/sda3에 저장돼 있다고 하자. 대량의 I/O가 해당 파티션에서 오는지 확인할 수 있다면 I/O를 소비하는 원인이 데이터베이스일 가능성이 있다는 좋은 단서를 확보할 수 있다.

일단 과도한 I/O 부하가 발생한 곳을 알아냈다면 그다음 단계로 대부분의 I/O가 읽기인지 쓰기인지 확인할 필요가 있다. 예를 들어, 백업 작업을 I/O 증가의 원인으로 의심하고 있다고 하자. 백업 작업은 대개 파일 시스템에서 파일을 읽어 네트워크를 통해 백업 서버에 쓰는 것과 관련돼 있기 때문에 이를 이해한 상태에서 대량의 I/O가 읽기가 아닌 쓰기 때문이었다는 사실을 알 수 있다면 백업 작업에 대한 의심을 배제할 수 있을 것이다.

알아두기

좀 더 정확한 시스템의 I/O를 상태를 구하려면 iostat을 한 번 이상 실행해야 할 것이다. 명령줄 인자로 실행 횟수를 명시하면 iostat은 계속해서 실행되어 새로운 출력 결과를 매초마다 보여줄 것이다. 예를 들어 iostat의 출력 결과를 2초마다 보고 싶다면 sudo iosat 2으로 실행할 수 있다. 또 다른 유용한 인자로는 NFS로 공유하는 부분이 있을 때 사용 가능한 -n이다. 실행할 때 -n을 명시하면 iostat은 NFS 공유에 대한 모든 I/O 통계 정보를 보여준다.

iostat뿐 아니라 최신 배포판에서는 iotop이라는 훨씬 간단한 도구를 사용할 수 있다. 사실상 iotop은 시스템에서 실행되고 있는 모든 프로세스를 I/O 통계를 기준으로 정렬해서 보여준다는 점에서 top과 iostat을 조합한 것이다. iostat은 리눅스 커널의 일부 새로운 기능을 사용하고 있으며, 커널 버전 2.6.20 이상을 필요로 한다. iostat이 기본으로 설치돼 있지 않다면 iotop이라는 패키지에서 찾을 수 있을 것이다. iotop 패키지는 데비안 기반의 배포판에 포함돼 있지만 레드햇 기반의 배포판에서도 웹에서 검색하거나 서드파티 RPM 패키지 저장소를 통해 구할 수 있다. 패키지를 한번 설치해 두면 루트 권한으로 iotop을 실행할 수 있고 다음과 같은 출력 결과를 볼 수 있다.

```
$ sudo iotop
Total DISK READ: 189.52 K/s | Total DISK WRITE: 0.00 B/s

  TID  PRIO  USER     DISK READ  DISK WRITE  SWAPIN      IO>    COMMAND

 8169  be/4  root     189.52 K/s   0.00 B/s  0.00 %    0.00 %  rsync --server --se

 4243  be/4  kyle       0.00 B/s   3.79 K/s  0.00 %    0.00 %  cli /usr/lib/gnome-

 4244  be/4  kyle       0.00 B/s   3.79 K/s  0.00 %    0.00 %  cli /usr/lib/gnome-

    1  be/4  root       0.00 B/s   0.00 B/s  0.00 %    0.00 %  init
```

이 경우 시스템의 전체 읽기 I/O를 rsync가 차지하고 있음을 확인할 수 있다.

현상 확인 후 과부하 문제 해결하기

지금까지 과부하가 걸린 시스템의 원인을 어떻게 찾을 수 있는지 살펴봤다. top과 iostat이 훌륭한 도구이기는 하지만 문제가 생겼을 그 시점에 시스템에서 직접 확인할 정도로 항상 운이 좋지는 않을 것이다. 저자가 로그인도 하기 전에 느려진 서버의 부하를 떨어뜨려 달라고 얼마나 여러 번 연락받았는지 이루 말할 수 없을 정도다. 다만 아주 작은 노력으로도 문제가 발생한 날의 성능 데이터를 기록할 수 있는 도구를 서버에 설치할 수 있다.

이미 높은 IO 문제를 해결하기 위해 sysstat 패키지에 포함된 iostat 도구를 사용하는 방법에 대해 이야기를 나눴지만 sysstat에는 CPU와 RAM의 사용률에 대해 보고할 수 있는 노구도 포함돼 있다. 이미 top으로도 이런 작업을 할 수 있지만 sysstat이 더욱 유용한 점은 CPU 부하, RAM, 그리고 I/O 통계에 대해 기록할 수 있는 간단한 메커니즘을 제공한다는 것이다. 이러한 통계자료를 가지고 누군가가 어제 정오 무렵에 시스템이 느려진 것에 대해 불만을 제기할 때 이 같은 로그를 살펴보고 무엇이 문제를 일으켰는지 확인할 수 있다.

sysstat 설정하기

첫 번째 단계는 패키지 관리자를 이용해 sysstat 패키지를 설치하는 것이다. 우분투 같은 데비안 기반 시스템에서는 sysstat이 자동으로 활성화되지 않기 때문에 /etc/default/sysstat 파일을 편집해서

```
ENABLED="false"
```

에서

```
ENABLED="true"
```

로 변경하면 된다.

레드햇 기반 시스템에서는 아마 /etc/sysconfig/sysstat 파일을 수정하고 HISTORY 옵션에서 7일 이상의 통계를 기록하도록 변경해야 한다. 두 배포판 모두 10분 단위로 통계를 기록하고 하루하루의 요약 정보가 기록될 것이다.

sysstat이 활성화되면 시스템 통계 정보를 10분마다 /var/log/sysstat에 기록하거나 /var/log/sa에 기록한다. 더불어 해당 통계 정보는 매일밤 자정이 되기 전에 순환되어 날짜별로 기록된다. 이러한 두 가지 작업은 /etc/cron.d/sysstat 스크립트에 의해 실행된다. sysstat에서 정보를 수집하는 주기를 변경하고 싶다면 해당 파일을 수정하면 된다.

CPU 통계 정보 보기

sysstat이 통계 정보를 수집하면서 해당 정보를 파일에 저장할 때는 sa로 시작하며 현재 달의 날짜가 따라오는 형식으로 저장한다(sa03과 같은 형식으로). 이는 현재 날짜에서 한 달을 주기로 백업해야 과거의 통계 데이터를 가져올 수 있음을 의미한다. sar 도구를 사용하면 이러한 정보를 확인할 수 있다. sar는 기본적으로 당일의 CPU 통계를 보여준다.

```
$ sar
Linux 2.6.24-22-server (kickseed) 01/07/2012
. . .
07:44:20 PM  CPU %user   %nice   %system  %iowait  %steal   %idle
07:45:01 PM  all 0.00    0.00    0.54     0.51     0.00     98.95
07:55:01 PM  all 0.54    0.00    1.66     1.26     0.00     96.54
08:05:01 PM  all 0.20    0.00    0.72     1.08     0.00     98.00
08:15:01 PM  all 0.49    0.00    1.12     0.62     0.00     97.77
08:25:01 PM  all 0.49    0.00    2.15     1.21     0.00     96.16
08:35:01 PM  all 0.22    0.00    0.98     0.58     0.00     98.23
08:45:01 PM  all 0.23    0.00    0.75     0.54     0.00     98.47
08:55:01 PM  all 0.20    0.00    0.78     0.50     0.00     98.52
09:01:18 PM  all 0.19    0.00    0.72     0.37     0.00     98.71
09:05:01 PM  all 0.24    0.00    1.10     0.54     0.00     98.12
Average:     all 0.32    0.00    1.12     0.78     0.00     97.78
```

출력 결과를 살펴보면 상당 부분이 top의 출력 결과에서 볼 수 있는 CPU 통계 정보와 같다는 사실을 알 수 있다. sar 명령어도 마찬가지로 아랫부분에 전반적인 평균 부하 정보를 제공한다.

RAM 통계 정보 보기

sysstat cron 작업은 CPU 부하 정보보다 훨씬 더 많은 정보를 수집한다. 예를 들어, -r 옵션을 사용하면 RAM의 통계 정보도 수집한다.

```
$ sar -r
Linux 2.6.24-22-server (kickseed) 01/07/2012
07:44:20 PM kbmemfree kbmemused %memused kbbuffers kbcached kbswpfree kbswpused
%swpused kbswpcad
07:45:01 PM    322064    193384    37.52     16056    142900     88316         0
   0.00         0
07:55:01 PM    318484    196964    38.21     17152    144672     88316         0
   0.00         0
08:05:01 PM    318228    197220    38.26     17648    144700     88316         0
   0.00         0
08:15:01 PM    297669    217780    42.25     18384    154408     88316         0
   0.00         0
08:25:01 PM    284152    231296    44.87     20072    173724     88316         0
   0.00         0
08:35:01 PM    283096    232352    45.08     20612    173756     88316         0
   0.00         0
08:45:01 PM    283284    232164    45.04     21116    173780     88316         0
   0.00         0
08:55:01 PM    282556    232892    45.18     21624    173804     88316         0
   0.00         0
09:01:18 PM    276632    238816    46.33     21964    173896     88316         0
   0.00         0
09:05:01 PM    281876    233572    45.31     22188    173900     88316         0
   0.00         0
Average:       294804    220644    42.81     19682    162954     88316         0
   0.00         0
```

위의 정보에서 top이나 free의 출력 결과에서 볼 수 있는 것과 유사한 스왑과 파일 캐시에 대한 통계 정보를 볼 수 있을뿐더러 얼마나 많은 메모리가 사용 가능하고 얼마나 사용됐는지 볼 수 있다. 여기서 차이점은 원하는 시점으로 되돌아가서 지난 통계 정보를 확인할 수 있다는 것이다.

디스크 통계 정보 보기

sar를 이용해 얻을 수 있는 또 다른 유용한 수치는 디스크 통계 정보다. -b 옵션을 이용하면 디스크 I/O에 대한 기본적인 정보 목록을 구할 수 있다.

```
$ sar -b
Linux 2.6.24-22-server (kickseed) 01/07/2012
07:44:20 PM  tps     rtps  wtps    bread/s  bwrtn/s
07:45:01 PM  8.03    0.00  8.03    0.00     106.61
07:55:01 PM  8.78    0.14  8.64    3.35     127.59
08:05:01 PM  7.16    0.00  7.16    0.00     61.14
08:15:01 PM  8.17    0.14  8.03    5.82     139.02
08:25:01 PM  9.50    0.06  9.44    4.09     212.62
08:35:01 PM  8.27    0.00  8.27    0.01     74.66
08:45:01 PM  8.04    0.00  8.04    0.00     71.51
08:55:01 PM  7.64    0.00  7.64    0.00     66.46
09:01:18 PM  7.11    0.00  7.11    0.36     63.73
09:05:01 PM  7.61    0.00  7.61    0.00     72.11
Average:     8.11    0.04  8.06    1.67     102.52
```

여기서는 초당 총 트랜잭션 수(tps)를 알 수 있고 추가적으로 얼마나 많은 읽기 트랜잭션(rtps)과 쓰기 트랜잭션(wtps)이 각각 있었는지 확인할 수 있다. bread/s 칼럼은 bread I/O를 측정하지 않는다. 대신 초당 읽은 평균 바이트 수를 보여준다. 이와 비슷하게 bwrtn/s 역시 초당 쓴 평균 바이트 수를 보여준다.

sar에 전달해서 세부적인 데이터 집합을 구할 수 있는 인자도 많다. 그러나 때로는 모든 정보를 한번에 보고 싶을 때가 있다. 이럴 때는 –A 옵션만 사용하면 된다. 이 옵션을 사용하면 평균 부하량, CPU 부하, RAM, 디스크 I/O, 네트워크 I/O와 다른 모든 종류의 관심 있는 통계 정보가 출력될 것이다. 이것은 sar가 어떤 종류의 통계 정보를 출력할 수 있는지에 대한 좋은 정보를 줄 수 있다. 그래서 특정 통계 정보를 보려면 sar에 어떤 플래그를 전달해야 할지 파악하기 위해 sar 설명서(man sar를 입력)를 읽어볼 필요가 있다.

과거의 통계 정보 보기

물론 지금까지는 하루 전체에 대한 통계 정보를 모두 가져와서 보여주는 방법을 나열했다. 그러나 이따금 하루 중 일부만의 데이터가 필요할 수도 있다. 특정 시간 범위에 대한 데이터를 가져오려면 -s 와 -e 인자를 사용해 관심 있는 시간대의 시작 시간과 종료 시간을 각각 명시할 수 있다. 예를 들어 오후 8:00부터 오후 8:30까지의 CPU 데이터만 가져오고 싶다면 다음과 같이 입력하면 된다.

```
$ sar -s 20:00:00 -e 20:30:00
Linux 2.6.24-22-server (kickseed) 01/07/2012
08:05:01 PM CPU    %user %nice  %system %iowait %steal  %idle
08:15:01 PM all    0.49  0.00    1.12    0.62    0.00   97.77
08:25:01 PM all    0.49  0.00    2.15    1.21    0.00   96.16
Average:    all    0.49  0.00    1.63    0.91    0.00   96.96
```

오늘이 아닌 다른 날로부터 데이터를 가져오고 싶다면 -f 옵션에 /var/log/sysstat이나 /var/log/sa 아래에 저장된 특정 통계 정보 파일의 전체 경로를 추가하면 된다. 예를 들어 이번 달 6일의 통계 정보를 가져오고 싶다면 다음과 같이 입력하면 된다.

```
$ sar -f /var/log/sysstat/sa06
```

다른 특정 형태의 통계 정보를 가져올 때도 마찬가지로 sar 옵션을 조합해서 지정하면 된다.

03

왜 시스템이 부팅되지 않을까?
부팅 문제 해결하기

리눅스 시스템을 사용하면서 발생할 수 있는 모든 문제 가운데 가장 스트레스를 주는 것은 아마도 시스템이 부팅되지 않는 상황일 것이다. 어쨌든 시스템을 부팅할 수 없다면 해당 문제를 해결할 때까지 그 시스템에서 제공하는 모든 서비스가 완전히 정지된다는 것을 의미한다. 게다가 백업된 데이터의 복원이나 정지된 시스템에서 데이터를 꺼내는 것은 시스템을 백업하고 운영하는 여러분의 능력에 달려있을지도 모른다.

시스템의 부팅 문제를 일으키는 원인은 다양하다. 컴퓨터가 부팅되지 않는 문제를 가장 잘 해결하기 위해서 3장에서는 먼저 부팅 과정을 설명하겠다. 일단 부팅 과정을 이해하고 나면 시스템을 살펴보면서 부팅 과정에서 문제가 발생하는 지점을 볼 수 있다. 이러한 부팅 과정에 대한 설명이 끝나면 부팅 문제를 진단하고 해결하는 방법과 더불어 그러한 문제를 주요 종류별로 자세히 설명하겠다.

부팅 문제를 해결하는 것은 전통적으로 시스템 관리자의 몫이다. 하지만 데브옵스 팀원이면 누구나 시스템에 있는 패키지를 최신 버전으로 유지할 책임이 있을 수 있다. 커널이나 배포판 수정본이 잘못 적용됐을 때 스스로 그 시스템을 이전 버전으로 되돌리는 데 필요한 모든 기술을 알고 있는 편이 좋을 것이다.

리눅스 부팅 과정

문제 해결에 능숙해지고 싶다면 시스템의 동작 방식을 이해하는 것이 중요하다고 1장에서 언급한 바 있다. 그런 생각은 특히 부팅 문제가 발생하는 원인이 다양하기 때문에 부팅 문제를 해결하는 데도 분명 적용된다.

바이오스

부팅 과정과 관련된 첫 번째 시스템은 바이오스(BIOS, Basic Input Output System)다. 바이오스는 시스템을 부팅할 때 볼 수 있는 첫 화면이고, 시스템마다 화면은 다르지만 시스템을 부팅할 수 있는 하드디스크, USB 저장소, CD-ROM, 네트워크 카드 그리고 기타 하드웨어를 감지하는 것을 포함해 하드웨어를 초기화한다. 그러고 나서 시스템이 성공적으로 부팅할 수 있는 하드웨어를 찾을 때까지 설정된 부팅 기기 순서대로 각 부팅 기기를 하나씩 점검한다. 리눅스 서버의 경우 대개 MBR(master boot record의 약어로서 하드디스크의 첫 512바이트에 해당하는 영역이다)을 읽어 메모리에 적재하고, 부팅 과정을 시작하기 위해 MBR 안에 있는 부트 코드를 실행하는 것을 말한다.

GRUB과 리눅스 부트 로더

바이오스가 하드웨어를 초기화하고 부팅할 첫 기기를 찾고 나면 부트 로더가 그 뒷일을 맡는다. 과거에는 LILO라는 프로그램이 사용됐으나 일반 리눅스 서버에서는 GRUB이라는 프로그램이 부트 로더로 사용될 것이다. GRUB은 하드디스크로 부팅할 때 보통 사용되는 부트 로더이고, USB나 CD-ROM 또는 네트워크로 부팅하는 시스템은 GRUB 대신 각각 syslinux, isolinux, pxelinux를 부트 로더로 사용할 수도 있다. syslinux와 기타 다른 부트 로더의 특징은 GRUB과 다르지만 모두 근본적으로 일부 소프트웨어를 적재하고, 어떤 운영체제를 부팅할 수 있고, 어디에서 각 커널을 찾을 수 있는지, 시스템 부팅 시 어떤 설정을 시스템에 적용해야 하는가에 대해 부트 로더에게 알려줄 설정 파일을 읽는다.

GRUB이 적재될 때 코드의 일부 작은 부분(stage 1이라고 하는)이 MBR에서 실행된다. 부트 코드의 446바이트를 MBR(나머지 부분에 파티션 테이블이 포함된다)에 맞출 수 있기 때문에 GRUB의 stage 1 코드는 GRUB이 해당 코드의 나머지 부분을 디스크에 위치시키고 실행하기에 충분하다. GRUB 코드의 다음 단계에서는 GRUB이 리눅스 파일 시스템에 접근하는 것을 허용하고, 그것으로 어떤 운영체제를 기동할 수 있고, 운영체제가 디스크의 어디에 있는지, 어떤 옵션을 운영체제에 전달해야 하는지를 알려줄 설정 파일을 읽고 적재한다. 리눅스의 경우 여기에는 디스크에 있는 다른 여러 커널 버전을 포함할 수 있고 종종 문제 해결에 유용한 특별한 복구 모드가 포함된다. 대개 설정 파일에도 모든 부팅 옵션을 보고 편집할 수 있는 일종의 메뉴가 기술돼 있다.

대부분의 현대 시스템에서 GRUB은 때로는 그래픽으로, 때로는 카운트다운으로 멋진 시작 화면을 보여줄 수 있다. 이따금 Esc(GRUB2에서는 Shift) 같은 키를 눌러야 하지만 보통 부팅 가능한 운영체제 목록을 보여주는 메뉴를 볼 수 있을 것이다(그림 3-1). 또한 GRUB 설정에서 만들었을지 모르는 실수를 복구 디스크 없이 고칠 수 있기 때문에 문제 해결하는 동안 편리하게 특정한 부팅 단계의 설정을 보고 수정할 수 있게 해준다.

그림 3-1 CentOS의 기본 GRUB 메뉴

커널과 Initrd

GRUB에서 특정 커널을 선택했을 때(또는 카운트다운이 끝나서 하나가 선택됐을 때) GRUB은 선택된 리눅스 커널을 RAM에 적재해서 실행하고, 부팅 시 적용될 설정값을 전달한다. 보통은 GRUB이 커널과 함께 initrd(initial RAM disk, 초기 램 디스크)까지 함께 적재한다. 현대 리눅스 시스템에서 이 파일은 initramfs 파일로 알려져 있는 gzip으로 압축된 cpio 아카이브 파일로서, 기초적이고 자그마한 리눅스 루트 파일 시스템을 담고 있다. 이 파일 시스템에는 몇 가지 중요한 설정 파일과 커널 모듈, 그리고 커널이 실제 루트 파일 시스템을 찾아 마운트하는 데 필요한 프로그램이 들어 있다.

과거에는 부팅할 때 사용되는 이런 모든 기능들이 리눅스 커널에 직접 포함돼 있었다. 하지만 하드웨어 지원이 갖가지 다양한 파일 시스템과 소프트웨어 RAID, LVM 및 파일 시스템 암호화와 같은 추가적인 기능을 제공하는 SCSI 및 IDE 기기를 포함하도록 발전하면서 커널이 너무 비대해졌다. 그래서 이러한 기능들은 시스템에서 필요한 모듈만 적재할 수 있게 개별 모듈로 분리됐다. 디스크 드라이버와 파일 시스템 지원이 모듈로 분리되면서 '닭이 먼저냐, 계란이 먼저냐'라는 문제에 직면했다. 모듈이 루트 파일 시스템에 있지만 루트 파일 시스템을 읽을 모듈이 필요하다면 어떻게 해당 파일 시스템을 마운트할 수 있겠는가? 해결책은 이러한 모든 중요 모듈을 initrd에 넣어두는 것이었다.

커널이 부팅할 때 RAM에 압축된 initramfs 파일을 풀고 initramfs의 루트에 있는 init이라는 스크립트를 실행한다. 이 스크립트는 몇 가지 하드웨어를 감지하고 마운트 지점들을 생성하고 루트 파일 시스템을 마운트하는 일종의 표준 셸 스크립트다. 커널은 GRUB이 처음 커널을 적재할 때 GRUB이 전달한 부팅 인자(root=) 중 하나로 루트 파일 시스템의 위치를 전달하기 때문에 루트 파일 시스템이 어디에 있는지 알고 있다. initramfs 파일이 실제 루트 파일 시스템을 마운트한 이후 수행하는 마지막 과정은 부팅 과정의 나머지 과정을 처리할 /sbin/init 프로그램을 실행하는 것이다.

/sbin/init

/sbin/init 프로그램은 시스템에서 실행 중인 모든 프로그램의 부모 프로세스다. 이 프로세스는 항상 PID가 1이며, 운영 중인 리눅스 시스템을 구성하는 나머지 프로세스

가 시작되는 것을 책임진다. 리눅스를 잠깐이라도 사용해 본 사람이라면 우분투 서버의 init과 여러분이 사용했던 init이 다르다는 사실을 알 것이다. 유닉스 운영체제를 초기화하는 방법에는 몇 가지 다른 표준이 있지만 대부분 고전적인 리눅스 배포판에서는 System V init 모델이라고 알려진 것을 사용해 왔다. 반면 일부 현대 리눅스 배포판에서는 Upstart 또는 최근에는 systemd와 같은 다른 시스템으로 전환됐다. 예를 들면, 우분투 서버는 Upstart로 전환됐지만 이전 버전과의 호환성을 위해 런레벨 (runlevels)이나 /etc/rc?.d 디렉터리와 같은 대부분의 System V init의 외적인 구조는 유지해 왔다. 하지만 현재 Upstart가 시스템 내부에서 모든 것을 관리한다. 여러분이 서버를 접할 때 만나게 되는 가장 일반적인 두 개의 init 시스템이 바로 System V와 Upstart이므로 다음 단락에서는 이 두 시스템에 대해 설명하겠다.

고전적인 System V Init

System V는 AT&T에서 개발된 첫 상업용 UNIX 운영체제의 특정한 버전을 말한다. 이 시스템에서 init 프로세스는 바로 다음에 언급할 기본 런레벨을 찾기 위해 /etc/inittab이라고 하는 설정 파일을 읽는다. 그리고 그 기본 런레벨로 진입해 그 런레벨로 실행하도록 설정된 프로세스를 시작한다.

System V init 프로세스는 런레벨로 알려진 여러 다른 시스템 상태로 정의된다. 런레벨은 0에서 6까지의 숫자로 표시되고, 각 숫자는 완전히 다른 시스템 상태를 나타낼 수 있다. 예를 들면, 런레벨 0은 시스템이 멈춘 상태를 말한다. 런레벨이 0으로 들어간다면 해당 시스템은 동작 중인 모든 프로세스를 멈추고, 모든 파일 시스템을 언마운트하고 전원을 끈다. 이와 마찬가지로 런레벨 6은 시스템을 재부팅하는 것을 의미한다. 런레벨 1은 단일 사용자 모드(single-user mode)를 나타내고, 반드시 한 명의 사용자만 시스템에 로그인할 수 있는 상태를 말한다. 일반적으로 일부 프로세스만이 단일 사용자 모드로 시작되므로 이 런레벨은 시스템이 불완전하게 부팅된 것을 진단할 때 매우 유용하다. 기본 GRUB 메뉴에서도 시스템을 런레벨 1로 부팅하는 복구 모드 옵션을 볼 수 있다.

런레벨 2에서 5까지는 배포판을 위해 남겨둔 것으로서 결국 사용자인 여러분이 정의할 수 있다. 이렇게 많은 런레벨을 두게 된 이유는 서버가 진입할 수 있는 여러 모드를 만들기 위해서다. 전통적으로 다수의 리눅스 배포판은 그래픽이 있는 데스크톱에 어떤 정해진 런레벨을 부여했고(레드햇에서는 런레벨 5), 그래픽이 없는 시스템은 다른 런레벨을 부여했다(레드햇에서는 런레벨 3). 또한 다른 런레벨을 정의할 수도 있다. 예를 들면, 네트워크에 접근하지 않는 시스템을 시작하는 단계를 정의할 수도 있다. 그러고 나서 시스템을 부팅할 때 설정된 기본 런레벨을 여러분이 선택한 해당 런레벨로 변경하기 위해 부트 프롬프트에서 인자를 넘겨줄 수 있다. 또한 시스템이 기동되면 런레벨을 인자로 주는 init 명령을 사용해 현재 런레벨을 바꿀 수도 있다. 그러므로 단일 사용자 모드로 변경하려면 sudo init 1이라고 입력하면 된다.

/etc/inittab과 더불어 시스템 상의 모든 주요 서비스를 위해 System V init 시스템의 각종 중요 파일과 디렉터리로 시작/종료/초기화 스크립트를 구성한다.

- /etc/init.d

   이 디렉터리에는 모든 런레벨에 있는 전체 서비스에 대한 시작 스크립트가 들어 있다. 이러한 스크립트는 대부분 표준 셸 스크립트이며, 기본 표준을 따른다. 각 스크립트는 적어도 어떤 서비스(웹서버 같은)를 시작하고 멈추는 start와 stop 인자를 전달받는다. 더불어 초기화 스크립트는 일반적으로 restart(서비스를 중지했다가 시작하는), status(서비스의 현재 상태를 반환하는), reload(서비스에 설정 파일의 내용을 다시 적재하는), force-reload(서비스에 설정을 강제로 다시 적재하는) 같은 몇 가지 부가적인 옵션을 전달받는다. 인자 없이 초기화 스크립트를 실행하면 일반적으로 지정 가능한 인자 목록이 표시될 것이다.

- /etc/rc0.d에서 /etc/rc6.d까지

   이 디렉터리에는 각 런레벨에 대한 초기화 스크립트가 들어 있다. 실제로 이 스크립트들은 일반적으로 /etc/init.d 밑에 있는 원본 파일에 대한 심볼릭 링크에 해당한다. 하지만 여기서 주목할 부분은 이러한 디렉터리에 들어 있는 초기화 스크립트에는 S(시작), K(종료), 또는 D(비활성화)나 숫자로 시작하는 특별한 이름이 부여돼 있다는 점이다. init이 어떤 런레벨로 들어갈 때 이름이 K로 시작하고 숫자로 정렬된 모든 스크립트를 stop 인자와 함께 실행하는데, 관련 초기화 스크립트가 그 이전 레벨에서 시작된 경우에만 해당한다. 그러고 나서 이름이 S로 시작하고 숫자로 정렬된 모든 스크립트를 start 인자와 함께 시작한다. 이름이 D로 시작하는 스크립트는 모두 무시되는데, 이렇게 함으로써 특정 런레벨에서 어떤 스크립트를 일시적으로 비활성화하거나 해당 심볼릭 링크를 완전히 제거할 수도 있다. 그러므로 S01foo와 S05bar라는 두 개의 스크립트를 갖고 있다면 init이 먼저 S01foo start를 실행하고 난 후 그에 해당하는 특정 런레벨에 진입할 때 S05bar start가 실행될 것이다.

- /etc/rcS.d

  이 디렉터리에는 어떤 특정한 런레벨로 변하기 전, init이 시작하는 시점에 실행하는 모든 시스템 초기화 스크립트가 들어 있다. 이 디렉터리에 들어 있는 스크립트를 어설프게 수정해서는 안 된다. 왜냐하면 이 디렉터리에 들어 있는 스크립트가 지연된다면 단일 사용자 모드로 들어가는 것조차 방해받을 수 있기 때문이다.

- /etc/rc.local

  모든 배포판이 rc.local을 사용하지는 않지만 전통적으로 이것은 사용자가 수정할 수 있게 따로 마련해 둔 셸 스크립트다. 보통은 init의 마지막에 실행되므로 여러분의 초기화 스크립트를 별도로 생성할 필요 없이 실행하고 싶은 추가적인 내용을 이 스크립트에 두면 된다.

다음은 표준 System V init 시스템에 대한 부팅 과정의 예다. 먼저 init이 시작되면 기본 런레벨(이 예제에서는 런레벨 2)을 정하기 위해 /etc/inittab을 읽는다. 그리고 나서 init은 /etc/rcS.d로 가서 이름이 S로 시작하고 숫자로 정렬된 각 스크립트에 start 인자와 함께 실행한다. 그리고 /etc/rc2.d 디렉터리에 대해서도 위와 같은 절차를 수행한다. 최종적으로 init은 마쳤지만 런레벨이 변하기를 기다리며 백그라운드에서 실행 상태를 유지한다.

Upstart

System V init은 괜찮은 시스템이고, 수년간 리눅스에서 잘 동작해 왔지만 어떤 결점도 없다는 것은 아니다. 한 가지 결점은 서비스가 죽었을 때 자동으로 해당 서비스를 재실행할 수단이 없다는 것이다. 이를테면, cron 데몬 프로세스가 어떤 이유로 죽는다면 그 프로세스를 지켜보고 다시 시작하기 위해 어떤 다른 도구를 만들어야 한다.

초기화 스크립트의 다른 문제는 일반적으로 런레벨의 변경에 의해서만 영향을 받는다는 것이다. 다시 말해 시스템이 기동됐으나 실제로 기동되지 않았을 때 수동으로 다시 시작하지 않는다면 실행되지 않는다. 네트워크 연결에 의존적인 초기화 스크립트가 좋은 예다. 레드햇과 데비안 기반 시스템에서 각각 네트워크나 네트워킹으로 불리는 초기화 스크립트는 네트워크 연결을 만든다. 네트워크 연결에 의존적인 스크립트는 해당 네트워크 스크립트가 실행되고 난 뒤에 수행되는 것을 보장하기 위해 더 높은 이름을 할당받는다(숫자가 낮으면 수행 순서가 빠르다). 그런데 서버에서 네크워크 케이블이 뽑혀 있는 상태로 서버가 기동하면 어떻게 될까? 네트워킹 스크립트가 실행되겠지만 네트워크 연결이 필요한 모든 초기화 스크립트는 하나씩 시간 만료가 될 것이다. 결국 로그인 프롬프트가 나타날 것이고, 시스템에 로그인할 수 있을 것이다. 로그인한 뒤에 네크워크 케이블을 다시 꽂고 네크워킹 서비스를 다시 시작한다면 네크워크 연결 상태에 있지만 네트워크 연결이 필요한 다른 서비스는 자동으로 다시 시작되지 않을 것이며, 하나씩 수동으로 시작해야 한다.

Upstart는 System V init 프로세스의 몇 가지 단점들을 해결할뿐더러 서비스를 관리하기에 좀 더 견고한 시스템을 제공한다. Upstart의 한 가지 주요 특징은 이벤트 주도형(event-driven)이라는 것이다. Upstart는 어떤 이벤트가 발생하는지 끊임없이 감시하면서 이벤트가 발생했을 때 해당 이벤트를 기반으로 특정 작업을 수행하도록 설정할 수 있다. 그와 같은 이벤트의 예로는 시스템 시작, 종료, Ctrl-Alt-Del 키 조합 발생, 런레벨 변경 또는 Upstart 스크립트 시작/종료가 있다. 이벤트 주도형 시스템이 전통적인 초기화 스크립트를 어떻게 개선할 수 있는지 확인하기 위해 앞에서 언급했던 케이블이 빠진 채로 기동된 시스템을 살펴보자. 이 경우 네트워크 케이블이 꽂혔을 때 실행되는 Upstart 스크립트를 만들 수 있고 이 스크립트에서는 네트워킹 서비스를 재시작할 수 있다. 그러고 나서 네트워킹 서비스가 성공적으로 시작될 때마다 네트워크 연결이 발생하는 어떤 서비스를 구성할 수 있다. 이제 시스템이 부팅되면 네트워크 케이블을 꽂기만 하면 되고, 나머지 과정은 Upstart 스크립트가 처리할 것이다.

Upstart는 적어도 서비스 측면에서는 아직 완벽하게 System V init을 대체하지 못한다. 현재 Upstart는 init과 /etc/inittab 파일의 기능을 대체하고, 런레벨 변경, 시스템 시작과 종료, tty 콘솔을 관리한다. 점점 더 많은 핵심 기능이 Upstart 스크립트로 옮겨지고 있지만 여전히 /etc/init.d와 /etc/rc?.d에서 각각 일부 표준 초기화 스크립트와 모든 표준 심볼릭 링크를 볼 수 있을 것이다. 차이점은 런레벨이 변경될 때 Upstart가 서비스를 시작하고 종료한다는 것이다.

Upstart 스크립트는 /etc/init에 있고, 기존 초기화 스크립트와 다른 구문을 갖는다. 왜냐하면 Upstart 스크립트는 실제로 셸 스크립트가 아니기 때문이다. 구문에 대한 설명을 돕기 위해 런레벨을 변경하는 데 사용되는 Upstart 스크립트(/etc/init/rc.conf)의 예를 보여주겠다.

```
# rc - System V runlevel compatibility
#
# This task runs the old System V-style rc script when changing
# between runlevels.

description "System V runlevel compatibility"
author      "Scott James Remnant <scott@netsplit.com>"
start on runlevel [0123456]
stop on runlevel [!$RUNLEVEL]
export RUNLEVEL
export PREVLEVEL
task
exec /etc/init.d/rc $RUNLEVEL
```

Upstart는 대부분의 다른 스크립트와 설정 파일처럼 #으로 시작하는 줄을 주석으로 처리한다. 첫 두 설정 옵션은 start on과 stop on이다. 이 줄에 있는 설정은 스크립트의 시작과 종료에 대해 어떤 이벤트가 발생해야 하는지를 정의한다. 이 경우에는 어떤 런레벨로 들어갈 때 스크립트가 실행되고, 런레벨이 설정되지 않았을 때 종료된다.

그다음 서너 줄은 몇 가지 환경 변수를 외부로 전달하고, task 옵션은 이 스크립트가 지속되지 않을 것이라고 init에게 알려준다(실행되고 나서 종료될 것이다).

Upstart 스크립트에서 실행되는 실제 프로그램들은 script나 exec 옵션으로 정의된다. exec 옵션의 경우 Upstart는 해당 명령과 exec 옵션에 지정된 모든 인자를 실행하고 그것의 PID를 추적한다. script 옵션을 가지고 Upstart는 end script 줄이 나올 때까지 모든 줄을 셸 스크립트로 처리한다.

Upstart가 이벤트 주도형으로 설계됐다고 하더라도 여전히 Upstart 작업의 상태를 확인하고 적절하게 그러한 작업을 시작하고 멈추기 위한 수단을 제공한다. 적절한 이름을 지닌 status, start, stop 명령을 이용해 상태, 시작, 종료에 대한 Upstart 스크립트를 확인할 수 있다. 우분투 서버에 있는 하나의 Upstart 작업은 tty1 작업이고, 그것은 tty1에서 getty 프로그램을 시작한다. 이것은 시스템 관리자가 Alt-F1을 눌렀을 때 콘솔을 보여준다. 하지만 어떤 이유로 콘솔이 멈췄다고 생각해보자. 다음은 콘솔 상태를 확인하고 작업을 재시작하는 방법이다.

```
$ sudo status tty1
tty1: start/running, process 789
$ sudo stop tty1
tty1 stop/waiting
$ sudo start tty1
tty1 start/running, process 2251
```

 아울러 initctl list로 모든 이용 가능한 Upstart 작업의 상태를 조회할 수 있다.

```
$ sudo initctl list
mountall-net stop/waiting
rc stop/waiting
rsyslog start/running, process 640
tty4 start/running, process 708
udev start/running, process 299
upstart-udev-bridge start/running, process 297
ureadahead-other stop/waiting
apport start/running
hwclock-save stop/waiting
irqbalance stop/waiting
plymouth-log stop/waiting
tty5 start/running, process 713
atd start/running, process 727
failsafe-x stop/waiting
plymouth stop/waiting
ssh start/running, process 1210
control-alt-delete stop/waiting
hwclock stop/waiting
module-init-tools stop/waiting
cron start/running, process 728
mountall stop/waiting
rcS stop/waiting
ufw start/running
mounted-varrun stop/waiting
rc-sysinit stop/waiting
tty2 start/running, process 717
udevtrigger stop/waiting
mounted-dev stop/waiting
tty3 start/running, process 718
udev-finish stop/waiting
hostname stop/waiting
mountall-reboot stop/waiting
mountall-shell stop/waiting
mounted-tmp stop/waiting
```

```
network-interface (lo) start/running
network-interface (eth0) start/running
plymouth-splash stop/waiting
tty1 start/running, process 2251
udevmonitor stop/waiting
dmesg stop/waiting
network-interface-security start/running
networking stop/waiting
procps stop/waiting
tty6 start/running, process 720
ureadahead stop/waiting
```

바이오스 부팅 순서

시스템이 GRUB 프롬프트조차 얻을 수 없다면(이전에는 얻을 수 있었다) GRUB이 MBR에서 완전히 제거됐거나, 하드디스크가 인식할 수 없을 정도로 망가졌거나, 바이오스의 부팅 순서가 변경된 것이다. 우리는 부팅 순서를 고쳐가며 시작할 텐데, 왜냐하면 이 방법이 가장 단순하고 빠른 방법이기 때문이다. 어떤 사람들은 바이오스의 부팅 순서를 살짝 바꿔서 USB 키, CD-ROM, 또는 네트워크와 같은 매체가 기동하지 못하게 해두기도 하는데, 이러한 작업을 마치고 원래대로 돌리는 것을 잊어버릴 경우 이런 일은 종종 발생할 수 있다.

시스템의 전원이 들어오면서 바이오스는 키보드의 특정 키를 눌렀을 때 바이오스 설정을 변경하는 수단을 제공한다. 또한 많은 바이오스가 어떤 키를 눌렀을 때 지정된 기기로 기동되게 할 수 있다. 아쉽게도 제조사마다 어떤 키를 눌러야 하는지는 제각각이지만, 한편으로 다행스럽게도 시스템 전원이 켜지면서 대부분의 바이오스에서는 제조사에서 어떤 키를 사용하는지 화면에 보여줄 것이다. 아시다시피 빠른 부팅은 굉장히 중요하기 때문에 많은 바이오스는 이 옵션을 보여주는 화면을 굉장히 빠르게 지나가게 한다. 운이 좋다면 바이오스가 설정을 위한 키(종종 Del, F1, F2 또는 Esc)를 누를 수 있는 짧은 알림을 화면에 보여준다(종종 모니터에 어떤 내용이 보이기 시작하는 무렵). 또한 바이오스 부팅 순서나 일회성 부팅을 위한 기기를 선택하는 키(종종 F11나 F12)를 누르라는 메시지가 나타날지도 모른다.

우리는 바이오스 부팅 순서가 문제의 원인인지 확인하고 이를 제외하고 싶기 때문에 바이오스에서 바로 부팅 순서를 선택할 수 있다면 그 옵션을 먼저 선택하면 된다.

그렇지 않다면 바이오스를 설정하기 위한 키를 누르고, 부팅 순서를 수정할 수 있는 화면을 보면 된다(보통 Boot라고 표시돼 있으며, 그렇지 않다면 Advanced 아래에서 찾을 수 있다). 각 제조사의 바이오스는 약간 다르므로 적절한 옵션을 찾기 위해 잠시 살펴봐야 할 수도 있다.

일회성 부팅 기기를 선택하거나 바이오스 설정을 하든 부팅 가능한 기기 목록을 볼 수 있을 것이다. 이것은 대부분의 서버에서는 하드디스크일 것이고, 첫 번째 하드디스크 옵션을 찾아서 선택하면 된다. 그 드라이브가 제대로 부팅된다면 적절한 드라이브를 찾은 것이고, 그렇지 않다면 시스템을 재기동하고 제대로 동작하는 기기를 찾을 때까지 부팅 기기를 하나씩 시도하면 된다. 부팅되는 드라이브를 찾을 수 있다면 바이오스 설정 화면으로 돌아가서 부팅되는 드라이브를 다른 드라이브 앞에 둔다.

어떤 드라이브로도 GRUB 프롬프트를 얻지 못한다면 GRUB이 완전히 지워졌거나 주 디스크 또는 디스크 컨트롤러가 망가진 것이다. 그렇다면 먼저 GRUB을 고치기 위해 다음 단락에 있는 과정을 살펴볼 필요가 있다. 그 과정들은 디스크가 전적으로 이용 가능한지 판단하기 위해 복구 디스크를 사용하는 데 도움될 것이다. 디스크를 전혀 사용할 수 없다면 하드웨어 고장을 해결하는 것에 대해 언급한 10장으로 넘어가는 것이 좋겠다.

GRUB 문제 해결

GRUB에서 발생하는 문제를 확인하고 해결할 때 힘든 점은 동작하는 부트 로더가 없으면 시스템을 부팅할 수도 없고 GRUB을 고치는 데 필요한 도구를 사용할 수도 없다는 점이다. GRUB이 시스템에서 망가질 수 있는 몇 가지 상황이 있다. 이런 상황들을 이야기하기 전에 빠르게 부팅하는 것이 중요하다는 점에서 어떤 시스템에서는 기본 운영체제로 부팅하기 전에 GRUB의 만료 시간을 몇 초 이내로 아주 짧게 설정하기도 한다. 게다가 심지어 일부 시스템에서는 사용자에게 초기 GRUB 프롬프트를 감춰버려서, 프롬프트를 보려면 바이오스가 GRUB에게 제어권을 넘긴 후 1~2초 안에 특수 키(GRUB 레거시로 알려진 GRUB 1 릴리스에서는 Esc이고, 그냥 GRUB으로 알려진 GRUB 2에서는 Shift)를 눌러야만 한다.

어떤 버전의 GRUB이 설치됐는지 모른다면 시스템을 몇 차례 부팅하면서 Esc와 Shift를 눌러 어떤 GRUB 창이 나타나는지 확인해야 할 수도 있다. 그 뒤로도 GRUB 이 기본 운영체제를 부팅하기 전에 발생하는 짧은 시간 만료를 여전히 처리해야 할 수 도 있으므로 시간 만료를 비활성화하는 키(일반적으로 화살표 키를 누르는 편이 안전 하다)를 누를 필요가 있다. 다음 단락에서는 GRUB이 망가지는 몇 가지 상황과 그에 대한 일반적인 해결책을 다루겠다.

GRUB 프롬프트가 없는 경우

GRUB이 망가졌을지도 모르는 첫 번째 상황은 MBR에서 GRUB이 완전히 제거된 경 우일 수 있다. 안타깝게도 GRUB은 정상적으로 동작하고 있을 때도 사용자에게서 종 종 감춰져 있기 때문에 설정이 잘못됐는지 아예 설치가 되지 않은 것인지 알 수 없을 지도 모른다. GRUB 프롬프트가 나타나지 않는지 확인하려면 부팅 과정에서 Esc나 Shift 키를 눌러서 시험해보면 된다.

GRUB이 MBR에서 완전히 사라지는 것은 꽤 드문 일이지만 리눅스와 윈도우를 함 께 적재할 수 있는 이중 부팅 시스템에서 이런 일이 가장 자주 발생한다. 윈도우 설치 과정은 MBR에 있는 부트 코드를 완전히 제거하는 것으로 오랫동안 알려져 왔다. 이 같은 경우에는 GRUB 프롬프트는 전혀 볼 수 없고, 대신 윈도우로 바로 부팅될 것이다. 하지만 서버에 이중 부팅을 사용하는 경우는 드물기 때문에 GRUB이 MBR에서 완전 히 제거됐다면 유일한 단서는 '적합한 부팅 기기를 찾을 수 없다' 같은 바이오스 오류일 가능성이 가장 크다. 앞서 언급한 바이오스에서 부팅 기기 순서를 시험하는 과정을 이 미 수행했는데도 이 같은 오류가 다시 나타난다면 어쨌든 GRUB이 MBR에서 지워진 것이다.

이 오류는 주 디스크가 망가진 리눅스 소프트웨어 RAID를 쓰는 시스템에서도 발 생할 수 있다. GRUB 중 일부 최신 설치본은 RAID에 연결된 모든 디스크의 MBR에 자동으로 설치되는 반면 기본 설치가 모든 디스크에 설치되는 그런 방식이 아니라면 (또는 예전 GRUB를 사용하고 있어서 수동으로 RAID에 연결된 다른 디스크의 MBR 에 GRUB을 설치하지 않았다면) 주 디스크가 죽었을 때 사용할 수 있는 다른 디스크 에는 어떤 GRUB도 없을 것이다.

Stage 1.5 GRUB 프롬프트인 경우

GRUB에 오류가 발생하는 또 다른 상황은 GRUB이 MBR에는 설치돼 있으나 어떤 이유로 GRUB이 시스템을 부팅하는 데 필요한 코드의 일부를 설치할 수 없는 경우다. GRUB의 첫 번째 단계는 MBR의 446바이트를 채워야 하고, 거기에는 GRUB 환경의 나머지 부분을 설치하고 적재하는 데 필요한 코드를 포함한다. GRUB은 보통 stage 1.5(GRUB 2에서는 core.img라고 한다)라고 하는 것을 적재하는데, 이것은 리눅스 파일 시스템을 읽을 수 있고 최종 GRUB 단계인 stage 2에 접근할 수 있는 코드를 포함한다. stage 2 또는 core.img가 적재되면 GRUB은 파일 시스템으로부터 기본 설정 파일을 읽을 수 있고, 필요한 추가 모듈들을 적재하고, 정상적인 GRUB 메뉴를 보여줄 수 있다. GRUB이 stage 2 또는 설정 파일이 포함된 파일 시스템을 찾지 못한다면 오류나 짧은 grub> 프롬프트 뒤로 "loading stage 1.5."라는 메시지가 나타날지도 모른다.

stage 1.5 적재가 실패했다는 오류가 발생한다면 GRUB을 고치는 방법을 언급한 단락으로 이동하면 된다. grub> 프롬프트까지 얻었다면 적어도 stage 1.5는 적재했지만 stage 2를 적재하거나 GRUB 설정 파일을 읽는 데 문제가 있을 수도 있음을 의미한다. 이 같은 현상은 GRUB 설정 파일이나 stage 2 파일이 깨졌거나 이 파일이 있는 파일 시스템이 깨졌을 때 생길 수 있다(이 경우 4장의 파일 시스템을 수리하는 방법을 읽고 싶을 것이다). GRUB 명령어에 대해 박식하거나 또는 복구 디스크에 접근하지 못한다면 GRUB 설정 파일에 설정돼 있는 동일한 GRUB 부팅 명령들을 기본적인 grub> 프롬프트에 입력해 시스템을 부팅할 수도 있다. 사실 GRUB이 최종 단계까지 왔고 프롬프트가 보인다면 파티션을 읽고 기본적인 문제 해결을 하기 위한 GRUB 명령어를 사용할 수 있다. 그렇긴 하지만 대부분은 복구 디스크로 부팅하고 복구 디스크를 통해 GRUB을 고치는 편이 더 간단하고 빠르다.

GRUB 프롬프트가 잘못 설정된 경우

마지막으로, 모든 GRUB 메뉴를 적재하려고 했으나 기본 부팅 항목으로 부팅하려고 했을 때 GRUB이 실패하고 부팅 메뉴로 돌아가거나 오류가 나타날 수도 있다. 이것은 보통 GRUB 설정 파일에 오류가 있고 해당 파일이 참조하고 있는 디스크나 파티션이 변경됐음을 의미한다(또는 UUID가 변경됐음을 의미할 수도 있는데, 이 부분에 대해서는 루트 파일 시스템을 마운트할 수 없는 시스템을 고치는 방법을 다루는 다음 단락에서 자세히 살펴본다). 이 같은 상황에 부딪히고 대체 가능한 이전 버전의 커널이나 GRUB 메뉴에 설정된 복구 모드가 있다면 이러한 것들을 시도하면서 이전 버전의 설정으로 부팅할 수 있는지 살펴보면 된다. 그렇게 한다면 시스템으로부터 GRUB을 고치기 위해 다음 단락에서 설명하는 과정을 따라 하면 된다. 다른 한편으로 GRUB 설정에 익숙하다면 E를 누르고 GRUB 프롬프트에서 설정을 다루거나, 복구 디스크로 부팅할 수 있다.

동작하는 시스템에서 GRUB 고치기

운이 굉장히 좋아서 동작하는 시스템으로 부팅할 수 있다면(이전 버전의 커널이나 GRUB 옵션을 조정함으로써) GRUB을 더 쉽게 수리할 수 있다. 그렇게 부팅할 수 있다면 GRUB이 적어도 stage 2까지는 진행된 셈이고, 아마 설정 파일도 읽을 수 있을 것이다. 그렇다면 GRUB은 MBR에 깔끔하게 설치된 것이다. 다음 단락에서는 GRUB을 MBR에 재설치하는 과정을 살펴본다.

일단 시스템을 부팅했을 때 GRUB 설정 파일에 문제가 있다면 다음 위치에서 설정 파일을 열 수 있다(GRUB 1은 boot/grub/menu.lst, GRUB 2는 /etc/default/grub). GRUB 2의 경우, 실제 설정 파일은 /boot/grub/grub.cfg에 있지만 그 파일은 보통 스크립트에 의해 생성되고 사용자가 편집하는 것을 의도하지 않으므로 /etc/default/grub을 수정하면 새로운 grub.cfg를 생성하기 위해 /usr/sbin/update-grub 스크립트를 실행할 필요가 있다. GRUB 1의 경우에도 menu.lst 파일은 배포판에 따라 의존적인 update-grub 같은 스크립트로 자동 생성될 수 있다. 이 경우 배포판은 보통 해당 파일의 맨 위 주석에서 그 설정 파일을 수정하고 갱신하는 절차를 안내할 것이다.

복구 디스크로 GRUB 고치기

대부분 GRUB에서 문제가 생길 경우 GRUB이 해당 문제를 수정하기 위해 시스템으로 부팅하는 것을 막기 때문에 GRUB을 수리하는 가장 빠른 방법은 복구 디스크를 사용하는 것이다. 대부분의 배포판에서는 CD-ROM이나 USB 이미지 파일에 설치 디스크의 일부로 복구 디스크를 포함시켜 그 과정을 더 단순화한다. 예를 들면, 레드햇이나 CentOS 설치 디스크의 경우 부팅 프롬프트 상에서 복구 모드로 들어가기 위해 linux rescue를 입력할 수 있다. 우분투 설치 디스크에서 복구 모드는 부팅 메뉴의 여러 옵션 중 하나로 표시된다. 어떤 복구 디스크든 복구 환경의 모든 특징을 이해하려면 공식 문서를 읽어야 한다. 하지만 지금은 각 복구 디스크를 사용해 GRUB을 복구하는 기본 단계를 살펴보겠다.

우분투 복구 디스크의 경우, 복구 디스크로 부팅한 뒤 GRUB 부트 로더를 재설치하는 옵션을 보여줄 것이다. 시스템을 부팅할 때 GRUB 프롬프트가 없었다면 이 옵션을 선택할 것이다. 그렇지 않고 단지 GRUB 설정 파일만 재생성하면 될 것 같다면 루트 환경으로 셸을 여는 것을 선택하고 설정 파일을 다시 빌드하도록 update-grub을 실행하고, exit로 셸을 나가고 나서 시스템을 재부팅하면 된다.

레드햇과 CentOS 복구 디스크의 경우 linux rescue 부팅 옵션을 사용해서 부팅하고, 루트 파티션을 마운트하기 위해 chroot /mnt/sysimage를 입력하면 된다. 루트 파티션을 마운트하고 셸 프롬프트를 얻었을 때 MBR에 GRUB을 재설치힐 필요가 있다면 /sbin/grup-install /dev/sda를 입력하고, /dev/sda를 루트 파티션 기기로 대체한다(그 기기가 무엇인지 확실하지 않다면 이 프롬프트에서 df를 입력하고 /mnt/sysimage가 무슨 기기로 나오는지 확인한다). 그곳에 있는 옵션을 상황에 맞게 변경할 필요가 있다면 이 프롬프트에서/boot/grub/grub.conf 파일도 살펴볼 수 있다.

시작 화면 비활성화

과거의 리눅스에서는 부팅 과정이 중급 사용자들에게 약간 더 노출돼 있었다. 서버를 부팅할 때 시스템이 특정 시점에 어떤 일을 하고 있는지를 알려주는 내용으로 화면이 가득 찼다. 심지어 서버를 설치할 때도 현재는 다수의 시스템이 기본적으로 중요한 각종 디버그 정보를 표시하지 않는다.

GRUB 프롬프트가 지나갔으나 부팅 과정 중에 오류가 나타난다면 시작 화면이나 시스템 출력을 숨기는 어떤 모드도 비활성화해서 오류를 보고 싶을 것이다. 이렇게 하려면 여러 부팅 옵션을 보여주는 GRUB 메뉴로 가서(이 메뉴를 보기 위해 Esc

나 Shift를 눌러야 할 수도 있다) E를 누르고 특정 메뉴 항목에 대한 부팅 인자를 수정하면 된다. 모든 커널 부팅 인자가 포함된 줄을 찾아보고(아마도 linux나 kernel로 시작할 것이다) quiet와 splash 같은 인자를 없앤다. 시작 화면도 나오지 않게 하기 위해 nosplash 단어를 추가할 수도 있다. 이제 편집 모드에서 나와 새 옵션으로 부팅했을 때 시스템이 부팅하는 동안 디버깅 정보가 출력될 것이다.

루트 파일 시스템을 마운트할 수 없는 경우

GRUB 오류와는 별도로 가장 일반적인 부팅 문제 중 하나는 루트 파일 시스템을 마운트할 수 없는 것이다. GRUB이 커널과 initrd 파일을 RAM에 적재하면 initrd 파일은 RAM에 있는 initramfs 임시 루트 파일 시스템으로 확장한다. 이 파일 시스템에는 커널 모듈과 커널이 루트 파일 시스템을 찾아서 마운트하고 부팅 과정을 진행하는 데 필요한 프로그램이 담겨 있다. 커널이 루트 파일 시스템을 마운트할 수 없는 문제를 가장 잘 해결하기 위해 커널이 어떻게 루트 파일 시스템이 시작하는 곳을 아는지 알아둘 필요가 있다.

루트 커널 인자

커널은 GRUB에 의해 root 옵션으로 루트 파일 시스템의 위치를 받기 때문에 루트 파일 시스템이 어디에 있는지 알고 있다. 커널 인자가 담긴 GRUB 설정 파일을 살펴보면 root=/dev/sda2나 root=LABEL=/, root=UUID=528c6527-24bf-42d1-b908-c175f7b06a0f 같은 것을 볼 수 있다. 첫 번째 예에서 커널은 명시적으로 디스크 파티션인 /dev/sda2를 받는다. 루트 기기를 명시하는 이 방식이 예전 시스템에서는 가장 일반적이고 디스크 레이블이나 UUID를 대체해 왔다. 왜냐하면 언제든지 디스크가 추가되거나 재분할(repartitioned)됐기 때문에 /dev/sda2가 현재는 /dev/sdb2나 /dev/sda3으로 되는 것이 가능하다.

기기명이 변경되면서 발생하는 문제를 우회하기 위해 각 배포판에서는 마운트 지점을 토대로 파티션에 이름을 주기 시작했다. 그래서 루트 파티션은 /나 root로, /home

파티션은 home이나 /home으로 표시됐다. 그리고 나서 root= 라인에 기기를 명시하는 대신 GRUB에서 root=LABEL=/처럼 기기를 표시할 수도 있다. 그런 방식은 실제 기기 이름이 변경되더라도 해당 기기의 레이블은 여전히 같으므로 커널은 루트 파티션을 찾을 수 있을 것이다.

레이블은 기기명이 변경되는 문제를 해결하는 것처럼 보였지만 다른 문제를 낳았다. 두 파티션의 레이블이 같다면 어떤 일이 일어날까? 문제가 발생하기 시작하는 것은 서버에 다른 시스템에서 사용됐던 디스크를 두 번째 디스크로 추가할 때다. 이 신규 디스크는 이미 /이나 /home 레이블을 갖고 있을 수도 있고 새 시스템에 추가됐을 때 커널은 여러분이 알고 있던 해당 레이블로 마운트하지 못할 수 있다. 이 문제를 해결하기 위해 일부 배포판에서는 파티션에 UUID(범용 고유 식별자, Universal Unique Identifiers)를 할당하기 시작했다. UUID는 세상의 모든 디스크 파티션을 통틀어 고유함을 보장하기 위한 긴 문자열이라서 시스템에 어떤 디스크든 추가할 수 있고 같은 UUID를 중복해서 가질 수 없다고 확신할 수 있다. 이제 부팅 프롬프트에 디스크 레이블을 명시하는 대신 root=UUID=528c6527-24bf-42d1-b908-c175f7b06aof 같은 UUID를 명시할 것이다.

루트 기기를 변경하는 경우

커널이 루트 파티션을 마운트할 수 없는 가장 일반적인 이유 중 하나는 커널에 설정된 루트 파티션이 변경됐기 때문이다. 루트 파티션이 변경됐을 때 "경고! /dev/sdb2가 없습니다(ALERT! /dev/sdb2 does not exist)"라는 오류 메시지가 나타나고 기본 initramfs 셸이 보일 것이다. UUID를 사용하지 않는 시스템에서는 새 디스크가 추가되고 해당 기기명이 바뀔 때 이러한 현상이 가장 흔히 발생한다(가령 과거 루트 파일 시스템은 /dev/sda2에 있었지만, 지금은 /dev/sdb2에 있는 경우). 최근에 시스템에 디스크를 추가했다면 GRUB 메뉴로 가서 E를 눌러 부팅 인자를 수정한다.

루트 인자를 디스크 기기에 설정한다면 기기명을 변경하면서 시험해 본다. 예를 들어, root=/dev/sda2로 설정했다면 그 설정을 root=/dev/sdb2나 root=/dev/sdc2로 변경해 본다. 디스크 기기가 어떻게 할당돼 있는지 확실하지 않다면 복구 디스크로 부팅하고 시스템에서 사용 가능한 모든 파티션을 보는 루트 사용자처럼 fdisk -l 같은 명령의 출력 결과를 살펴본다. 다음은 /dev/sda와 /dev/sdb라는 두 디스크를 보여주는 fdisk -l의 출력 예다. /dev/sda 디스크는 /dev/sda1, /dev/sda2, /dev/sda3로 구성되는 세 개의 파티션을 포함하고 있고, /dev/sdb는 /dev/sdb1이라는 파티션 하나만 포함하고 있다.

```
# fdisk -l
Disk /dev/sda: 11.6 GB, 11560550400 bytes
4 heads, 32 sectors/track, 176400 cylinders
Units = cylinders of 128 * 512 = 65536 bytes
Sector size (logical/physical): 512 bytes / 512 bytes
I/O size (minimum/optimal): 512 bytes / 512 bytes
Disk identifier: 0x0009c896

   Device Boot    Start      End    Blocks  Id    System
/dev/sda1            1    76279  4881840  83    Linux
/dev/sda2        76280    91904  1000000  82    Linux swap / Solaris
/dev/sda3        91905   168198  4882816  83    Linux

Disk /dev/sdb: 52.4 GB, 52429848576 bytes
4 heads, 32 sectors/track, 800016 cylinders
Units = cylinders of 128 * 512 = 65536 bytes
Sector size (logical/physical): 512 bytes / 512 bytes
I/O size (minimum/optimal): 512 bytes / 512 bytes
Disk identifier: 0x000c406f

   Device Boot  Start      End     Blocks       Id    System
/dev/sdb1            1   762924   48827120       83    Linux
```

루트 인자를 다른 기기로 변경했을 때 시스템이 정상적으로 부팅한다면 GRUB 설정 파일(/boo/grub/grub.conf나 GRUB 1의 경우는 /boot/grub/memu.lst. 대부분 GRUB 2 시스템은 UUID를 사용하거나 루트 파티션을 자동 탐색한다)을 수정해 root= 설정을 영구적으로 변경할 수 있다. 그러나 기기가 변경됐다면 /etc/fstab에 있는 같은 항목 또한 변경할 필요가 있다.

파티션 레이블을 사용하는 시스템의 경우 루트 파일 시스템을 마운트하지 못하는 상황은 레이블이 같은 파티션이 포함된 디스크를 추가하는 경우나 루트 파티션 레이블을 변경한 관리자에게서 발생할 수 있다. 디스크 레이블 문제를 진단하는 가장 좋은 방법은 레이블 대신 root= 설정을 수정하고 디스크 기기 자체를 명시하는 것이다. 다시 말해, 디스크가 어떻게 배치돼 있는지 모른다면 복구 디스크로 부팅하고 fdisk -l을 입력하는 것이다. 레이블 대신 루트를 디스크 기기에 설정했을 때 성공적으로 부팅됐다면 레이블 대신 해당 디스크 기기를 사용하기 위해 GRUB 설정 파일을 갱신하거나 루트 파티션의 레이블을 원래 되던 것으로 되돌리기 위해 e2label 프로그램을 사용할 수 있다. 예를 들면, /dev/sda2에 /라는 레이블을 할당하려면 다음과 같이 입력하면 된다.

```
e2label /dev/sda2 /
```

중복된 레이블일 경우에도 중복된 루트 파티션을 다른 것으로 명명하기 위해 e2label을 사용하면 된다. 현재 설정된 기기명이 무엇인지 보여주기 위해 디스크 기기 명과 같이 e2label을 사용할 수 있다(e2label /dev/sda2처럼).

시스템에서 UUID를 사용하고 커널이 루트 파티션을 찾을 수 없다면 UUID가 변했을 수 있다. 보통 UUID는 파티션이 포맷될 때 할당돼야 하므로 루트 파티션에 이런 상황이 일어나는 것은 일반적이지 않다. 그렇긴 하지만 UUID를 사용하는 시스템을 오프라인 기반으로 복제할 때 종종 발생한다. 복제된 시스템에 대한 루트 파티션을 생성할 때 해당 파티션은 새로운 UUID를 얻지만 GRUB 설정 파일이 복사됐을 때 해당 설정은 예전 UUID를 가리키고 있다.

디스크 레이블 문제처럼 이 문제를 해결하는 빠른 방법은 GRUB 메뉴에 있는 부트 프롬프트를 수정하고 UUID 대신 지정된 기기를 명시하도록 root= 설정을 변경하는 것이다. 이 방식으로 부팅 과정을 더 살펴보면 특정 기기에 할당된 UUID를 보기 위해 blkid 명령을 사용할 수 있다.

```
$ sudo blkid -s UUID /dev/sda2
/dev/sda2: UUID="528c6527-24bf-42d1-b908-c175f7b06a0f"
```

어떤 UUID가 설정돼야 할지 알았다면 GRUB 설정 파일(그리고 /etc/fstab)을 수정해서 적절한 UUID를 참조하게 한다.

루트 파티션이 손상되거나 고장 난 경우

커널이 루트 파일 시스템을 마운트할 수 없는 다른 주요 원인은 파일 시스템에 오류가 있거나 디스크 자체가 완전히 작동하지 않는 경우다. 파일 시스템이 마운트됐을 때 그 파일 시스템에서 오류가 감지됐다면 자동적으로 복구 과정을 시작하게 된다. 하지만 많은 경우 오류가 심각해서 부팅 과정에서 기본 셸로 떨어져서 직접 파일 시스템을 고쳐야 할 수도 있다. 부팅 과정이 이 상태에 머물러 있다면 그러한 오류를 수정하기 위한 상세한 방법을 언급한 4장, '손상된 파일 시스템 고치기'를 참고한다. 디스크가 완전히 작동하지 않는다면 하드웨어 문제를 진단하는 방법을 언급하는 10장을 참고한다.

보조 파일 시스템을 마운트할 수 없는 경우

많은 서버는 부팅할 때 자동적으로 마운트되는 여러 개의 파일 시스템을 갖고 있다. 이러한 파일 시스템은 /etc/fstab 파일에 정의돼 있고 아래와 같은 모습이다.

```
# /etc/fstab: static file system information.
# <file system>  <mount point>   <type>      <options>      <dump>   <pass>
proc             /proc           proc        defaults        0        0
/dev/sda1        /               ext3        defaults        0        0
/dev/sda2        swap            swap        defaults        0        0
/dev/sda3        /var            ext3        defaults        0        0
/dev/sdb1        /home           ext3        defaults        0        0
```

이 예제에서는 /dev/sda1에 / 파티션이 마운트된 것과 더불어 /dev/sda3에 /var과 /dev/sdb1에 /home을 각각 마운트하고 있음을 확인할 수 있다. /var와 /home에 오류가 있어 자동으로 복구될 수 없거나 찾을 수 없다면 부팅 과정은 중지되고 문제를 더 살펴볼 수 있는 셸 프롬프트가 화면에 나타날 것이다. 이 상황에서 루트 파일 시스템에서 발생했던 문제에 대해 수행했던 문제 해결 과정을 반복해 변경된 기기명, 새로운 레이블이나 다른 UUID를 찾아보면 된다.

04

왜 디스크에 쓸 수 없는가? 용량이 가득 찼거나 오류가 생긴 디스크 문제 해결하기

데브옵스 팀에게 리눅스 서버의 어떤 부분이 가장 많은 문제의 원인이었는지 설명해 달라고 요청한다면 많은 사람들이 하드디스크를 지목할 것이다. 하드디스크로 인해 서 버가 동작하지 않을 가능성이 높을뿐더러(10장에서 다루겠다) 종종 애플리케이션의 주요 병목 중 하나이기도 하다. 무엇보다도 여러분이 서버 유지보수를 담당하고 있다 면 여유 공간이 없는 디스크와 오류가 난 파일 시스템 또한 다뤄야 한다. 파일 시스템 오류 문제는 모두 같은 증상을 보이며 시작된다. 바로 사용자 또는 프로그램이 디스크 에 데이터를 쓸 수 없다는 것이다.

데브옵스 조직에서 디버그 데이터를 기록하는 것은 코드의 문제를 해결할 때 특히 가치가 있다. 자동화 테스트 중 하나가 실패했을 때 실패의 원인이 무엇인지 정확히 파 악하고자 한다. 그러나 점차 증가하는 모든 로그를 그대로 둔다면 결국에는 디스크가 가득 찰 것이다. 그런 상황이 발생했을 때 어떤 디렉터리가 모든 공간을 다 써버렸는지 자동으로 알 수 없을지도 모른다. 그리고 프로세스가 디스크에 쓰지 못할 때 프로세스 들은 때때로 비정상적으로 작동하지 않는다. 4장에서는 디스크에 쓰지 못하는 몇 가 지 일반적인 문제를 진단하고 해결하는 방법을 다루겠다.

디스크가 가득 찼을 때

리눅스는 디스크 공간을 다 써버렸다는 것을 꽤 분명하게 보여 준다.

```
$ cp /var/log/syslog syslogbackup
cp: writing `syslogbackup`: No space left on device
```

물론 시스템의 파티션 구성에 따라 어떤 파티션이 가득 찼는지 모를 수도 있다. 첫 번째 단계는 마운트돼 있는 모든 파티션의 크기, 사용 중인 공간, 사용 가능한 공간 정보를 보기 위해 df 도구를 사용하는 것이다. -h 옵션을 추가해서 사용하면 1K 블록 단위 대신 읽기 쉬운 형태로 데이터를 보여준다.

```
$ df -h
Filesystem      Size   Used  Avail    Use%    Mounted on
/dev/sda1       7.8G   7.4G    60K    100%    /
none            245M   192K   245M      1%    /dev
none            249M      0   249M      0%    /dev/shm
none            249M    36K   249M      1%    /var/run
none            249M      0   249M      0%    /var/lock
none            249M      0   249M      0%    /lib/init/rw
```

여기서는 단지 마운트된 파티션(/dev/sda1)이 하나 있는 것을 볼 수 있고, 그 파티션 은 전체 공간인 7.8Gb 가운데 7.4Gb가 사용 중이며, 100% 가득 차서 60Kb만 사용 가능하다고 알려주고 있다. 파일 시스템이 가득 찬 상태에서 어떻게 시스템에 로그인해서 문제를 해결할 수 있을까? 이 장의 후반부에서 언급하는 바와 같이 파일 시스템 공간을 확보하는 일반적인 방법 중 하나는 압축되지 않은 로그를 압축하는 것이다. 그러나 만약 디스크에 여유 공간이 없다면 어떻게 압축할 수 있을까?

예약 블록

그러나 df 수치를 자세히 보면 "어라, 리눅스가 셈에 어둡네?"라고 말할지도 모른다. 7.4Gb를 7.8Gb로 나누면 95%에 더 가깝다.

여기서 일어난 일은 리눅스가 긴급 상황(그리고 단편화를 방지하기 위해)을 위해 예약 블록(reserved block)이라고 하는 파일 시스템의 여러 블록을 따로 떼어 놓는다는 것이다. 루트 사용자만이 그러한 예비 블록에 쓸 수 있기 때문에 파일 시스템이 가득 찼더라도 루트 사용자는 여전히 로그인하고 일부 파일을 옮길 수 있는 약간의 여유 공간을 확보하고 있다. ext 기반의 파일 시스템이 탑재된 대부분의 서버에서는 총 블록의 5%가 예약돼 있고, 루트 권한을 가지고 있다면 tune2fs 도구를 통해 확인할 수 있다. 예를 들어, 다음은 가득 찬 /dev/sda1 파티션의 예약 블록 수를 확인하는 방법이다.

```
$ sudo tune2fs -l /dev/sda1 | grep -i "block count"
Block count:          2073344
Reserved block count: 103667
```

103667을 2073344로 나눈다면 약 5%가 되는 것을 알 수 있다. 이 경우 루트 사용자에게는 문제 해결에 사용할 수 있는 약 400Mb의 공간이 있는 셈이다.

가장 큰 디렉터리 추적하기

df 명령어는 각 파일 시스템에서 사용 중인 공간이 얼마나 되는지 알려 준다. 그러나 해당 공간을 알고 난 이후에도 여전히 무엇이 디스크 공간을 차지하고 있는지 파악할 필요가 있다. df와 이름이 유사한 du 명령어가 이러한 목적에 매우 유용하다. 이 명령어에 올바른 인자만 지정해도 각 디렉터리가 파일 시스템에서 얼마나 많은 디스크 공간을 차지하고 있는지 확인할 수 있다. du 명령어에 sort 명령어를 파이프한다면 어떤 디렉터리가 가장 많은 디스크 공간을 소비하는지 쉽게 확인할 수 있다. /tmp에 결과를 저장하면(충분한 여유 공간이 있다면) 여러 번에 걸쳐 해당 출력 결과를 참조할 수 있고 du를 다시 실행할 필요가 없다. 이러한 기능을 수행하는 명령을 친근하게 'duck 명령어'라 한다.

```
$ cd /
$ sudo du -ckx | sort -n > /tmp/duck-root
```

이 명령어는 화면에 어떤 것도 결과를 보여주지 않지만 대신 가장 많은 공간을 소비하는 디렉터리의 정렬된 목록을 만들어 /tmp/duck-root에 저장한다. /tmp/duck-root에 대해 tail을 사용하면 공간을 가장 많이 차지하는 상위 10개의 디렉터리를 확인할 수 있다.

```
$ sudo tail /tmp/duck-root
67872 /lib/modules/2.6.24-19-server
67876 /lib/modules
```

```
69092  /var/cache/apt
69448  /var/cache
76924  /usr/share
82832  /lib
124164 /usr
404168 /
404168 total
```

이 경우 /usr이 가장 많은 공간을 차지하는 것을 볼 수 있다. 그다음으로 /lib, /usr/share, /var/cache 등이 많이 차지한다. 결과가 /var/cache/apt와 /var/cache로 구분되는 것에 주목하면 /var/cache/apt가 /var/cache 아래에서 가장 많은 공간을 소비하는 하위 디렉터리라고 할 수 있다. 물론 상위 10개 디렉터리 이외의 목록을 확인하려면 less나 텍스트 편집기 같은 도구로 duck-file을 열어 보면 된다.

이 결과를 가지고 뭘 할 수 있을까? 어떤 경우에는 대부분의 공간을 차지하는 디렉터리는 건드릴 수가 없다(/usr 같은 경우). 반면 종종 여유 공간이 빠르게 사라지는 경우가 있는데, 그것은 걷잡을 수 없이 늘어나는 로그 파일 때문이다. 디스크의 많은 비율을 차지하고 있는 /var/log를 보면 해당 디렉터리로 가서 크기별로 정렬된 모든 파일의 목록을 보기 위해 sudo ls -lS를 실행할 수 있다. 그 시점에 아래와 같은 명령으로 특정 파일의 크기를 줄일 수 있다(기본적으로 파일의 내용을 지울 수 있다).

```
$ sudo sh -c "> /var/log/messages"
```

다른 방안으로 대용량 파일 중 하나가 이미 순환돼 있다면(확장자가 .1, .2와 같이 끝나는 것) gzip으로 압축돼 있지 않은 파일을 압축하거나 해당 로그가 더는 필요하지 않다면 간단하게 지울 수 있다. 압축되지 않은 로그 때문에 디스크 공간 문제를 일상적으로 겪는다면 /etc/logrotate.conf와 /etc/logrotate.d/ 안에 있는 로그 순환 설정을 수정해서 순환된 로그를 자동으로 압축할 수 있다.

알아두기

필자는 /tmp 안의 대용량 파일 때문에 /(루트) 파일 시스템이 가득 찼다는(시스템이 종종 작동하지 않을 수 있는 위험한 상황) 경고를 얼마나 많이 받았는지 셀 수가 없다. 구체적으로 말하면 루트 디렉터리에는 대용량의 .swp 파일들이 있었다. vim이 파일을 열 때 vim은 전체 내용을 .swp 파일로 복사한다. vim의 어떤 버전에서는 이 .swp 파일을 /tmp에 저장하고 어떤 버전에서는 /var/tmp에 저장하며, 또 어떤 버전에서는 ~/tmp 안에 저장한다. 어쨌든 실제로 일어났던 일은 시스템의 특정 사용자가 크기가 기가바이트에 달하는 아파치 로그 파일을 보려고 했다는 것이다. 사용자가 그 파일을 열었을 때 /tmp 안에 수 기가바이트나 되는 .swp 파일이 만들어졌고 루트 파일 시스템이 가득 차고 말았다. 그 문제를 해결하기 위해 문제가 되는 vim 프로세스를 찾아서 죽여야 했다.

아이노드가 고갈된 경우

덜 일반적이지만 다루기 힘든 다른 상황은 파일 시스템이 가득 찼다고 하지만 df를 실행했을 때 충분한 여유 공간이 있는 경우다. 이런 경우가 발생한다면 맨 먼저 아이노드(inode)가 고갈됐는지 확인해야 한다(아이노드는 파일에 대한 정보가 저장돼 있는 데이터 구조다). 파일 시스템을 포맷할 때 mkfs 도구는 파티션 크기의 함수로 사용하기 위해 그 시점에 아이노드 최대치를 결정한다.

파일 시스템에서 생성된 새 파일은 유일한 아이노드를 얻는다. 일단 아이노드가 고갈되면 어떠한 새로운 파일도 생성할 수 없다. 일반적으로 결코 최대치에 근접할 수 없지만 어떤 서버는 수백만 개의 파일을 특정 파일 시스템 상에 저장하며, 이러한 경우 상한에 다다를 수 있다. df -i 명령어는 아이노드 사용량에 대한 정보를 보여준다.

```
$ df -i
Filesystem Inodes IUsed IFree IUse% Mounted on
/dev/sda 520192 17539 502653 4% /
```

이 예제에서 루트 파티션에는 총 520,192개의 아이노드가 들어 있지만 단지 17,539개만 사용되고 있다. 그것은 해당 파일 시스템에서 502,653개의 파일을 더 생성할 수 있다는 의미다. 아이노드가 100% 사용되는 경우에는 할 수 있는 일이 별로 없다. 지울 수 있거나 다른 파일 시스템으로 옮길 수 있는 파일들을 찾아볼 수도 있고, 파일들을 tar 압축 파일로 묶을 수도 있으며, 또는 현재 파일 시스템 상의 파일을 백업하고 아이노드가 더 많은 파일 시스템으로 다시 포맷한 후 파일을 다시 원래대로 복사할 수 있다.

파일 시스템이 읽기 전용인 경우

때때로 가득 차지는 않았지만 쓰기가 되지 않는 파일 시스템을 접하게 될지도 모른다. 파일을 복사하거나 저장하려고 할 때 파일 시스템이 읽기 전용이라는 오류를 만나게 된다. 오류를 해결하는 첫 번째 단계는 읽고 쓰기가 가능하도록 파일 시스템을 다시 마운트할 수 있는지 확인하는 것이다. 예를 들어 /home 파티션이 읽기 전용이라면 아래와 같이 입력할 수 있다.

```
$ sudo mount -o remount,rw /home
```

그래도 이 오류가 발생한다면 몇 가지 가능성이 있는데, 그것은 파일 시스템이 어떤 종류의 오류가 발생했을 때 더 큰 피해로부터 스스로를 보호하기 위해 읽기 전용으로 다시 마운트하기로 결정했기 때문이다. 이런 종류의 문제는 가상 머신에서 부분적으로 더 빈번하게 발생하며, 상상컨대 가상 디스크와 물리적인 하드웨어 사이에 있는 추가적인 추상화 레벨에서 발생한다. 가상 디스크와 물리적인 하드웨어 사이에는 약간의 문제가 있을 때 파일 시스템은 심각한 오류로 감지해 스스로를 보호한다. 확실히 확인하기 위해 dmesg 명령어를 실행한 결과에서 구체적으로 EXT3-fs error로 시작하는 줄을 검토할 필요가 있다. 그 결과에서 ext3가 발견한 오류가 표시된 줄과 '다시 마운트한 파일 시스템이 읽기 전용(Remounting filesystem read-only)'이라고 표시되는 로그 항목이 있는지 확인한다.

이런 상황이 발생했다면 어떻게 해야 할까? 파일 시스템이 루트 파티션이 아니고 완벽하게 마운트를 내릴 수 있다면 완벽하게 해당 파티션을 내리고 나서 다시 마운트하는 방법을 시도할 수 있다. 파일 시스템이 루트 파티션이거나 다시 마운트되지 않는다면 안타깝게도 시스템을 재부팅해야만 파일 시스템을 확인하고 깔끔하게 다시 마운트할 수 있다. 파일 시스템을 재부팅한 후에도 여전히 깔끔하게 마운트되지 않는다면 다음 단락의 내용을 살펴보자.

손상된 파일 시스템 고치기

하드 재부팅이나 몇 가지 오류를 통해 파일 시스템에 오류가 발생하는 다양한 경우가 있다. 보통 리눅스는 파일 시스템 복구를 위해 부팅 시점에 자동으로 파일 시스템 체크 명령(fsck라고 하는)을 실행한다. 종종 기본적인 fsck는 파일 시스템을 복구하기에 충분하지만 때때로 파일 시스템은 수동 개입이 필요할 만큼 오류가 발생하기도 한다. 여러분이 종종 보게 되는 것은 부트 프로세스가 fsck를 실패한 이후, 다행스럽게도 fsck를 직접 실행할 수 있는 복구 셸로 빠지는 것이다. 그렇지 않으면 부팅할 수 있는 복구 디스크를 찾아(최근에는 복구 디스크의 기능을 겸하는 각종 배포판 설치 디스크가 많다) 터미널 창을 열고 루트 권한이 있는지 확인할 필요가 있다(sudo를 사용하는 복구 디스크에서는 루트 권한을 얻기 위해 sudo -s를 입력해야 할 수도 있다).

fsck를 실행하기 전에 한 가지 주의할 사항은 반드시 파일 시스템을 먼저 내려야 한다는 것이다. 그렇지 않으면 fsck는 잠재적으로 파일 시스템을 더 손상시킬 수 있다. 모든 마운트된 파일 시스템을 확인하기 위해 셸에서 mount 명령을 실행할 수 있으며, 마운트돼 있는(루트 파일 시스템 제외) 특정 파일 시스템을 내리기 위해 unmount <devicename>을 입력할 수 있다. 이 파일 시스템은 부트 프로세스가 완전하게 실행되는 것을 막기 때문에 아마 마운트되지 않을 수 있다. 그래서 이 예제에서는 /home 디렉터리가 /dev/sda5과 분리된 파티션에 마운트돼 있다고 가정한다. 이 파일 시스템에서 발생한 파일 시스템 오류를 훑어 보고 이를 고치려면 아래와 같이 입력하면 된다.

```
# fsck -y -C /dev/sda5
```

-y 옵션은 파일 시스템 오류를 고치기 위해 자동으로 Yes라고 답할 것이다. 그렇지 않으면 어떤 오류가 발견될 때마다 반복해서 Y를 입력해야 할 것이다. -C 옵션은 fsck가 얼마나 진행되고 있는지를 확인하는 데 좋은 진행표시줄을 보여준다. 큰 파일 시스템에 대한 fsck가 완료되기까지는 긴 시간이 걸릴 수 있으므로 진행표시줄이 유용할 수 있다.

때때로 파일 시스템이 오류가 너무 심해서 기본 수퍼 블록이 발견되지 않을 수 있다. 다행히도 파일 시스템들은 이런 일이 발생한 경우 백업 수퍼 블록을 생성하며, 이 수퍼 블록을 대신 사용하기 위해 fsck에 알려줄 수 있다. 백업 수퍼 블록의 위치를 자동으로 알 수 없을지도 모르지만 ext 기반 파일 시스템에서는 파일 시스템 상의 모든 수퍼 블록 목록을 보기 위해 -n 옵션과 함께 mke2fs 도구를 사용할 수 있다.

```
# mke2fs -n /dev/sda5
```

 경고

여기서 −n 옵션을 반드시 사용하라! 그렇지 않으면 mke2fs는 파일 시스템을 간단하게 포맷하고 오래된 모든 데이터를 삭제할 것이다.

일단 결과에서 수퍼 블록 목록이 보이면 하나를 선택하고 fsck를 실행할 때 -b 옵션의 인자로 선택한 값을 전달하면 된다.

```
# fsck -b 8193 -y -C /dev/sda5
```

대체 가능한 수퍼 블록을 지정했을 때 fsck는 파일 시스템 체크가 완료된 후에 자동으로 기본 수퍼 블록을 갱신할 것이다.

소프트웨어 RAID 고치기

하드디스크는 서버에서 가장 많이 고장 나는 하드웨어 중 하나다. 리눅스 소프트웨어 RAID를 사용하는 시스템을 운영하고 있다면 RAID를 고치는 방법을 알아두는 것이 좋다. 첫 단계는 RAID가 고장 났을 때 감지하는 방법을 알아내는 것이다. 현대적인 소프트웨어 RAID가 설치된 경우, 시스템은 RAID 문제가 있을 때마다 루트 사용자에게 이메일이 발송되도록 mdadm 설정이 돼 있어야 한다(이 설정을 변경하고 싶다면 /etc/mdadm/mdadm.conf에서 MAILADDR 옵션을 수정하고 변경 사항을 로드하기 위해 루트 사용자로 /etc/init.d/mdadm을 실행하면 된다). 그렇지 않다면 /proc/mdstat 파일을 확인해볼 수 있다.

```
$ cat /proc/mdstat
Personalities : [linear] [multipath] [raid0] [raid1] [raid6]
[raid5] [raid4] [raid10]
md0 : active raid5 sdb1[0] sdd1[3](F) sdc1[1]
16771584 blocks level 5, 64k chunk, algorithm 2 [3/2] [UU_]
unused devices: <none>
```

여기서 sdd1이 고장 났다고 알려주는 (F)로 표시돼 있음을 확인할 수 있다. 그다음 줄에서는 그 배열이 3개의 디스크 중 2개가 실패라는 것을 보여준다([3/2] [UU_]). 다음 단계는 고장 난 디스크를 새 디스크로 교체할 수 있게 /dev/md0으로부터 디스크를 제거하는 것이다. 이를 위해 –remove 옵션과 함께 mdadm를 실행하면 된다.

```
$ sudo mdadm /dev/md0 --remove /dev/sdd1
```

교체를 위해 디스크를 제거하려면 고장 난 디스크로 설정돼 있어야 한다. 어떤 이유로 mdadm이 고장 난 디스크가 결함이라고 알아채지 못했지만 교체하고 싶다면 해당 디스크를 제거하기 전에 결함이 있다고 설정할 필요가 있을지도 모른다.

```
$ sudo mdadm /dev/md0 --fail /dev/sdd1
```

mdadm 명령은 연쇄 명령어를 지원하므로 드라이브의 결함 설정과 제거를 한 줄로 할 수 있다.

```
$ sudo mdadm /dev/md0 --fail /dev/sdd1 --remove /dev/sdd1
```

일단 배열에서 (오류가 발생한) 드라이브를 제거하면 /proc/mdstat에서 빠질 것이다.

```
$ cat /prod/mdstat
Personalities : [linear] [multipath] [raid0] [raid1] [raid6]
[raid5] [raid4] [raid10]
md0 : active raid5 sdb1[0] sdc1[1]
16771584 blocks level 5, 64k chunk, algorithm 2 [3/2] [UU_]
unused devices: <none>
```

이제 드라이브를 새 것으로 교체하고 파티션을 나눌 수 있다(시스템이 핫스왑을 지원한다면 곧바로 교체하고, 그렇지 않다면 시스템 전원을 내리고 하드디스크를 교체한다). 디스크를 교체할 때 반드시 RAID 배열 안에 나머지 파티션과 동일하거나 더 큰 크기로 새 파티션을 만들어야 한다. 일단 새 파티션이 준비되면 RAID 배열에 -add 명령으로 새 파티션을 추가하면 된다.

```
$ sudo mdadm /dev/md0 --add /dev/sdd1
```

이제 mdadm이 데이터를 다시 동기화하는 과정을 시작할 것이다. 이 과정은 디스크의 속도와 크기에 따라 시간이 걸릴 수 있다. /proc/mdstat을 통해 진행 상태를 모니터링할 수 있다.

```
$ cat /proc/mdstat
Personalities : [linear] [multipath] [raid0] [raid1] [raid6]
[raid5] [raid4] [raid10]
md0 : active raid5 sdd1[3] sdb1[0] sdc1[1]
16771584 blocks level 5, 64k chunk, algorithm 2 [3/2] [UU_]
[>...................]  recovery =  2.0% (170112/8385792)
finish=1.6min speed=85056K/sec
unused devices: <none>
```

 알아두기

cat /proc/mdstat을 반복적으로 실행하는 것이 지겹다면 수초마다 그 결과를 갱신하기 위해 watch 명령을 사용할 수 있다. 예를 들어, 5초마다 명령을 실행하려면 $ watch -n 5 "cat /proc/mdstat"과 같이 입력하면 된다. 작업이 끝나면 watch 명령에서 나오기 위해 Ctrl-C를 누르기만 하면 된다.

서버가 다운됐는가?
네트워크 문제 원인 추적하기

대부분의 서버는 네트워크에 속해 있고 네트워크를 통해 서비스를 제공하는 것이 일반적이다. 갖가지 다양한 문제가 네트워크에 영향을 미치기 때문에 네트워크 문제를 해결하는 기술은 이러한 서버나 서버에서 제공되는 서비스를 책임지고 있는 누군가에게는 대단히 중요하다. 리눅스는 네트워크 문제 해결을 위한 다양한 도구를 제공한다. 5장에서는 리눅스에서 근본 원인을 추적하는 데 활용할 수 있는 몇 가지 도구를 사용하는 방법과 더불어 몇 가지 일반적인 네트워크 문제를 살펴본다.

네트워크 문제 해결 기술은 데브옵스 팀의 모든 구성원에게 매우 가치 있는 기술이다. 거의 모든 소프트웨어는 네트워크를 통해 어떤 방식으로든 통신하게 되고, 많은 애플리케이션에서 네트워크 연결은 소프트웨어가 제대로 작동하는 데 절대적으로 중요하다. 네트워크에 문제가 발생하면 시스템 관리자에서부터 QA팀, 그리고 전체 개발 부서 사람들에게까지 공지될 것이다. 여러분의 네트워크 담당 부서가 독립된 그룹이든 아니든, 전체 데브옵스 팀과 함께 네트워크 문제 진단을 함께할 때 문제를 더 나은 종합적인 관점으로 바라볼 수 있을 것이다. 개발팀은 해당 소프트웨어가 네트워크에서 어떻게 작동하느냐에 관한 심층적인 지식을 제공할 것이고, QA팀은 애플리케이션이 특정 상황에서 어떻게 동작하는지 설명해 주고, 네트워킹 버그 이력에 대한 백로그를 제공할 것이다. 그리고 시스템 관리자는 네트워크 애플리케이션이 리눅스에서 어떻게 작동하는지에 대한 종합적인 관점을 제공할 것이다. 이러한 팀과 함께한다면 모든 팀이 개별적으로 네트워킹 문제를 진단하는 것보다 훨씬 더 빨리 문제를 진단할 수 있을 것이다.

서버 A가 서버 B와 통신할 수 없는 경우

아마 가장 일반적인 네트워크 문제 해결 시나리오는 한 서버가 네트워크상의 다른 서버와 통신할 수 없는 경우일 것이다. 이 단락에서는 dev1이라는 서버가 web1이라는 또 다른 서버의 웹 서비스(80 포트)에 접근할 수 없는 경우를 실례로 들어본다. 다양한 문제가 이러한 현상의 원인이 될 수 있다. 그래서 여기서는 문제의 원인을 분리하기 위해 단계적으로 테스트를 수행할 것이다.

일반적으로 이와 같은 문제를 해결할 때 원인들은 계속되는 테스트에 의해 배제될 것이므로 몇 가지 초기 단계(연결을 확인하는 것과 같은)는 생략할지도 모른다. 예를 들어, DNS가 작동하는 것을 테스트해서 확인했다면 해당 호스트가 로컬네트워크와 통신할 수 있음을 증명한 셈이다. 이 예에서는 차례차례 각 중간 단계를 검토해 어떻게 여러분이 각 단계를 테스트할 수 있는지 설명할 것이다.

클라이언트 혹은 또는 서버 문제

문제 원인의 범위를 좁히는 한 가지 빠른 테스트 방법은 동일한 네트워크의 다른 호스트로 서버에 접근해 보는 것이다. 이 예에서는 dev1과 동일한 네트워크의 또 다른 서버인 dev2를 찾아 이를 통해 web1에 접근해 볼 것이다. dev2 역시 web1에 접근할 수 없다면 web1이나 dev1, dev2와 web1 사이의 네트워크에 문제가 있을 가능성이 높다는 사실을 알 수 있다. dev2가 web1에 접근할 수 있다면 dev1에 문제가 있을 가능성이 높다는 것을 알 수 있다. 문제 해결을 시작하기 위해 dev2가 web1에 접근할 수 있다고 가정하고, dev1에서 문제 해결의 초점을 맞추겠다.

연결돼 있는가?

문제 해결을 위한 첫 단계는 클라이언트에서 수행한다. 맨 먼저 클라이언트의 네트워크 연결이 문제가 없는지 검증하고 싶을 것이다. 이를 위해 ethtool 프로그램(ethtool 패키지를 통해 설치된다)을 이용해 네트워크 연결이 활성화돼 있는지(이더넷 디바이스가 물리적으로 네트워크에 연결돼 있는지) 확인할 수 있다. 어떤 인터페이스를 사용하는지 확실하지 않다면 /sbin/ifconfig 명령어를 실행해 사용 가능한 모든 네트워크 인터페이스 목록과 설정을 확인할 수 있다. 이더넷 디바이스가 eth0에 있었다면 결과는 아래와 같다.

```
$ sudo ethtool eth0
Settings for eth0:
    Supported ports: [ TP ]
    Supported link modes: 10baseT/Half 10baseT/Full
                          100baseT/Half 100baseT/Full
                          1000baseT/Half 1000baseT/Full
    Supports auto-negotiation: Yes
    Advertised link modes: 10baseT/Half 10baseT/Full
                           100baseT/Half 100baseT/Full
                           1000baseT/Half 1000baseT/Full
    Advertised auto-negotiation: Yes
    Speed: 100Mb/s
    Duplex: Full
    Port: Twisted Pair
    PHYAD: 0
    Transceiver: internal
    Auto-negotiation: on
    Supports Wake-on: pg
    Wake-on: d
    Current message level: 0x000000ff (255)
    Link detected: yes
```

위의 마지막 줄에서 Link detected가 yes로 설정돼 있으므로 dev1은 물리적으로 네트워크에 연결돼 있음을 확인할 수 있다. 이 값이 no로 설정돼 있다면 dev1의 네트워크 연결에 대해 물리적으로 검사해 볼 필요가 있고 실제로 연결됐는지 확인해야 한다. 여기서는 물리적으로 연결돼 있으므로 다음 단계로 넘어갈 수 있다.

알아두기

ethtool은 단순히 연결을 검사하는 것 이상의 쓰임새가 있다. ethtool은 양방향 (duplex) 문제를 진단하고 수정하는 데 사용할 수 있다. 리눅스 서버가 네트워크에 접속할 때 일반적으로 네트워크에서 사용할 속도를 확인하고 네트워크가 양방향 동시 전송 방식(full-duplex)을 지원하는지 파악하기 위해 자동 협상을 한다. 이 예제에서 속도와 양방향 회선(duplex lines)에 대한 ethtool의 실행 결과는 100Mb/s의 양방향 동시 전송 방식 네트워크를 지원한다는 것을 보여준다. 호스트에서 네트워크 속도가 느리다는 것을 발견했다면 그에 대한 속도와 이중화 설정을 살펴보는 것이 도움될 것이다. 앞의 예제에서와 같이 ethtool을 실행하고 Duplex 값이 Half로 설정돼 있다면 다음 명령을 실행한다.

```
$ sudo ethtool -s eth0 autoneg off duplex full
```

여기서 eth0을 여러분의 이더넷 디바이스로 바꿔 실행하면 된다.

네트워크 인터페이스가 살아있는가?

일단 네트워크에 물리적으로 연결되고 나면 다음 단계로 호스트의 네트워크 인터페이스가 올바르게 설정돼 있는지 확인한다. 이것을 검사해보는 가장 좋은 방법은 ifconfig 명령어에 인터페이스 이름을 인자로 전달해 실행해 보는 것이다. eth0의 설정을 테스트해보고 싶다면 다음과 같이 실행하면 된다.

```
$ sudo ifconfig eth0
eth0 Link encap:Ethernet HWaddr 00:17:42:1f:18:be
     inet addr:10.1.1.7 Bcast:10.1.1.255 Mask:255.255.255.0
     inet6 addr: fe80::217:42ff:fe1f:18be/64 Scope:Link
     UP BROADCAST MULTICAST MTU:1500 Metric:1
     RX packets:1 errors:0 dropped:0 overruns:0 frame:0
     TX packets:11 errors:0 dropped:0 overruns:0 carrier:0
     collisions:0 txqueuelen:1000
     RX bytes:229 (229.0 B) TX bytes:2178 (2.1 KB)
     Interrupt:10
```

아마도 출력 결과에서 가장 중요한 내용은 두 번째 줄일 것이다. 두 번째 줄에서는 호스트가 IP 주소(10.1.1.7)를 가지고 있고 서브넷 마스크(255.255.255.0)가 설정돼 있음을 확인할 수 있다. 이제 해당 정보가 이 호스트에 맞는 설정값인지 확인할 필요가 있다. 인터페이스가 아직 설정돼 있지 않다면 sudo ifup eth0을 실행한 후 해당 인터페이스가 활성화됐는지 확인하기 위해 ifconfig를 다시 실행해 보면 된다. 설정이 잘못됐거나 인터페이스가 활성화되지 않는다면 데비안 기반의 시스템에서는 /etc/network/interfaces를, 레드햇 기반의 시스템에서는 /etc/sysconfig/ network_scripts/ifcfg-<interface>를 면밀히 살펴봐야 한다. 네트워크 설정과 관련된 오류는 이 파일에서 수정할 수 있다. 이제 호스트가 DHCP를 통해 자신의 IP를 갖게 됐다면 왜 IP 주소를 받아오지 못했는지 밝혀내기 위해 문제 해결 대상을 DHCP 호스트로 옮겨야 할 필요가 있다.

로컬 네트워크에 있는가?

일단 인터페이스가 활성화돼 있음을 확인했다면 다음 단계는 기본 게이트웨이가 설정돼 있고 해당 게이트웨이에 접근할 수 있는지 확인하는 것이다. route 명령어는 기본 게이트웨이 정보를 포함한 현재의 라우팅 테이블 정보를 보여준다.

```
$ sudo route -n
Kernel IP routing table
Destination Gateway  Genmask         Flags  Metric  Ref   Use    Iface
10.1.1.0    *        255.255.255.0 U  0       0     0      eth0
default     10.1.1.1 0.0.0.0         UG     100     0     0      eth0
```

여기서 관심 있게 봐야 할 내용은 default로 시작하는 마지막 줄이다. 여기서 호스트가 10.1.1.1의 게이트웨이를 가지고 있음을 확인할 수 있다. route 명령어를 -n 옵션과 함께 사용하면 IP 주소를 호스트명으로 변환하지 않는다는 것을 주목하자. 이 옵션을 사용하는 한 가지 이유는 명령이 더 빨리 실행되기도 하지만 더 중요한 점은 문제 해결을 잠재적인 DNS 오류로 흐리게 하고 싶지 않기 때문이다. 기본 게이트웨이 설정 정보를 볼 수 없고, 도달하려는 호스트가 다른 서브넷(말하자면 web1은 10.1.2.5)이라면 이것이 문제의 원인일 가능성이 있다. 이 문제를 해결하려면 게이트웨이를 설정해야 한다. 데비안 기반 시스템의 경우 /etc/network/interfaces에서 설정할 수 있고, 레드햇 기반 시스템에서는 /etc/sysconfig/network_scripts/ifcfg-[interface]에서 설정할 수 있다. DHCP를 통해 IP를 가져오는 경우에는 DHCP 서버가 올바르게 설정돼 있는지 확인해야 한다. 데비안 시스템에서는 다음 명령어를 실행해 네트워크 인터페이스를 재설정할 수 있다.

```
$ sudo service networking restart
```

레드햇 기반의 시스템에서는 다음의 명령어를 사용한다.

```
$ sudo service network restart
```

조금 다른 얘기지만 이러한 리눅스 배포판이 이처럼 기본적인 사항에 차이를 두는 것은 조금 놀랄 만한 일이다. 일단 게이트웨이가 확인되면 ping 명령어를 이용해 게이트웨이와 통신할 수 있는지 확인할 수 있다.

```
$ ping -c 5 10.1.1.1
PING 10.1.1.1 (10.1.1.1) 56(84) bytes of data.
64 bytes from 10.1.1.1: icmp_seq=1 ttl=64 time=3.13 ms
64 bytes from 10.1.1.1: icmp_seq=2 ttl=64 time=1.43 ms
64 bytes from 10.1.1.1: icmp_seq=3 ttl=64 time=1.79 ms
64 bytes from 10.1.1.1: icmp_seq=5 ttl=64 time=1.50 ms
--- 10.1.1.1 ping statistics ---
5 packets transmitted, 4 received, 20% packet loss, time 4020ms
rtt min/avg/max/mdev = 1.436/1.966/3.132/0.686 ms
```

보다시피 성공적으로 게이트웨이에 ping을 보낼 수 있었다. 이것은 최소한 10.1.1.0 네트워크와 통신할 수 있음을 의미한다. 게이트웨이에 ping을 보내지 못한다면 그것은 몇 가지를 의미한다. 게이트웨이가 ICMP 패킷을 차단하고 있을 수도 있다. 그렇다면 네트워크 관리자에게 ICMP 패킷을 차단하는 것은 상당히 성가신 관행이고 보안상의 혜택은 미미한 수준이라는 것을 알려준 다음 동일한 서브넷에 있는 다른 리눅스 호스트에 ping을 시도해 보자. ICMP가 차단되지 않았다면 호스트의 스위치 포트가 잘못된 VLAN으로 설정돼 있을 가능성이 있다. 그러므로 좀더 면밀하게 호스트와 연결된 스위치를 검토할 필요가 있다.

DNS가 동작 중인가?

일단 게이트웨이와 통신할 수 있음을 확인했다면 그다음으로 DNS 기능이 작동하는지 테스트해야 한다. DNS 문제에 대한 문제를 해결하는 데 nslookup과 dig 같은 도구를 활용할 수 있다. 하지만 이 시점에서는 단지 기본적인 테스트만 수행할 필요가 있으므로 바로 nslookup을 이용해 web1을 IP 주소로 변환할 수 있는지 확인할 수 있다.

```
$ nslookup web1
Server: 10.1.1.3
Address: 10.1.1.3#53
Name: web1.example.net
Address: 10.1.2.5
```

이 예에서 DNS는 제대로 작동한다. web1 호스트가 web1.example.net으로 확장되고 10.1.2.4라는 IP 주소로 변환됐다. 물론, 이 IP 주소가 web1에 해당하는 IP 주소와 일치하는지 확인해야만 한다. 이러한 경우 DNS는 순조롭게 작동하고 있으므로 다음 단락으로 넘어갈 수 있다. 하지만 DNS가 실패할 수 있는 경우는 여전히 많다.

설정된 네임서버가 없거나 접근할 수 없는 네임서버

다음과 같은 에러 메시지가 나타난다면 호스트에 구성된 네임서버가 없거나 네임서버에 접근할 수 없음을 의미한다.

```
$ nslookup web1
;; connection timed out; no servers could be reached
```

각 경우에 /etc/resolv.conf를 면밀히 검토해 어떤 네임서버가 설정돼 있는지 확인할 필요가 있다. 어떤 IP 주소도 설정돼 있지 않다면 resolv.conf 파일에 네임서버를 추가할 필요가 있다. 다음과 같은 결과가 나타난다면 문제 해결을 네임서버와 접속하는 부분에서부터 시작할 필요가 있다. ping 명령어부터 시작해 보자.

```
search example.net
nameserver 10.1.1.3
```

네임서버에 ping을 보낼 수 없고, 해당 IP 주소가 동일한 서브넷에 있는 경우(이 경우, 10.1.1.3은 서브넷 내부에 있다) 해당 네임서버는 완전히 다운됐다고 할 수 있다. 네임서버에 ping을 보낼 수 없고, IP 주소가 서로 다른 서브넷에 있다면 "원격 호스트와 연결할 수 있는가?" 단락으로 건너뛰면 된다. 하지만 이러한 문제 해결 단계는 네임서버의 IP 주소에 대해서만 적용해야 한다. ping을 네임서버에 보낼 수 있지만 응답하지는 않는 경우 "원격 포트가 열려 있는가?" 단락으로 건너뛰면 된다.

누락된 검색 경로 또는 네임서버 문제

nslookup 명령어에 대한 결과로 다음과 같은 에러가 나타날 수도 있다.

```
$ nslookup web1
Server:   10.1.1.3
Address:  10.1.1.3#53
** server can't find web1: NXDOMAIN
```

여기서 서버가 server can't find web1과 같은 응답을 보낸 것을 볼 수 있다. 이것은 두 가지 다른 의미를 나타낼 수 있다. 하나는 web1의 도메인명이 여러분의 DNS 검색 경로에 있지 않은 경우다. 검색 경로는 search로 시작하는 줄에 있는 /etc/resolv.conf 파일에 설정돼 있다. 이를 테스트하는 좋은 방법은 nslookup 명령어를 사용해 도메인 까지 포함한 전체 주소(이 경우, web1.example.net)로 실행해 보는 것이다. 이 방법이 통할 경우 항상 전체 주소에 해당하는 도메인명을 사용하거나 호스트명만을 사용하 도록 만들고 싶다면 도메인명을 /etc/resolv.conf의 검색 경로에 추가한다.

도메인까지 포함하는 전체 주소로도 확인할 수 없다면 문제는 네임 서버에 있다. 모 든 DNS 문제를 해결하는 완벽한 방법은 6장에서 다루고 있지만, 여기서는 몇 가지 기 본적인 지침을 다룬다. 네임서버가 도메인에 대한 기록을 가지고 있는 것으로 추정된 다면 해당 존(zone)의 설정을 확인할 필요가 있다. 재귀적 네임서버인 경우 네임서버에 서 재귀적 변환이 제대로 작동하는지 확인하기 위해 다른 도메인을 찾아보면서 테스 트해야 한다.[1] 다른 도메인을 찾을 수 있다면 문제가 존(zone)을 포함하고 있는 원격 네 임서버에 있는지 확인해 봐야 한다.

원격 호스트로 찾아갈 수 있는가?

DNS를 쟁점에서 제외하고 web1이 IP 10.1.2.5로 정상적으로 변환되는 것을 확인한 후 에는 원격 호스트로 라우팅되는지 테스트해야 한다. 네트워크에서 ICMP가 활성화됐 다고 가정한다면 한 가지 신속한 테스트 방법은 web1에 ping을 보내 보는 것이다. 호 스트에 ping을 할 수 있다면 해당 패킷이 그 호스트까지 라우팅된다는 것을 알 수 있 으며, 다음 단락인 "원격 포트가 열려 있는가?"로 넘어갈 수 있다. web1로 ping을 보낼 수 없다면 해당 네트워크의 다른 호스트에 ping을 보낼 수 있는지 확인해봐야 한다. web1과 같은 네트워크의 다른 호스트에 ping을 보낼 수 있다면 web1이 다운됐거나 요 청을 막고 있을 가능성이 있다. 그렇다면 다음 절로 넘어갈 바란다. ping을 원격 네 트워크의 어떤 호스트에도 보낼 수 없다면 패킷이 정상적으로 라우팅되지 않는다고 할 수 있다. 이러한 라우팅 문제를 테스트하는 가장 좋은 도구 중 하나는 traceroute다.

---

1 (옮긴이) 네임서버는 DNS 질의에 응답하기 위해 상위 네임서버에서부터 하위 네임서버로 차례대로 질의해 결과 값을 얻는 재귀적 방식과 해당 질의에 대한 응답이 가능한 네임서버의 목록을 전달하는 반복적 변환 방식을 사용 한다.

일단 traceroute를 호스트와 함께 사용하면 호스트 사이의 각 홉(hop)을 테스트하게 된다. 예를 들어, dev1과 web1을 대상으로 traceroute를 성공적으로 실행한 결과는 다음과 같다.

```
$ traceroute 10.1.2.5
traceroute to 10.1.2.5 (10.1.2.5), 30 hops max, 40 byte packets
1 10.1.1.1 (10.1.1.1) 5.432 ms 5.206 ms 5.472 ms
2 web1 (10.1.2.5) 8.039 ms 8.348 ms 8.643 ms
```

여기서 패킷이 dev1에서 게이트웨이(10.1.1.1)로 가고, 그다음 홉은 web1임을 알 수 있다. 이는 10.1.1.1이 양쪽 서브넷 모두에 대한 게이트웨임을 의미한다. 여러분과 호스트 사이에 여러 라우터가 존재한다면 약간 다른 내용이 출력되는 것을 볼 수도 있다. web1에 ping을 보낼 수 없다면 출력 결과는 아래와 더 비슷할 것이다.

```
$ traceroute 10.1.2.5
traceroute to 10.1.2.5 (10.1.2.5), 30 hops max, 40 byte packets
1 10.1.1.1 (10.1.1.1) 5.432 ms 5.206 ms 5.472 ms
2 * * *
3 * * *
```

출력 결과에 *이 보이기 시작하면 문제가 게이트웨이에 있다는 것을 알 수 있다. 우리는 왜 두 네트워크 사이에서 패킷을 라우팅할 수 없는지 라우터를 조사할 필요가 있다. 또 다음과 같은 결과를 볼 수도 있다.

```
$ traceroute 10.1.2.5
traceroute to 10.1.2.5 (10.1.2.5), 30 hops max, 40 byte packets
1 10.1.1.1 (10.1.1.1) 5.432 ms 5.206 ms 5.472 ms
1 10.1.1.1 (10.1.1.1) 3006.477 ms !H 3006.779 ms !H 3007.072 ms
```

이 경우 게이트웨이에서 ping이 타임아웃됐음을 알 수 있다. 호스트가 다운됐거나 동일한 서브넷에서도 접근할 수 없는 경우다. 이 시점에서 web1과 같은 서브넷에 있는 장비에서 web1에 접근하려고 하지 않았다면 바로 ping이나 다른 테스트를 시도한다.

 알아두기

네트워크에 ICMP가 막혀 있어도 걱정할 필요는 없다. 여전히 라우팅에 관한 문제를 해결할 수 있다. 단지 tcptraceroute 패키지를 설치하면 된다(sudo apt-get install tcptraceroute). 그다음 traceroute만 tcptraceroute로 대체해서 traceroute에서 했던 것과 같은 명령어를 실행하면 된다.

원격 포트가 열려 있는가?

이제 장비에 라우팅할 수 있지만 여전히 8번 포트의 웹 서버에는 접근할 수 없다. 다음 테스트는 포트가 열려 있는지 확인하는 것이다. 이를 위한 다양한 방법이 있는데, 맨 먼저 텔넷을 시도해 볼 수 있다.

```
$ telnet 10.1.2.5 80
Trying 10.1.2.5...
telnet: Unable to connect to remote host: Connection refused
```

Connection refused가 나타난다면 포트가 다운됐거나(아파치 웹서버가 원격 호스트에서 실행 중이지 않거나 해당 포트로 리스닝하고 있지 않을 수 있다) 혹은 방화벽이 접근을 차단했을 것이다. 텔넷 연결을 할 수 있다면 네트워킹에 전혀 문제가 없다고 할 수 있다. 웹서비스가 여러분이 의심했던 방식으로 작동하지 않는다면 web1의 아파치 웹 서버의 설정을 조사해 봐야 한다. 웹 서버에 대한 문제 해결에 대해서는 8장에서 다룬다.

텔넷 대신 저자는 포트를 테스트하기 위해 nmap을 사용하는 방법을 더 선호한다. nmap은 종종 방화벽을 발견해 낼 수 있기 때문이다. nmap이 설치돼 있지 않다면 패키지 관리자를 사용해 nmap 패키지를 설치할 수 있다. web1을 테스트하기 위해 다음의 명령어를 실행하자.

```
$ nmap -p 80 10.1.2.5
Starting Nmap 4.62 ( http://nmap.org ) at 2009-02-05 18:49 PST
Interesting ports on web1 (10.1.2.5):
PORT STATE SERVICE
80/tcp filtered http
```

와! nmap은 종종 진짜로 차단된 포트와 방화벽에 의해 차단된 포트의 차이를 알려줄 수 있을 만큼 충분히 똑똑하다. 일반적으로 포트가 실제로 다운됐을 때는 nmap은 포트가 닫혀있다고 알려준다. 여기서 nmap은 해당 포트가 필터링됐다고 알려준다. 이를 통해 어떤 방화벽이 길을 막고 있고 패킷을 바닥으로 떨어뜨리고 있음을 말해준다. 이것은 80번 포트가 차단되고 있는지 게이트웨이(10.1.1.1)와 web1 자체의 방화벽 규칙을 조사해야 한다.

로컬에서 원격 호스트 테스트하기

이제 문제의 범위를 네트워크 문제나 호스트 자체의 문제로 좁힐 수 있다. 문제가 호스트 자체에 있다고 생각한다면 80번 포트를 사용할 수 있는지 테스트할 수 있는 몇 가지 작업을 수행할 수 있다.

리스닝 포트 테스트하기

web1에서는 가장 먼저 80번 포트가 리스닝 상태인지 여부를 테스트해야 한다. netstat -lnp 명령어는 포트를 열고 있는 프로세스와 함께 모든 리스닝 포트의 목록을 보여준다. 단지 그렇게 실행하고 나면 80번 포트에서 리스닝하고 있는 뭔가를 찾기 위해 결과를 분석하거나 grep을 사용해 80번 포트를 리스닝하는 것만 볼 수 있다.

```
$ sudo netstat -lnp | grep :80
tcp 0 0 0.0.0.0:80 0.0.0.0:* LISTEN 919/apache
```

첫 번째 칼럼은 포트가 사용 중인 프로토콜을 알려준다. 두 번째와 세 번째 칼럼은 수신과 송신 큐다(여기서는 둘 다 0으로 설정돼 있다). 여기서 관심을 둬야 하는 칼럼은 해당 호스트가 리스닝하는 로컬 주소가 나열된 네 번째 칼럼이다. 여기서 0.0.0.0:80은 호스트가 모든 IP에 대해 80번 포트 트래픽을 리스닝하고 있음을 의미한다. 아파치가 web1의 이더넷 주소에서만 리스닝하고 있다면 이곳에 10.1.2.5:80으로 표시될 것이다.

마지막 칼럼은 해당 포트를 열고 있는 프로세스를 나타낸다. 여기서 아파치가 실행 중이고 리스닝하고 있음을 알 수 있다. netstat의 출력에서 이것을 볼 수 없다면 아파치 서버를 기동할 필요가 있다.

방화벽 규칙

프로세스가 실행 중이고 80번 포트에서 리스닝 중이라면 web1이 방화벽에 위치할 가능성이 있다. iptables 명령을 이용하면 모든 방화벽 규칙을 나열할 수 있다. 방화벽이 비활성화돼 있다면 출력 결과는 다음과 같을 것이다.

```
$ sudo /sbin/iptables -L
Chain INPUT (policy ACCEPT)
target    prot opt   source                    destination

Chain FORWARD (policy ACCEPT)
target    prot opt   source                    destination

Chain OUTPUT (policy ACCEPT)
target    prot opt   source                    destination
```

기본 정책이 ACCEPT로 설정돼 있다는 데 주목하자. 그럼에도 어떠한 방화벽 규칙을 나열하지 않더라도 기본적으로 모든 패킷을 차단하도록 설정할 수 있다. 이러한 경우 다음과 같은 출력 결과를 볼 수 있다.

```
$ sudo /sbin/iptables -L
Chain INPUT (policy DROP)
target    prot opt source         destination

Chain FORWARD (policy DROP)
target    prot opt source         destination

Chain OUTPUI (policy DROP)
target    prot opt source         destination
```

반면 80 포트를 차단하는 방화벽 규칙이 있다면 다음과 같이 출력될 수도 있다.

```
$ sudo /sbin/iptables -L -n
Chain INPUT (policy ACCEPT)
target    prot opt source         destination
REJECT    tcp -- 0.0.0.0/0        0.0.0.0/0          tcp dpt:80 reject-with
icmp-port-unreachable

Chain FORWARD (policy ACCEPT)
target    prot opt source         destination

Chain OUTPUT (policy ACCEPT)
target    prot opt source         destination
```

분명하게 후자의 경우라면 방화벽 규칙을 수정해 호스트에서 80번 포트로 향하는 트래픽을 허용해야 한다.

느린 네트워크 문제 해결하기

어떤 면에서는 뭔가가 전혀 작동하지 않을 때 네트워크 문제를 해결하기가 더 쉽다. 호스트에 접근할 수 없을 경우 앞서 논의한 문제 해결 단계를 호스트가 다시 접근 가능해질 때까지 수행할 수 있다. 그러나 네트워크가 단지 속도가 느려진 경우, 때로는 이유를 추적하기가 조금 까다로울 수 있다. 이 절에서는 속도가 느린 네트워크의 원인을 추적하는 몇 가지 기법을 살펴본다.

DNS 문제

DNS가 의도하지 않게 네트워크 문제의 원인이라고 일컬어지기도 하지만 DNS에도 문제가 생기면 종종 형편없는 네트워크 성능을 야기하곤 한다. 예를 들면, 두 개의 DNS 서버가 하나의 도메인을 구성하고 있고, 그중 작업을 시도한 서버가 다운됐을 경우 DNS 요청은 30초의 타임 아웃을 대기한 후 두 번째 DNS 서버로 이동할 것이다. dig 나 nslookup과 같은 도구를 이용해 이러한 과정을 명확하게 확인할 수 있더라도 DNS 문제는 예상치 못한 명백한 네트워크 성능 저하를 일으킬 수 있다. 이 같은 경우가 발생하는 이유는 많은 서비스가 호스트명을 IP 주소로 변환하기 위해 DNS에 의존하기 때문이다. 이러한 문제는 네트워크 문제 해결 도구에도 영향을 끼칠 수 있다.

ping, traceroute, route, netstat, iptables는 DNS에 문제가 있을 경우 성능이 저하되는 네트워크 문제를 해결하는 도구의 좋은 예다. 기본적으로 이러한 모든 도구는 가능하다면 호스트명을 IP 주소로 변환하는 것을 시도할 것이다. 그러나 DNS 문제가 있다면 각 명령어는 IP 주소를 찾아보기 위해 시도하는 동안 지연되고, 결국 IP 주소를 찾는 데 실패한다. ping 혹은 traceroute의 경우 ping은 응답이 오기까지 오랜 시간이 걸리는 것처럼 보일 수도 있지만 결국 응답이 들어오는 왕복 시간은 상대적으로 낮다. route, netstat, iptables의 경우 결과를 얻기 전에 꽤 오랜 시간 동안 지연된다. 시스템은 타임 아웃시간까지 DNS 요청을 기다린다.

언급된 모든 경우에 대해 문제 해결 결과가 정확하도록 DNS를 우회하는 방법은 간단하다. 앞에서 살펴본 모든 명령어에는 호스트명을 IP 주소로 변환하는 시도를 비활성화하는 -n 옵션을 사용할 수 있다. 저자는 이 장의 초반부에서 소개했던 것처럼 모든 명령어들을 실행할 때 –n 옵션을 추가하는 것에 익숙해져 있다.

 알아두기

8장에서 좀 더 다루긴 하겠지만 DNS 변환은 웹서버 성능에 예상치 못한 방식으로 영향을 줄 수 있다. 일부 웹 서버는 접속하는 모든 IP 주소를 호스트명으로 변환해 로깅하도록 구성돼 있다. 이런 방법이 로그의 가독성을 높이더라도 최악의 순간(수많은 사용자가 접속한 경우)에 여러분의 웹서버를 엄청나게 느리게 할 수도 있다. 이 경우 웹서버는 트래픽에 대한 서비스를 제공하는 대신 방문자들의 수많은 IP 주소를 호스트명으로 변환하느라 분주해질 수 있다.

traceroute로 네트워크 속도저하 찾아내기

네트워크 연결이 서버와 다른 네트워크에 있는 호스트 사이에서 느려지는 것으로 보여질 경우 때로는 어디에서 정말로 느려진 것인지 추적하기가 어려울 수 있다. 특히 대기지연(응답을 받기까지 걸리는 시간)의 속도 저하 환경이나 전체 대역폭을 사용하는 상황이 아닌 경우에는 traceroute를 사용하는 것이 적절하다. traceroute는 여러분과 원격 네트워크 서버 사이의 전반적인 연결을 테스트할 수 있는 방법으로 4장에서 언급한 바 있다. 하지만 네트워크의 속도 저하가 어디서 발생하는지 진단해야 하는 경우에도 traceroute가 유용하다. traceroute는 여러분과 다른 장비 사이의 모든 홉에 대한 응답 시간을 출력하기 때문에 다른 대륙에 있을 수 있는 서버나 과부하를 받고 네트워크 속도 저하의 원인이 될 수 있는 게이트웨이를 추적할 수 있다. 예를 들어, 아래와 같이 미국에 있는 서버와 중국 야후! 서버 사이의 traceroute 결과 중 일부를 볼 수 있다.

```
$ traceroute yahoo.cn
traceroute to yahoo.cn (202.165.102.205), 30 hops max, 60 byte packets
1 64-142-56-169.static.sonic.net (64.142.56.169) 1.666 ms 2.351 ms 3.038 ms
2 2.ge-1-1-0.gw.sr.sonic.net (209.204.191.36) 1.241 ms 1.243 ms 1.229 ms
3 265.ge-7-1-0.gw.pao1.sonic.net (64.142.0.198) 3.388 ms 3.612 ms 3.592 ms
```

```
 4 xe-1-0-6.ar1.pao1.us.nlayer.net (69.22.130.85) 6.464 ms 6.607 ms 6.642 ms
 5 ae0-80g.cr1.pao1.us.nlayer.net (69.22.153.18) 3.320 ms 3.404 ms 3.496 ms
 6 ae1-50g.cr1.sjc1.us.nlayer.net (69.22.143.165) 4.335 ms 3.955 ms 3.957 ms
 7 ae1-40g.ar2.sjc1.us.nlayer.net (69.22.143.118) 8.748 ms 5.500 ms 7.657 ms
 8 as4837.xe-4-0-2.ar2.sjc1.us.nlayer.net (69.22.153.146) 3.864 ms 3.863 ms 3.865 ms
 9 219.158.30.177 (219.158.30.177) 275.648 ms 275.702 ms 275.687 ms
10 219.158.97.117 (219.158.97.117) 284.506 ms 284.552 ms 262.416 ms
11 219.158.97.93 (219.158.97.93) 263.538 ms 270.178 ms 270.121 ms
12 219.158.4.65 (219.158.4.65) 303.441 ms * 303.465 ms
13 202.96.12.190 (202.96.12.190) 306.968 ms 306.971 ms 307.052 ms
14 61.148.143.10 (61.148.143.10) 295.916 ms 295.780 ms 295.860 ms
...
```

네트워크에 대한 지식이 많지 않더라도 단지 패킷 왕복(round-trip) 시간을 검토하면 홉 9(219.158.30.177 IP)에서 패킷 왕복 시간이 3밀리초에서 275밀리초로 급등한 것을 보면 다른 대륙으로 떠난 시점임을 가정할 수 있다.

iftop으로 네트워크 대역폭을 사용하고 있는 것 찾아내기

때때로 네트워크는 원격 서버나 라우터 때문에 느려지는 것이 아니라 시스템 상의 뭔가가 사용 가능한 모든 대역폭을 사용해 버려서 느려지기도 한다. 어느 프로세스가 모든 대역폭을 사용하고 있는지 파악하는 것은 까다로운 일이 될 수도 있지만 원인을 파악하는 데 도움되는 몇 가지 도구가 있다.

top은 훌륭한 문제 해결 도구이며 대부분의 디스크 I/O를 사용하는 프로세스를 확인하는 iotop과 같은 많은 유사한 도구에 영감을 줬다. 네트워크 연결에 대해서도 iftop이라는 비슷한 도구가 있다. top과는 다르게 iftop은 프로세스에 대해서는 관여하지 않지만 서버와 원격 IP 사이에서 대부분의 대역폭을 사용하고 있는 연결 목록을 보여준다(그림 5-1). 예를 들어, iftop 결과의 상단에 표시되는 백업 서버의 IP 주소를 확인함으로써 백업 작업이 모든 대역폭을 사용하고 있는지 금방 확인할 수 있다.

iftop은 레드햇 기반의 시스템과 데비안 기반의 배포판 모두에서 같은 이름으로 패키지를 이용할 수 있다. 하지만 레드햇 기반의 배포판에서는 서드파티 저장소에서 찾아 볼 수 있다. 패키지를 설치하고 나면 명령줄에서 iftop 명령어를 실행하기만 하면 된다(루트 권한이 필요하다). top 명령어와 마찬가지로 Q를 누르면 종료할 수 있다.

	12.5Kb	25.0Kb	37.5Kb	50.0Kb	62.5Kb
64.142.56.172	=> 70.240.180.184		819Kb	199Kb	125Kb
	<=		44.9Kb	10.9Kb	6.82Kb
64.142.56.172	=> 66.249.67.235		0b	5.55Kb	3.47Kb
	<=		0b	861b	538b
64.142.56.172	=> 75.101.46.232		4.39Kb	2.66Kb	2.55Kb
	<=		208b	250b	312b
64.142.56.172	=> 75.101.59.150		0b	298b	186b
	<=		160b	419b	262b
64.142.56.172	=> 151.164.11.205		0b	408b	255b
	<=		0b	234b	146b
64.142.56.172	=> 89.16.176.16		0b	145b	90b
	<=		0b	227b	142b
64.142.56.172	=> 69.227.255.40		0b	204b	128b
	<=		0b	117b	73b
64.142.56.172	=> 95.129.184.129		0b	210b	132b
	<=		0b	107b	67b
64.142.56.172	=> 74.125.52.95		0b	142b	89b
	<=		0b	66b	41b
TX:	cumm: 263KB	peak: 823Kb	rates: 823Kb	209Kb	132Kb
RX:	17.1KB	45.3Kb	45.3Kb	13.3Kb	8.53Kb
TOTAL:	280KB	868KB	868Kb	223Kb	140Kb

그림 5-1 iftop의 샘플 출력 결과

iftop 화면의 최상단에는 해당 인터페이스의 전반적인 트래픽을 볼 수 있는 표시줄이 있다. 바로 아래에는 송신(source) IP 주소와 수신(destination) IP 주소 칼럼이 있고, 두 칼럼 사이에 방향 표시가 있어 이를 통해 호스트에서 전송되는 패킷 혹은 원격 호스트로부터 전송되는 패킷에 대한 대역폭 사용량을 살펴볼 수 있다. 이러한 칼럼 다음에는 세 개의 칼럼이 더 있는데, 각각 2초, 10초, 40초 동안의 두 호스트 간의 데이터 전송률을 나타낸다. 평균 부하 값처럼 현재 대역폭이 급상승했는지 또는 과거에 급상승했었는지 알 수 있다. 화면의 맨 아래에는 전송된 데이터(TX)와 수신된 데이터(RX), 그리고 전체 합계에 대한 통계를 볼 수 있다. top과 마찬가지로 인터페이스 화면은 주기적으로 갱신된다.

iftop 명령어를 인수 없이 실행해도 대부분의 경우 문제 해결에 필요한 거의 모든 정보를 얻을 수 있지만, 때로는 iftop의 일부 옵션을 활용하고 싶을 수도 있다. iftop 명령어는 기본적으로 찾을 수 있는 첫 번째 인터페이스에 대한 통계 정보를 보여 줄 것이다. 하지만 서버에 인터페이스가 여러 개 있고 두 번째 이더넷 인터페이스(eth1)에 대해 iftop을 실행하고 싶다면 iftop -i eth1이라고 입력한다.

기본적으로 iftop은 모든 IP 주소를 호스트명으로 변환하려고 시도한다. 이 경우 한 가지 단점은 원격 DNS 서버가 느린 경우 iftop의 결과 보고 속도가 느려질 수 있다는 것이다. 또한 모든 DNS 변환이 추가적인 네트워크 트래픽을 발생시키고 이것이 iftop에 나타날 수 있다. 네트워크에서 DNS 변환을 비활성화하려면 iftop을 -n 옵션과 함께 실행하면 된다.

일반적으로 iftop은 호스트 사이에 사용되는 전체 대역폭을 표시하지만 범위를 좁히기 위해 각 호스트가 통신에 사용되는 포트를 확인할 수도 있다. 결국 호스트가 대부분의 대역폭을 웹 포트를 통해 소비한다는 사실을 알게 됐다면 FTP 포트 연결과는 다르게 문제를 해결해야 할 것이다. 일단 iftop이 실행됐을 때 P 키를 누르면 모든 포트가 표시되고, 한번 더 누르면 모든 포트 정보가 감춰진다. 여기서 한 가지 주목해야 할 점은 때로는 모든 포트를 표시하게 하는 기능 때문에 여러분이 주의 깊게 살펴봐야 할 호스트가 화면 밖으로 밀려날 수도 있다는 것이다. 이와 같은 경우가 발생하면 S 혹은 D 키를 눌러 송신 호스트 혹은 수신 호스트의 포트 정보만 개별적으로 표시되게 할 수도 있다. iftop을 서버에서 실행할 때는 송신 포트만 보이게 하는 것이 유용할 수 있다. 왜냐하면 많은 서비스들이 수신 호스트에서는 어떤 서비스인지 식별할 필요가 없는 임의의 높은 번호 포트를 생성해서 사용하기 때문이다. [2]

그러나 여러분의 서버 포트는 각 서비스에 해당될 가능성이 높다. 그런 다음 이 장의 초반부에서 언급했던 netstat -lnp 명령어를 사용해 어떤 서비스가 어떤 포트로 리스닝하고 있는지 알아낼 수 있다.

대부분의 리눅스 명령어처럼 iftop도 다양한 고급 옵션을 제공한다. 여기서 다룬 내용으로도 대부분의 문제를 해결하는 데 충분히 도움이 되지만 iftop의 기능을 좀 더 깊이 있게 파악하고 싶다면 man iftop을 입력해 패키지 정보가 포함된 매뉴얼을 읽어보길 바란다.

패킷 수집

이 장에서 언급한 기법들은 폭넓고 넓은 범위의 네트워크 관련 문제를 해결하는 데 도움될 것이다. 하지만 어떤 문제는 너무 미세하거나 저수준(low-level)에 해당하는 문제여서 그러한 문제를 추적하기 위한 유일한 방법이 프로토콜을 깊게 파헤쳐 보고, 송수신되는 개별 패킷을 검사해 보는 것일 때도 있다. 패킷 덤프를 분석하는 것은 저수준에 해당하고 다소 지루한 작업이라서 최후의 수단으로 사용해야 할 수도 있다. 그렇긴 하지만 이러한 문제 해결 방법은 매우 효과적일 수 있으며, 특히 로컬 네트워크에서 비정

2　(옮긴이) 이러한 포트를 임시포트(ephemeral port)라고 한다.

상적으로 작동하는 호스트를 비롯해 잘못 설정된 네트워크 설정을 파악하거나 클라이언트와 서버 소프트웨어 사이의 통신을 디버깅할 수 있다. 여러분이 조사해야 할 프로토콜에 익숙하지 않다면 트래픽 오류를 정확하게 파악할 수 없기 때문에 패킷 덤프가 문제를 해결하는 데 효과적이지 않을 수 있다. 대량의 패킷에 파묻혀 버리거나 모든 정상적인 트래픽에서는 문제를 발견할 수 없는 경우에도 효과적이지 않을 수 있다.

패킷을 수집할 때는 통신하는 양측에서 모두 수집하는 것이 가장 효과적이다. 특히 두 호스트 사이에 라우터나 방화벽이 존재할 경우 더욱 효과적이다. 두 호스트 사이에 있는 장비가 문제의 원인이라면 호스트 A에서 보낸 패킷이 보낸 그대로 호스트 B에 정확하게 도착했는지 확인할 수 있다면 문제를 감지할 가능성이 좀 더 높아진다. 예를 들어, 호스트 B가 호스트 A에게 응답을 되돌려 보냈고 호스트 A에서는 결코 받은 적이 없다는 것을 확인한다면 두 호스트 사이의 어딘가에 문제가 있음을 확신할 수 있다.

패킷 수집을 시작하기에 적당한 지점의 예로 다른 서버와의 통신에 문제가 있는 것으로 보이는 호스트에 대한 문제를 해결 중인 시점으로 되돌아가 보는 것이 있다. 통신 연결은 때때로 그냥 사라지기도 한다. 속도가 느린 경우는 오히려 상대적으로 좋아 보인다. 그 어떤 문제도 간헐적으로 발생하는 문제보다 해결하기 까다로운 것은 없다. 일련의 다양한 문제 해결 단계를 거친 후 우리는 문제의 호스트와 수신 서버의 양쪽에서 모두 패킷을 수집했다.

패킷 덤프를 통해 잘못 설정된 라우터가 NAT(Network Address Translation, 네트워크 주소 변환) 규칙을 목적지 서버로 부정확하게 적용하려고 시도했고, 해당 서버가 직접 우리에게 회신하려고 시도하는 동안 응답 패킷이 우리의 호스트로 다시 보내진 것을 발견했다. 호스트가 같은 응답을 두 번 보고 있었지만, 두 응답은 서로 다른 MAC 주소에서 온 것이었다. 즉, TCP 핸드쉐이크를 설정하려고 할 때마다 경합이 발생한 것이다. 때로는 목적지 서버가 경합에서 이겨 회신하기도 했지만 라우터가 회신을 먼저 되돌려 보내기도 한 것이다. 그와 같은 회신을 보고 호스트에서는 핸드쉐이크를 다시 시도했다. 경합에서 누가 이겼는지에 따라 통신을 계속하거나 혹은 리셋될 것이다. 우리가 주고받는 개별 패킷을 분석하지 않았다면 결코 중복된 패킷을 발견할 수 없었을 것이다.

tcpdump 사용하기

여기서 논의할 주요 수집 도구는 **tcpdump**다. 이 도구는 만들어진 지 오래됐고 검증된 패킷 수집 도구다. 많은 현대적인 도구가 나와 있기는 하지만 **tcpdump**는 어떠한 리눅스 시스템에서도 찾아볼 수 있는 프로그램이다. **tcpdump**의 작동 방식 때문에 **tcpdump**는 루트 권한으로 실행해야 한다. 기본적으로 **tcpdump**는 네트워크 인터페이스를 검색해 그 중 첫 번째로 적당한 하나를 선택한다. 그런 다음 패킷에 대해 수집을 시작하고, 이를 분석해 출력 정보를 제공한다. **tcpdump**에 –n 옵션(IP 주소를 호스트명으로 변환하지 않아 성능 저하를 방지한다)을 적용한 경우 예제 출력은 다음과 같다.

```
$ sudo tcpdump -n
tcpdump: verbose output suppressed, use -v or -vv for full protocol decode
listening on eth0, link-type EN10MB (Ethernet), capture size 96 bytes
19:01:51.133159 IP 208.115.111.75.60004 > 64.142.56.172.80: Flags [F.], seq
 ➥753858968, ack 1834304357, win 272, options [nop,nop,TS val 99314435 ecr
 ➥1766147273], length 0
19:01:51.133317 IP 64.142.56.172.80 > 208.115.111.75.60004: Flags [F.], seq 1,
 ➥ack 1, win 54, options [nop,nop,TS val 1766147276 ecr 99314435], length 0
19:01:51.157772 IP 208.115.111.75.60004 > 64.142.56.172.80: Flags [.], ack 2,
 ➥win 272, options [nop,nop,TS val 99314437 ecr 1766147276], length 0
19:01:51.224021 IP 72.240.13.35.45665 > 64.142.56.172.53: 59454% [1au] AAAA?
 ➥ns2.example.net. (45)
19:01:51.224510 IP 64.142.56.172.53 > 72.240.13.35.45665: 59454*- 0/1/1 (90)
19:01:51.256743 IP 201.52.186.78.63705 > 64.142.56.172.80: Flags [.], ack
 ➥1833085614, win 65340, length 0
```

 알아두기

tcpdump에서 패킷 수집을 끝낼 때는 Ctrl-C 키를 누르기만 하면 된다. tcpdump가 종료될 때 얼마나 많은 패킷을 수집할 수 있었고, 얼마나 많은 패킷을 커널에서 떨어뜨렸는지 알려 준다.

tcpdump의 결과는 처음 분석할 경우 상당히 까다로울 수 있다. 모든 칼럼을 다 살펴보지는 않겠지만, 우선은 앞서 나온 위의 출력 내용 중에서 두 줄을 가지고 분석해 보겠다.

```
19:01:51.224021 IP 72.240.13.35.45665 > 64.142.56.172.53: 59454% [1au] AAAA?
➥ns2.example.net. (45)
19:01:51.224510 IP 64.142.56.172.53 > 72.240.13.35.45665: 59454*- 0/1/1 (90)
```

첫 번째 줄은 19시 01분 51초에 호스트 72.240.13.35의 45665번 포트에서 64.142.56.172의 53번(DNS) 포트로 패킷을 보냈음을 의미한다. 좀더 깊이 있게 확인하고 싶다면 송신 호스트가 ns2.example.net에 대한 AAAA 레코드(IPv6의 IP 주소) 요청을 보낸 것을 확인할 수 있다. 두 번째 줄은 19시 01분 51초에 호스트 64.142.56.172의 포트 53에서 호스트 72.240.13.35의 포트 45665에 요청에 대한 응답으로 회신을 보냈을 것이다.

첫 번째 칼럼은 각 패킷의 시간 기록이므로 이를 토대로 두 호스트 간의 통신이 얼마나 오랫동안 이뤄졌는지 간단하게 살펴볼 수 있다. 타임아웃이 발생해서 송신 호스트가 요청을 재전송하는 것을 확인할 수 있으므로 시간 기록은 특별히 타임아웃(DNS 요청의 타임아웃은 30초다)이 설정돼 있는 프로토콜을 살펴볼 때 유용하다. 다음으로 중요한 칼럼은 송신 호스트의 IP와 포트를 보여주는 칼럼이다. 출력 결과에 나온 화살표처럼 생긴 '>'을 토대로 첫 번째 IP에서 두 번째 IP로 통신이 일어나는 방향을 알 수 있다. 마지막으로, 다음 칼럼은 수신 IP와 포트 정보를 몇 가지 추가적인 플래그와 일련번호, 그리고 그 밖에 여기서 다루지 않을 TCP/IP 패킷 정보에 대해 알려준다.

tcpdump 출력 필터링하기

tcpdump는 기본적으로 모든 패킷을 수집하기 때문에 일반적으로 문제 해결에 도움이 되지 않는 수많은 불필요한 정보를 쏟아낸다. 우리가 원하는 것은 tcpdump에서 몇 가지 필터링 규칙을 적용해 관심있는 패킷만 보여주는 것이다. 예를 들어 여러분의 호스트와 호스트명이 web1인 서버 사이에 발생한 문제를 해결하는 경우, tcpdump가 오로지 두 호스트 사이에서 주고받는 패킷만 수집하게 하고 싶다면 아래와 같이 실행할 수 있다.

```
$ sudo tcpdump -n host web1
```

반대로 web1에서 전송되는 모든 트래픽을 제외하고 살펴보길 원한다면 다음과 같이 실행할 수 있다.

```
$ sudo tcpdump -n not host web1
```

또한 특정 포트로 오가는 트래픽을 필터링할 수도 있다. 예를 들어, DNS 트래픽(53번 포트)만 보고 싶다면 다음과 같이 실행하면 된다.

```
$ sudo tcpdump -n port 53
```

80번 포트나 443포트에서 오가는 모든 웹 트래픽을 수집하고 싶다면 다음과 같이 실행하면 된다.

```
$ sudo tcpdump -n port 80 or port 443
```

실제로 tcpdump의 필터를 이용해 더 정교한 결과값을 얻을 수 있지만 일정 수준의 tcpdump 결과를 파일로 수집한 후, 결과를 더 필터링하기 위해 grep이나 다른 도구를 사용하는 편이 더 쉽다. tcpdump의 출력 결과를 파일로 저장하려면 리다이렉트를 사용하면 된다.

```
$ sudo tcpdump -n host web1 > outputfile
```

패킷의 내용이 파일에 기록되는 동안 명령줄에서도 해당 내용을 보고 싶다면 tcpdump가 출력을 버퍼링할 수 있게 tcpdump에 -l 옵션을 추가하고 tee를 사용하면 출력 결과를 화면으로 보여주고 파일로도 저장한다.

```
$ sudo tcpdump -n -l host web1 | tee outputfile
```

원시 패킷 덤프

tcpdump가 이미 분석하기 힘든 수많은 출력 결과를 제공하고 있다고 생각할 수도 있겠지만 때로는 출력된 내용만으로는 충분하지 않을 수 있고, 완전한 상태의 원시 패킷을 저장하고 싶을 수 있다. 원시 패킷에는 호스트 간의 통신에 대한 모든 정보가 담겨 있기 때문에 특히 유용하다. 그리고 많은 도구(조만간 간략하게 살펴볼 와이어샤크(Wireshark) 같은)가 원시 패킷 덤프를 입력으로 받아 쉽게 이해할 수 있는 형태로 보여줄 수 있다.

원시 패킷 덤프를 저장하는 가장 간단한 방법은 -w 옵션으로 tcpdump를 실행하는 것이다.

```
$ sudo tcpdump -w output.pcap
```

다른 tcpdump 명령과 마찬가지로 Ctrl-C를 누르면 패킷 수집이 중지된다. 또한 원시 패킷을 수집할 때도 우리가 지금까지 논의한 동일한 필터링 옵션을 사용할 수 있다. 원시 패킷 덤프를 사용하면 tcpdump와 디스크가 수용할 수 있는 한 패킷의 완전한 내용을 최대한 얻을 수 있다. 그렇기 때문에 누군가가 여러분의 서버에서 1GB의 파일을 전송하는 경우 패킷 덤프에서 해당 파일 전체를 수집할 수도 있다. 이 경우 출력 파일의 크기를 살펴보기 위한 용도로 명령줄 창을 하나 더 열고 싶을 것이다.

tcpdump는 출력 파일의 크기를 관리하는 데 사용할 수 있는 몇 가지 옵션을 제공한다. 첫 번째 옵션으로 -C를 이용하면 두 번째 파일로 옮겨서 기록되기 전에 여러분이 원하는 출력 파일(수백만 바이트)의 최대 크기를 명시할 수 있다. 예를 들어, 10MB 기준으로 파일을 돌아가면서 생성하고 싶다면 다음과 같이 입력하면 된다.

```
$ sudo tcpdump -C 10 -w output.pcap
```

첫 번째 출력 파일은 output.pcap.1이라는 이름을 갖게 될 것이다. 그리고 파일의 용량이 10MB에 달하면 tcpdump는 이 파일을 닫고 output.pcap.2에 내용을 기록할 것이다. tcpdump를 종료하거나 디스크 공간이 부족해질 때까지 이러한 방식으로 작동할 것이다. 확실히 디스크 공간이 부족해지는 상태가 되지 않게 만들고 싶다면 -W 옵션을 추가해서 실행할 수 있다. 이 옵션은 tcpdump가 최종적으로 생성하게 될 파일의 개수를 제한할 수 있다. 일단 tcpdump가 마지막 파일에 도달하면 tcpdump의 출력 결과가 기록된 파일 집합의 첫 번째 파일을 덮어 쓰게 된다. 예를 들어 tcpdump가 10MB 단위로 새 파일로 순환해서 기록하고, tcpdump가 50MB의 디스크 용량만 사용할 수 있게 제한하고 싶다면 아래와 같이 파일을 5개로 제한할 수 있다.

```
$ sudo tcpdump -C 10 -W 5 -w output.pcap
```

이런 식으로 패킷을 수집한 후 tcpdump의 -r 옵션을 사용해 수집한 내용을 마치 실시간으로 일어나고 있는 것처럼 재생할 수 있다. 이 경우 원시 패킷 덤프 파일의 이름을 인자로 전달하기만 하면 된다. 실시간 스트림 트래픽에 대해 tcpdump를 실행하는 것처럼 -n과 같은 필터 혹은 기타 다른 옵션을 지정해서 실행할 수 있다.

```
$ sudo tcpdump -n -r output.pcap
```

tcpdump 프로그램은 여기서 언급한 내용 이상으로 수많은 유용한 옵션과 필터를 제공한다. man 페이지(man tcpdump를 입력해 보자)에는 이러한 모든 종류의 옵션과 필터뿐 아니라 TCP 패킷 구조에 대한 멋진 입문서를 제공하고 있으므로 tcpdump의 능력에 대해 더 깊이 파헤치고 싶다면 살펴볼 가치가 충분하다.

와이어샤크 사용하기

비록 tcpdump가 패킷 수집에 편리한 도구이기는 하지만 실제로 원시 패킷을 해석하고 분석할 필요가 있을 경우 '-r'은 때때로 이러한 요구를 만족시키지 못한다. 다행히도 일부 도구는 이 과정을 좀 더 쉽게 만들어 준다. 원시 패킷을 분석하기 위한 최고의 도구 중 하나는 와이어샤크(Wireshark)다. 데스크톱 애플리케이션인 와이어샤크는 패킷 분석을 위한 정교한 도구로서 이 도구를 설명하는 내용만으로도 이 책의 범위를 훨씬 벗어난다. 그러나 기본적인 수준에서 이야기하자면 와이어샤크는 원시 패킷 덤프를 확인하고 문제를 정확히 찾아낼 수 있는 훨씬 쉬운 방법을 제공한다.

와이어샤크 패키지는 주요 리눅스 배포판에서 패키지 형태로 이용할 수 있다. 심지어 윈도우 및 맥 시스템에 대한 클라이언트도 제공된다. 와이어샤크를 설치하고 나면 데스크톱 환경을 통해 실행하거나 명령줄에서 wireshark를 직접 입력해 실행할 수 있다. wireshark를 명령줄에서 입력하고 원시 패킷 파일을 인자로 지정하면 wireshark가 실행되면서 해당 파일을 연다.

그림 5-2에서 볼 수 있듯이 와이어샤크는 몇 가지 영역으로 GUI가 분리돼 있다. 툴바 아래에 있는 메인 창은 기본적으로 tcpdump의 출력에서 찾을 수 있었던 기본적인 패킷 정보를 보여준다. 와이어샤크에서 유용한 점은 해당 칼럼을 읽기가 좀 더 간단하고, 프로토콜을 기반으로 패킷을 색깔별로 보여주고, 심지어 오류가 있는 패킷에 대해서는 빨간색으로 강조해서 표시한다는 것이다. 메인 창의 색깔은 트래픽을 필터링하고 발생 가능한 문제를 식별하는 작업을 좀 더 간단하게 만들어준다.

일단 메인 창에서 특정 패킷을 클릭하면 창의 아랫부분에 레이어별로 해당 패킷의 상세 정보가 표시된다.

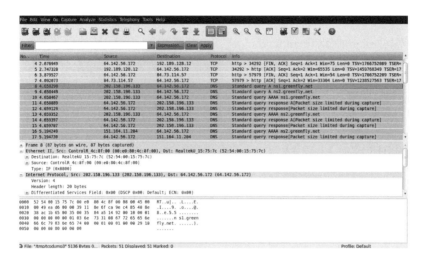

그림 5-2 와이어샤크의 기본 화면

이 창에서는 IP 헤더과 패킷의 데이터 영역, 그리고 그 사이의 모든 정보를 보기 위해 더 지세히 살펴볼 수 있다. 일단 패킷의 특정 영역을 클릭해서 확장하면 창의 맨 아랫부분에서 별도의 창으로 16진수와 아스키의 두 가지 방식으로 표시될 것이다.

와이어샤크는 패킷 수집을 위한 기능을 비롯해 수많은 기능을 제공하며, 이 내용만으로도 책 한 권을 쓸 수 있을 정도로 복잡하고 충분히 강력한 도구다. 이 책은 TCP/IP에 대한 책이 아니라 문제 해결과 관련된 책이므로 여기서는 문제 해결에 도움될 만한 일부 기능에 대해서만 언급하겠다.

상단의 툴바에서 입력 상자 및 Filter라는 버튼을 볼 수 있을 것이다. tcpdump에서처럼 패킷 덤프를 필터링해서 오직 여러분이 원하는 기준과 일치하는 패킷을 볼 수 있다. 하지만 tcpdump와는 달리 와이어샤크는 필터에 대해 완전히 다른 구문을 사용한다. 예를 들어, 192.168.0.1 호스트에 관련된 패킷만 보고 싶다면 필터에 아래와 같이 입력하고 엔터키를 누른다:

```
ip.addr == 192.168.0.1
```

DNS(53번 포트)에 관련된 패킷만 표시하려면 다음과 같이 입력한다.

```
tcp.port == 53 || udp.port == 53
```

와이어샤크의 필터링 구문은 매우 광범위하지만, 필터라고 표시된 버튼을 클릭하면 창이 나타나면서 시작할 때 참조할 만한 좋은 필터 예제가 제공된다. 여기서 자신만의 필터 규칙을 구성하는 방법을 알려주는 Help 버튼을 클릭할 수 있다.

와이어샤크에서 또 한 가지 유용한 기능은 수많은 패킷 더미에서 두 호스트 간의 완전한 패킷 스트림을 추출하는 기능이다. 이러한 작업을 수작업으로 할 수도 있겠지만 관심이 있는 샘플 패킷을 하나 선택한 후 Analyze -> Follow TCP Stream을 클릭하기만 해도 이렇게 할 수 있다. 해당 패킷이 UDP 혹은 SSL 스트림일 경우, 이러한 옵션은 'Follow TCP Stream' 대신 해당 내용으로 보여질 것이다. 일단 해당 메뉴를 선택했다면 그림 5-3과 같은 새로운 창이 나타날 것이다.

그림 5-3 블로그 스팸에 대한 와이어샤크의 HTTP 스트림 추적

그리고 특정 스트림에 대한 조각들을 하나로 통합할 수 있다면 해당 내용이 표시된다. 어떤 경우든 Follow TCP Stream 창을 닫으면 메인 와이어샤크 창은 이 스트림에 관련된 것을 제외한 모든 패킷을 자동으로 필터링할 것이다.

06

왜 호스트 이름이 해석되지 않을까?
DNS 서버 문제 해결하기

DNS(도메인 네임 시스템, Domain Name System)는 인터넷에서 가장 중요한 시스템 중 하나다. 인터넷에 있는 모든 호스트에는 IP 주소가 할당돼 있지만 우리는 대부분 가장 많이 찾는 웹사이트의 IP 주소조차도 기억하지 못한다. 대신 호스트 이름을 입력하면 DNS가 보이지 않는 곳에서 호스트 이름을 IP 주소로 해석해준다. 반대로 DNS를 사용해 IP 주소를 호스트명으로 해석할 수도 있다. DNS에 문제가 생길 경우, 원하는 서버나 웹사이트로 가지 못하는 네트워크 연결 실패와 매우 흡사한 증상이 나타나지만 네트워크에 문제가 있는 것과는 달리 컴퓨터나 서버는 여전히 네트워크에 연결된 상태다.

데브옵스 조직에서는 운영 책임이 있는 여러 지역에서 DNS 문제를 해결해야 하는 상황이 생길 수 있다. 가장 기본적인 단계로는 DNS를 직접 관리할 수 없을지도 모른다. 그럼에도 여러분이 담당하고 있거나 개발 중인 서버에 더는 연결할 수 없다는 사실을 알게 되거나 자동화된 테스트가 서버명을 찾는 과정에서 제한 시간에 도달한다는 사실을 알게 될지도 모른다. 결국에는 팀원 누군가가 그 문제를 해결해야 하지만 먼저 몇 가지 믿을 만한 데이터를 가지고 문제에 접근하고 싶을 것이다. 그것 말고도 도메인 등록 업체나 다른 기관을 통하긴 하지만 웹 사이트를 운영하기 위해 DNS를 관리하거나 DNS 레코드를 웹 화면을 통해 변경할 수도 있다. 여러분이 변경한 레코드의 일부가 지금 바로 갱신되지 않았다면 DNS 서비스 제공업체에 문제를 접수하기 전에 기초적인 점검 절차를 밟고 싶을 것이다. 마지막으로, 여러분이 자체적인 DNS 서버를 운영하는 자격을 갖춘 능숙한 관리자라고 가정한다면 DNS 문제가 있을 때 모든 책임은 바로 여러분에게 있다. 여러분이 데브옵스 팀에서 어떤 역할을 담당하고 있든 DNS 문제 해결 기술은 갖추고 있을 만한 가치가 있다.

DNS의 동작 방식을 이해하는 것이 문제를 해결하는 데 도움된다고 하더라도 6장에서는 여러분의 이해 수준이 별로 높지 않다고 가정한다. 그렇게 가정해도 상관없는 이유는 여기서 DNS 문제를 단계별로 해결하는 과정에서 요청이 이뤄지는 전체 과정을 되짚어볼 것이기 때문이다. 6장의 내용은 두 부분으로 나뉜다. 첫 번째 부분에서는 클라이언트에서 발생하는 DNS 문제를 해결하는 방법을 다루고, 두 번째 부분에서는 DNS 서버에서 발생하는 문제를 해결하는 내용을 다룬다. 클라이언트 측면에서 문제를 해결할 때는 해당 문제가 클라이언트 측인지 서버 측 문제인지 파악하는 기본적인 문제 해결 단계를 제시할 것이다. 문제가 정말로 서버에서 발생했다는 사실을 알아낸다면 DNS 서버 문제를 해결하는 난락의 내용은 몇 가지 일반적인 DNS 서버 문제를 찾아내는 데 도움될 것이다.

DNS 클라이언트 문제 해결

DNS 문제를 해결하기 위해 가장 먼저 살펴볼 곳은 로컬 호스트다. 문제가 DNS 서버에서 발생했더라도 클라이언트에 설치된 nslookup과 dig를 가지고 여러 DNS 서버 문제의 원인을 추적할 수 있다. nslookup과 dig 모두 DNS 문제를 해결하는 데 사용할 수도 있지만 기초적인 테스트는 nslookup으로 시작하자. 여기서는 문제 해결 단계를 설명하기 위해 IP 주소가 10.1.1.7인 클라이언트와 IP 주소(해석해야 할)가 10.1.2.5이고 이름이 web1인 서버가 존재한다고 가정한다. 다음은 web1을 해석하는 성공적인 nslookup 요청의 예다.

```
$ nslookup web1
Server: 10.1.1.3
Address: 10.1.1.3#53
Name: web1.example.net
Address: 10.1.2.5
```

위의 결과에서 DNS는 동작하고 있는 중이다. web1 호스트는 web1.example.net으로 확장되고 10.1.2.5라는 IP 주소로 해석된다. 물론 맨 먼저 확인해야 할 것은 이 IP 주소가 web1에 설정된 IP 주소와 일치하는가다. web1이 잘못된 IP 주소로 해석된다면 그 이유를 찾기 위해 이 장의 DNS 서버 문제 해결 단락으로 넘어가면 된다. 하지만 이처럼 DNS가 동작하더라도 DNS가 클라이언트에서 실패하는 경우도 많으며, 그러한 각 경우에는 뚜렷하게 구별되는 단서가 제공된다.

네임서버 설정이 안 됐거나 네임서버에 접근할 수 없는 경우

아래와 같은 오류를 나타난다면 호스트에 네임서버가 설정되지 않았거나 해당 네임서버에 접근할 수 없는 경우일 수 있다.

```
$ nslookup web1
;; connection timed out; no servers could be reached
```

이 경우 /etc/resolv.conf를 살펴보고 어떤 네임서버가 설정됐는지 살펴볼 필요가 있다. /etc/resolv.conf에 어떤 IP 주소도 설정돼 있지 않다면 네임서버를 추가할 필요가 있다. 그렇지 않다면 아래와 같은 내용을 볼 수 있을 것이다.

```
search example.net
nameserver 10.1.1.3
```

먼저 ping 명령을 이용해 네임서버와의 연결 상태를 확인하는 것으로 문제 해결을 시작한다. 네임서버로 ping을 보낼 수 없고, 그 IP 주소가 같은 서브넷(이 경우에는 10.1.1.3이 서브넷 안에 있음) 안에 있다면 네임서버는 전혀 작동하지 않는 것일 수 있다. 이를 확인하는 가장 좋은 방법은 명령줄에 설정된 nslookup을 네임서버에 설정된 이름과 해당 IP 주소를 인자로 추가해 직접적으로 실행하는 것이다.

```
$ nslookup web1 10.1.1.3
Server: 10.1.1.3
Address: 10.1.1.3#53
Name: web1.example.net
Address: 10.1.2.5
```

또는 nslookup 대신 dig을 사용하고 싶다면 네임서버 IP 앞에 @를 붙이고 전체 주소 도메인명을 지정하면 된다. 이 경우에도 더 많은 출력 결과를 살펴볼 준비를 한다.

```
$ dig web1.example.net @10.1.1.3
; <<>> DiG 9.7.0-P1 <<>> www.example.net @10.1.1.3
;; global options: +cmd
;; Got answer:
;; ->>HEADER<<- opcode: QUERY, status: NOERROR, id: 23394
;; flags: qr aa rd; QUERY: 1, ANSWER: 1, AUTHORITY: 2, ADDITIONAL: 2
;; WARNING: recursion requested but not available

;; QUESTION SECTION:
;web1.example.net.          IN      A

;; ANSWER SECTION:
web1.example.net.   300    IN      A       10.1.2.5

;; AUTHORITY SECTION:
example.net.        300    IN      NS      ns2.example.net.
example.net.        300    IN      NS      ns1.example.net.

;; ADDITIONAL SECTION:
ns1.example.net.    300    IN      A       10.1.1.3
ns2.example.net.    300    IN      A       10.1.1.4

;; Query time: 11 msec
;; SERVER: 10.1.1.3#53(10.1.1.3)
;; WHEN: Sat Mar 17 16:56:55 2012
;; MSG SIZE rcvd: 118
```

IP 주소만 얻기 위해 dig 명령의 끝에 +short을 붙일 수도 있지만 dig는 문제 해결에 유용한 갖가지 추가적인 정보를 제공한다. 예를 들어, dig는 example.net에 ns1, ns2 라는 이름으로 두 개의 네임서버가 있다는 것과 두 네임서버의 IP 주소도 알려준다. 이런 종류의 추가적인 정보는 나중에 DNS 서버 문제를 해결할 때 활용될 것이다.

네임서버에 ping을 보낼 수 없고 IP 주소가 다른 서브넷에 있다면 DNS 서버가 동작하지 않는 경우이거나 네트워크에 어떤 문제가 있다는 의미다. 그렇다면 5장에 나온 '원격 호스트로 찾아갈 수 있는가?' 단락을 다시 살펴보고, DNS 서버의 IP에 문제 해결 단계를 적용해보고 싶을 것이다. 네임서버에 ping은 보낼 수 있으나 응답이 없다면 6장의 DNS 서버 문제 해결 단락으로 건너뛰면 된다.

검색 경로를 누락했거나 네임서버 문제인 경우

nslookup 명령에 대해 다음과 같은 오류가 나타날 수 있다.

```
$ nslookup web1
Server: 10.1.1.3
Address: 10.1.1.3#53
** server can't find web1: NXDOMAIN
```

'서버가 web1을 찾을 수 없습니다(server can't find web1)'라고 응답했으므로 서 버가 응답했음을 알 수 있다. 이 응답은 두 가지 다른 것을 의미할 수 있는데, 하나 는 web1의 도메인명이 DNS 검색 경로에 없다는 것이다. 이것은 /etc/resolv.conf 안 에 search로 시작하는 줄에 설정돼 있다. 검색 경로를 테스트하는 좋은 방법은 동 일한 nslookup을 수행하는 것인데, 이 경우 전체 주소 도메인명(이 경우에는 web1. example.net)을 사용해야 한다. 이 방법으로 도메인명이 해석된다면 항상 전체 주소 도메인명을 사용하거나 혹은 단지 호스트명만으로 사용할 수 있기를 바란다면 /etc/ resolv.conf 안에 있는 검색 경로에 도메인명을 추가하면 된다.

전체 주소 도메인명조차 해석되지 않다면 문제는 네임서버에 있는 것이다. 모든 DNS 문제를 해결하기 위한 완전한 방법은 다음에 다루겠지만 그 방법을 더 자세히 들 여다 보기 전에 몇 가지 기본적인 지침을 알려주겠다. 네임서버가 해석할 도메인에 대 한 레코드를 갖는다고 가정하면(예를 들어, 해당 도메인에 대한 네임서버로 설정돼 있 다면), 존(Zone) 설정을 살펴볼 필요가 있다. 재귀적(도메인을 찾기 위해서 다른 네임서 버를 순환적으로 찾는 방식) 네임서버라면 재귀적으로 다른 도메인을 찾는 과정이 동 작하지 않는지 테스트해봐야 한다. 다른 도메인을 찾을 수 있다면 지역을 포함하고 있 는 원격 네임서버에 문제가 있는지 확인해야 한다. 다음 단락에서 이 모든 문제를 좀 더 상세하게 다루겠다.

DNS 서버 문제 해결하기

웹, 이메일, 데이터베이스 서버와 비교하면 DNS 서버는 사용자들 스스로 관리하고 싶 지 않은 서버 중 하나인 듯하다. BIND 같은 DNS 서버 소프트웨어를 구성할 때 상당 한 학습 곡선이 있다는 것이 사실이기는 하지만 이를 꺼려하는 많은 이유는 DNS 문제 는 해결하기 어렵다는 인식과 관련이 있고, DNS 등록업체와 같은 누군가가 그러한 문 제를 걱정하는 편이 더 낫다고 여기기 때문이다. 이번 절에서는 DNS 서버를 괴롭히는 몇 가지 일반적인 문제를 알아보고 그러한 문제를 어떻게 찾아내는지 설명한다. DNS 서버를 직접 관리하지 않고 관리할 다른 사람을 고용하더라도 그 문제가 여러분이 고용한 업체에 있는 건지 아니면 여러분 서버 자체에 있는 건지에 대해 확인할 방법을 알고 싶을 것이다!

dig 출력 결과 이해하기

nslookup은 DNS 문제를 해결할 때 유용한 도구지만 DNS 서버에 대해서라면 dig를 사용하는 것도 좋다. 두 도구 모두 일반 리눅스 시스템에서 사용할 수 있지만 추가적인 모든 정보가 기본적으로 제공되기 때문에 DNS 서버 문제 해결 도구로 dig를 선호하기도 한다. dig에서 출력되는 내용은 서버에서 전달되는 실제 DNS 응답에 더 가깝다. 그래서 DNS 프로토콜을 배우는 데 조금 더 도움이 된다. 다음은 dig의 출력 결과의 예다.

```
$ dig web1.example.net
; <<>> DiG 9.7.0-P1 <<>> example.net
;; global options: +cmd
;; Got answer:
;; ->>HEADER<<- opcode: QUERY, status: NOERROR, id: 30750
;; flags: qr aa rd ra; QUERY: 1, ANSWER: 1, AUTHORITY: 2, ADDITIONAL: 2

;; QUESTION SECTION:
;web1.example.net.          IN      A

;; ANSWER SECTION:
web1.example.net.   300   IN      A       10.1.2.5

;; AUTHORITY SECTION:
example.net.        300   IN      NS      ns2.example.net.
example.net.        300   IN      NS      ns1.example.net.

;; ADDITIONAL SECTION:
ns1.example.net.    300   IN      A       10.1.1.3
ns2.example.net.    300   IN      A       10.1.1.4

;; Query time: 2 msec
;; SERVER: 192.168.0.1#53(192.168.0.1)
;; WHEN: Mon Mar 19 20:48:27 2012
;; MSG SIZE rcvd: 118
```

dig의 출력 결과가 많긴 하지만 여기에는 유용한 정보가 많다. 먼저 question과 answer 단락을 살펴보자.

```
;; QUESTION SECTION:
;web1.example.net.          IN        A

;; ANSWER SECTION:
web1.example.net.   300   IN        A         10.1.2.5
```

question 단락은 어떤 DNS 질의가 보내졌는지를 의미한다. 이 경우에는 web1. example.net에 대한 A 레코드(호스트명과 IP를 연결하는 전통적인 DNS 레코드)를 요청했다. answer 단락은 IP 주소(10.1.2.5)를 포함하고 있는 web1.example.net에 대한 완전한 A 레코드와 함께 300초로 설정된 TTL(Time To Live, 한번 요청된 응답을 다시 한번 조회해야 하기 전에 몇 초 동안 캐시할지를 의미하는 값)로 응답한다.

질의에 대한 응답과 함께 DNS 응답은 몇 가지 추가적인 정보를 보냈다.

```
;; AUTHORITY SECTION:
example.net.        300   IN        NS        ns2.example.net.
example.net.        300   IN        NS        ns1.example.net.

;; ADDITIONAL SECTION:
ns2.example.net.    300   IN        A         10.1.1.4
ns1.example.net.    300   IN        A         10.1.1.3
```

authority 단락을 보면 example.net에 대한 두 개의 NS 레코드를 얻었다. NS 레코드는 어떤 호스트가 특정 존에 대한 네임서버로 등록됐는지 나열하는 특별한 DNS 레코드다. authority 단락에서는 example.net에 대한 두 개의 네임서버인 ns2.example. net과 ns1.example.net을 볼 수 있고, 둘 다 TTL을 300초로 갖고 있다. authority 단락 뒤로 추가적인 정보를 나열하는 additional 단락이 있다. 이 예제에서는 ns2.example. net과 ns1.example.net이 A 레코드라는 것과 그것들의 IP 주소도 알 수 있다. 그 DNS 서버는 example.net에 대한 레코드를 다음에 다시 찾을 때 이미 그것들에 대한 NS 레코드와 IP를 함께 캐시해서 시간을 줄이기 위해 이와 같이 동작한다. 왜냐하면 캐시된 레코드와 IP 주소를 다시 찾지 않아도 되기 때문이다.

마지막으로 dig 출력 결과에는 질의 내용 자체에 대한 몇 가지 정보가 제공된다.

```
;; Query time: 2 msec
;; SERVER: 192.168.0.1#53(192.168.0.1)
;; WHEN: Mon Mar 19 20:48:27 2012
;; MSG SIZE rcvd: 118
```

이 출력 결과는 그냥 넘어가기 쉽지만 이 또한 몇 가지 중요한 정보를 알려준다. 질의가 수행되는 시간을 알려줄뿐더러(DNS 서버가 느린 상황을 진단할 때 유용할 수 있음) 어떤 DNS 서버가 검색하고 있는지 알려준다. 어떤 DNS 서버가 오래된 레코드를 갖고 있고 다른 DNS 서버는 그렇지 않은 상황에서 문제를 찾고자 할 때 이 출력 결과가 도움될 수 있는데, 어떤 DNS 서버가 각 질의에 응답하는지 파악할 수 있기 때문이다.

기본적으로 dig는 호스트명을 IP로 해석하지만 어떤 도메인에 대한 다른 DNS 레코드를 찾게 할 수도 있다. 그러자면 질의의 마지막에 레코드의 종류(예: NS, MX, TXT)를 추가하면 된다. 이는 특정 도메인에 대해 어떤 네임서버 또는 메일 서버가 설정돼 있는지 알고 싶을 때 굉장히 유용하다.

```
$ dig example.net NS
; <<>> DiG 9.7.0-P1 <<>> example.net NS
;; global options: +cmd
;; Got answer:
;; ->>HEADER<<- opcode: QUERY, status: NOERROR, id: 38194
;; flags: qr aa rd ra; QUERY: 1, ANSWER: 2, AUTHORITY: 0, ADDITIONAL: 2

;; QUESTION SECTION:
;example.net.                   IN      NS

;; ANSWER SECTION:
example.net.          300    IN      NS      ns1.example.net.
example.net.          300    IN      NS      ns2.example.net.

;; ADDITIONAL SECTION:
ns1.example.net.      300    IN      A       10.1.1.3
ns2.example.net.      300    IN      A       10.1.1.4

;; Query time: 3 msec
;; SERVER: 192.168.0.1#53(192.168.0.1)
;; WHEN: Sat Mar 24 20:44:42 2012
;; MSG SIZE rcvd: 98
```

이 장의 뒤에서 언급할 존 전송 문제를 해결하거나 7장에서 메일 서버 문제를 해결할 때 dig 질의가 정말로 유용하다는 것을 알게 될 것이다.

DNS 질의 추적하기

일반적으로 DNS 레코드를 찾을 때 여러분의 컴퓨터가 모든 것을 독자적으로 찾지 않는다. 대신 여러분의 조직이나 ISP 업체로부터 제공받은 DNS 서버에 요청을 보내고 그 서버가 처리하기 어려운 일들을 처리한다. 많은 경우 DNS 서버가 이미 캐시된 응답을 갖지 못한다면 일반적으로 이미 해당 질의에 대한 답을 모른다는 것이고, 그러한 경우는 재귀적 DNS 해석이라고 알려진 것을 수행해야 한다. 캐시에서 처리되지 못한다면 질의에 대한 답을 얻기 전까지 재귀적 DNS 리졸버(DNS Resolver, DNS 해석 모듈)는 몇 가지 단계를 거쳐야만 한다.

web1.example.net의 경우 먼저 리졸버는 인터넷에서 가장 중요한 네임서버인 13개의 루트 네임서버 중 하나에 요청을 보낸다. 이 네임서버들은 재귀적 질의에 있어서 중요하고, 재귀적 질의를 수행할 모든 네임서버들은 하드코딩된 루트 네임서버의 IP 주소를 갖는다. 루트 네임서버들은 web1.example.net에 대한 주소를 모르지만 모든 .net 네임서버들의 목록을 가지고 있다. 그래서 루트 네임서버들은 .net 네임서버들의 목록과 함께 그에 해당하는 IP 주소로 응답한다. 그리고 나서 리졸버는 .net 네임서버 중 한 서버에 web1.example.net에 대한 주소를 물어본다. .net 네임서버들 역시 그 정보는 없지만, example.net에 대해 책임이 있는 네임서버들의 목록을 알고 있다. 그래서 다시 그러한 네임서버들의 목록과 함께 그에 해당하는 IP 주소로 응답한다. 최종적으로 리졸버가 web1.example.net에 대한 주소를 찾기 위해 네임서버들 중 한 서버에 물어봤을 때 (레코드가 존재할 경우) 레코드를 가지고 응답하고, 마침내 리졸버는 그 결과를 여러분에게 돌려준다.

위의 해석 과정은 상당히 많은 단계였고, 여러분이 DNS에 익숙하지 않다면 때로는 재귀적 DNS 해석의 동작 방식을 기억하기가 어려울 수 있다. 하지만 dig는 완전하고 캐시되지 않은 재귀적 DNS 요청을 수행할 수 있는 훌륭한 기능을 제공하고 그 요청에 대해 전 과정을 추적한 결과를 보여줄 수 있다. 이것은 마치 DNS에 대한 traceroute 같은 것으로 생각해도 된다. 이 기능을 활성화하려면 dig 요청 끝에 +trace를 추가하면 된다.

```
$ dig web1.example.net +trace

; <<>> DiG 9.7.0-P1 <<>> web1.example.net +trace
;; global options: +cmd
;; global options: +cmd
.                       143557   IN      NS      m.root-servers.net.
.                       143557   IN      NS      a.root-servers.net.
.                       143557   IN      NS      b.root-servers.net.
.                       143557   IN      NS      c.root-servers.net.
.                       143557   IN      NS      d.root-servers.net.
```

```
.                          143557     IN        NS        e.root-servers.net.
.                          143557     IN        NS        f.root-servers.net.
.                          143557     IN        NS        g.root-servers.net.
.                          143557     IN        NS        h.root-servers.net.
.                          143557     IN        NS        i.root-servers.net.
.                          143557     IN        NS        j.root-servers.net.
.                          143557     IN        NS        k.root-servers.net.
.                          143557     IN        NS        l.root-servers.net.
;; Received 512 bytes from 192.168.0.1#53(192.168.0.1) in 3 ms

net.                       172800     IN        NS        a.gtld-servers.net.
net.                       172800     IN        NS        k.gtld-servers.net.
net.                       172800     IN        NS        b.gtld-servers.net.
net.                       172800     IN        NS        d.gtld-servers.net.
net.                       172800     IN        NS        l.gtld-servers.net.
net.                       172800     IN        NS        e.gtld-servers.net.
net.                       172800     IN        NS        f.gtld-servers.net.
net.                       172800     IN        NS        m.gtld-servers.net.
net.                       172800     IN        NS        h.gtld-servers.net.
net.                       172800     IN        NS        g.gtld-servers.net.
net.                       172800     IN        NS        j.gtld-servers.net.
net.                       172800     IN        NS        i.gtld-servers.net.
net.                       172800     IN        NS        c.gtld-servers.net.
;; Received 503 bytes from 192.33.4.12#53(c.root-servers.net) in 22 ms

example.net.               172800     IN        NS        ns2.example.net.
example.net.               172800     IN        NS        ns1.example.net.
;; Received 102 bytes from 192.12.94.30#53(e.gtld-servers.net) in 153 ms

web1.example.net.          300        IN        A         10.1.2.5
example.net.               300        IN        NS        ns2.example.net.
example.net.               300        IN        NS        ns1.example.net.
```

';;'로 시작하는 위의 각 줄은 서버로 보내진 요청에 대한 결과를 출력한 것이다. ';;'로 시작하는 줄만 보면 해당 요청과 관련된 서버만 볼 수 있다.

```
;; Received 512 bytes from 192.168.0.1#53(192.168.0.1) in 3 ms
;; Received 503 bytes from 192.33.4.12#53(c.root-servers.net) in 22 ms
;; Received 102 bytes from 192.12.94.30#53(e.gtld-servers.net) in 153 ms
;; Received 118 bytes from 10.1.1.4#53(ns2.example.net) in 2 ms
```

요청을 처리하는 첫 번째 서버는 로컬 DNS 서버인 192.168.0.1이고, 그 서버는 루트 네임서버들의 목록을 넘겨준다. 그다음 요청은 루트 네임서버들 중 하나인 c.root-servers.net으로 들어가고, 그 서버는 .net 네임서버들의 목록을 넘겨준다. 그런데 모든 루트 네임서버의 이름이 알파벳 문자로 시작하는 것을 알아챘을지도 모르겠다. 하지만 기본적으로 네임서버의 응답은 임의의 순서로 보내진다. 그런 식으로 목록에서 첫 번째 서버를 선택할 수 있고 부하가 고르게 분산된다. 목록에 있는 그다음 요청은 .net 네임서버인 e.gtld-servers.net으로 들어가고, 그 서버는 example.net에 대한 네임서버 목록을 넘겨준다. 마지막 요청은 ns2.example.net으로 들어가고, 이 서버가 우리가 찾고 있는 최종적으로 해석된 답으로 응답한다.

여러분의 도메인과 자주 방문하는 도메인에 대해 +trace 인자를 추가해서 테스트해 보길 권장한다. 이것의 출력 결과는 재귀적 DNS 해석의 동작 방식에 대한 즉석 입문서를 제공한다. 문제 없이 잘 동작하는 도메인을 대상으로 테스트해 보면 문제가 있는 상황과 비교할 수 있는 괜찮은 기준점을 얻을 수 있다.

재귀적 네임서버 문제

지금까지 일반적으로 DNS 요청을 어떻게 처리하는지 살펴봤으니 다음으로 재귀적 네임서버의 문제를 논의하겠다. 대부분의 컴퓨터에는 독자적인 DNS 서버가 설치돼 있지 않으므로 모든 DNS 질의는 재귀적 네임서버로 요청하게 된다. 리눅스 장비에서 이런 네임서버는 /etc/resolv.conf에 설정돼 있다. 해당 DNS 서버는 자신을 포함한 어떤 DNS 지역을 관리할 수도 있지만, 클라이언트에게서 DNS 질의를 받고 그 질의를 해석하기 위해 재귀적인 해석(질의 추적하기 절에서 살펴본 단계들)을 수행할 것이다.

재귀적 네임서버에 어떤 문제가 있을 때 그 네임서버를 사용하는 모든 클라이언트들도 문제를 겪는다. 우리 모두 호스트명을 IP 주소로 해석하기 위해 DNS에 의존하기 때문에 재귀적 네임서버 없이는 여러분이 가장 좋아하는 웹사이트의 IP 주소를 찾을 수 없을 것이고, IP 주소를 기억하지 못한다면 사실상 인터넷은 작동하지 않을 것이다.

재귀적 DNS 해석은 너무나 중요하기 때문에 ISP 업체들은 고객들이 사용할 하나 이상의 네임서버를 제공하고, 대부분의 사무실과 여러 조직들도 마찬가지일 것이다. 그런 경우 여러 목록에 있는 첫 번째 네임서버에 어떤 문제가 있을 때 볼 수 있는 첫 번째 증상 중 하나는 DNS를 해석하는 데 약 30초가 걸린다는 것이다. 명령줄에서 직접 DNS 검색을 한 것이 아니었다면 브라우저에서 새로운 웹사이트가 나타날 때까지 약 30초 정도 걸릴 때 확실히 문제가 있다고 볼 수 있다.

재귀적 DNS 서버 중 하나가 동작하지 않는다는 의심이 든다면 그것을 검증하는 방법은 꽤 간단하다. 호스트에 설정된 네임서버의 목록(리눅스에서는 /etc/resolv.conf

에 나열돼 있는)을 살펴보고, 이 장의 초반부에서 논의했던 것처럼 목록에 있는 네임
서버가 작동하고 응답이 있는지 확인하기 위해 DNS 클라이언트 측면의 문제 해결 절
차를 수행하면 된다. 기본적으로 nslookup을 이용해 잘 알려져 있고 안정적인 www.
google.com과 www.yahoo.com 같은 사이트를 해석해보면 되는데, 반드시 다음과 같
이 질의 뒤에 테스트하고 싶은 네임서버의 IP 주소를 덧붙이는 것이 필요하다.

```
$ nslookup www.google.com 10.1.1.4
Server:      10.1.1.4
Address:     10.1.1.4#53

Non-authoritative answer:
www.google.com canonical name = www.l.google.com.
Name: www.l.google.com
Address: 74.125.224.144
Name: www.l.google.com
Address: 74.125.224.145
Name: www.l.google.com
Address: 74.125.224.146
Name: www.l.google.com
Address: 74.125.224.147
Name: www.l.google.com
Address: 74.125.224.148
```

DNS 클라이언트 문제 해결 단락에서 나온 문제 해결 절차를 따른다면 DNS 서버가
준비됐고 접근할 수 있는지 알 수 있을 것이다. 해당 사이트들이 해석되지 않는다면 다
음과 같은 오류가 나타날 것이다.

```
$ nslookup www.example.net 10.1.1.4
Server:      10.1.1.4
Address:     10.1.1.4#53

** server can't find www.example.net: REFUSED
```

같은 상황에서 dig 명령은 좀 더 직접적인 오류 메시지를 보여준다.

```
$ dig www.example.net 10.1.1.4

; <<>> DiG 9.7.0-P1 <<>> www.example.net @10.1.1.4
;; global options: +cmd
;; Got answer:
;; ->>HEADER<<- opcode: QUERY, status: REFUSED, id: 23822
;; flags: qr rd; QUERY: 1, ANSWER: 0, AUTHORITY: 0, ADDITIONAL: 0
;; WARNING: recursion requested but not available

;; QUESTION SECTION:
;www.example.net.          IN      A
```

```
;; Query time: 1492 msec
;; SERVER: 10.1.1.4#53(10.1.1.4)
;; WHEN: Sat Mar 24 20:15:17 2012
;; MSG SIZE rcvd: 33
```

두 경우 모두 DNS 서버가 준비돼 있고 응답을 주는 것을 볼 수 있지만 DNS 요청은 거절됐다. dig 출력 결과에서 재귀적 해석이 가능하지 않기 때문에 해당 요청이 거절됐다는 설명을 볼 수 있다.

특히 네임서버가 이전에 동작했었다면, 아마도 설정이 잘못 변경되어 이 문제를 유발했을 것이다. 많은 조직들이 보안상의 이유로 호스트들이 해당 조직의 DNS로 재귀적 질의를 수행하는 것을 제한한다. yahoo.com의 네임서버 같은 곳으로부터 google.com 같은 사이트를 해석하려 할 때 이런 문제를 볼 수 있다. 이런 경우 관리자가 설정 파일을 변경하면서 실수로 재귀 질의 기능을 비활성화했거나, 재귀 질의가 어떤 IP 주소에 대해서 제한됐다면 관리자는 실수로 해당 IP 주소들을 제거했을 수 있다.

BIND에서 재귀 질의는 기본 설정으로 활성화돼 있지만 설정 파일에서 비활성화하거나 제한할 수 있다. 이 옵션은 BIND 루트 디렉터리에 있는 named.conf 파일에서 설정하거나(보통 /etc/bind/named.conf) 일부 서버에서는 named.conf.local이나 named.conf.options 같은 named.conf가 포함하는 여러 다른 설정 파일 중 하나에서 설정한다. 여러분이 찾고 싶은 옵션은 recursion이나 allow-recursion이라고 하며 그 것들은 해당 설정 파일의 옵션 단락에 있고 다음과 같은 모습일 것이다.

```
options {
    allow-recursion { 10.1.1/24; };
    ...
};
```

위의 예제에서 재귀 질의는 모든 10.1.1.0 서브넷에 대해 허용된다. 아래와 같이 설정된 것 또한 볼 수 있다.

```
acl "internal" { 127.0.0.1; 192.168.0.0/24; 10.1.0.0/16; };

options {
    allow-recursion { "internal"; };
    ...
};
```

위에서 IP 주소를 기술하는 대신 IP 주소를 목록으로 만들기 위해 앞서 설정 파일에 정의한 "internal"이라고 하는 ACL(접근 제어 목록)을 명시했다. BIND는 설정을 통해 한 곳에서 정의한 ACL을 여러 번 참조할 수 있다. BIND 설정 파일에 앞에서 설정한 내용이 있고 재귀 질의가 동작하지 않는다면 클라이언트 IP 주소가 허용되는 네트워크 목록에 있는지 확인할 필요가 있다.

한편으로 아래처럼 설정된 것이 있다면

```
options {
    recursion no;
    ...
};
```

재귀 질의는 이 네임서버에서 비활성화된 것이다. 이를 활성화하려면 이 옵션을 제거해 BIND의 재귀 질의가 동작하는 기본값으로 바꾸거나, 더 좋게는 위의 설정을 allow-recursion 문으로 대체해 BIND가 특정 네트워크에 대해 재귀 질의를 제한하게 할 수 있다. 둘 중 어떤 경우든 설정이 끝나면 변경 사항을 확실히 적용하기 위해 BIND 서버를 재시작해야 한다.

갱신 내역이 적용되지 않는 경우

DNS 관리자로서 해결해야 할 공통적인 문제 중 하나는 존 파일에서 수정한 내용이 적용되지 않는 것이다. 해당 DNS 서버의 담당자가 아니더라도 존 파일의 갱신 문제를 해결하는 방법을 알아두면 유용할 것이다. 결국, 관리자에게 변경을 요청하거나 DNS 대행 업체를 통해 변경하고 이전의 레코드를 보관한다면 문제가 있는 곳을 알아내는 방법을 알아두는 것이 유용할 수 있다.

대부분의 DNS 갱신 문제는 세 가지 영역으로 나뉜다. DNS 캐싱 때문에 갱신 내역을 바로 볼 수 없는 경우, 구문 오류 때문에 DNS 서버가 갱신을 거부하는 경우, 그리고 종속(slave) 호스트가 아닌 주(master) DNS 서버에 가해지는 변경 사항으로 문제가 야기되는 경우다. 다음 단락에서는 지금까지 사용한 DNS 문제 해결 도구를 활용해 각 유형의 문제를 확인하는 방법을 알아본다.

DNS 캐싱과 TTL

평균적으로 DNS 레코드가 동일한 상태로 여러 주나 달, 심지어 수년 동안 변하지 않는다는 것은 사실이다. 많은 DNS 레코드가 자주 변하지 않기 때문에 모든 DNS 질의가 6장의 DNS 질의 추적 단락에서 언급한 것과 같은 긴 과정을 따라야 한다는 것은 그다지 합리적이지 않다. 대신 DNS 서버가 질의를 캐시하는 것처럼 나중에 같은 요청을 할 경우 DNS 서버가 훨씬 더 빠르게 응답할 수 있게 결과 또한 캐시한다.

물론 캐시가 지닌 문제도 있다. 사용 중인 DNS 서버가 얼마나 오랫동안 결과를 캐싱하고 있어야 하느냐가 바로 그것이다. 답은 각 DNS 레코드가 갖고 있는 초 단위 값인 TTL(Time To Live)이다. DNS 요청을 할 때, 캐시된 레코드의 원본 레코드에 변경이 있을지도 모르지만 사용 중인 DNS 서버에서 캐시를 확인해 레코드들의 각 TTL보다 새로운 레코드들을 응답으로 보내준다. 레코드의 TTL이 만료되면 DNS 서버는 IP를 해석하는 일반적인 질의 단계를 밟는다. 그러나 질의 단계에 있는 각 DNS 서버 또한 TTL을 갖고 있고, 그것들의 TTL이 만료되지 않았다면 해당 DNS 서버들은 캐시에 들어 있는 IP 주소를 사용할 것이다. "DNS에 수정 사항을 확인하는 데 이틀이 걸릴지도 몰라"와 같은 불평을 자주 듣는 것도 이 때문이다. 특히 루트와 최상위 단계의 도메인 네임서버는 장시간의 TTL을 갖기 때문에 새 도메인을 등록하더라도 그것이 반영되고 널리 퍼지기까지 꽤 시간이 걸릴지도 모른다. 평균 TTL은 몇 시간 되지 않을지도 모르지만 TTL 범위는 수분에서 수일까지 될 수 있고, DNS 레코드 변경의 종류에 따라 모든 관련된 캐시가 만료되어 없어지기까지 꽤 오랜 시간이 걸릴 수 있다.

DNS 캐시가 상당히 유용하긴 하지만 DNS 관리자에게 문제가 되는 부분은 외부에 있는 모든 DNS 서버가 여러분의 TTL을 고려하지 않는다는 것이다. 실제로 일부 ISP 업체에서는 DNS 서버의 부하를 줄이기 위해 너무 낮은 TTL은 완전히 무시하는 것으로 알려져 있다. 이 때문에 TTL이 몇 분 안 되더라도 해당 TTL을 따르지 않는 DNS 서버에서는 DNS에 대한 변경 사항이 수 시간 후에나 반영될지도 모른다.

DNS 서버 자체에서 TTL을 보는 것 이외에 어떤 존의 TTL을 보는 가장 쉬운 방법은 dig 명령을 이용하는 것이다.

```
$ dig web1.example.net
; <<>> DiG 9.7.0-P1 <<>> example.net
;; global options: +cmd
;; Got answer:
;; ->>HEADER<<- opcode: QUERY, status: NOERROR, id: 30750
;; flags: qr aa rd ra; QUERY: 1, ANSWER: 1, AUTHORITY: 2, ADDITIONAL: 2

;; QUESTION SECTION:
;web1.example.net.          IN      A
```

```
;; ANSWER SECTION:
web1.example.net.    300    IN        A         10.1.2.5

;; AUTHORITY SECTION:
example.net.         300    IN        NS        ns2.example.net.
example.net.         300    IN        NS        ns1.example.net.

;; ADDITIONAL SECTION:
ns1.example.net.     300    IN        A         10.1.1.3
ns2.example.net.     300    IN        A         10.1.1.4

;; Query time: 2 msec
;; SERVER: 192.168.0.1#53(192.168.0.1)
;; WHEN: Mon Mar 19 20:48:27 2012
;; MSG SIZE rcvd: 118
```

dig로부터 보고되는 각 레코드와 함께 요청한 주요 레코드의 TTL뿐 아니라 부가적인 정보에 대한 TTL도 표시된다. 위의 경우에는 모든 레코드의 TTL이 300초로 돼 있다. 여기서 web1.example.net 레코드에 어떤 변경을 가한다면 보통의 DNS 서버가 변경된 새로운 레코드로 응답하기까지 5분이 소요될 거라고 예측할 수 있다.

물론 뭔가를 갱신했지만 그 결과를 볼 수 없다면 그것이 캐시와 관련된 문제이고 다른 문제가 아닌지 어떻게 확신할 수 있을까? 가장 좋은 방법은 해당 도메인에 대한 공식 네임서버 중 하나를 확인하는 것이다(앞에서 나온 dig 출력 결과에서 ns2.example.net과 ns1.example.net에 해당). 도메인에서 어떤 네임서버가 사용됐는지 확실하지 않다면 NS 레코드를 dig 질의로 요청하면 된다.

```
$ dig example.net NS

; <<>> DiG 9.7.0-P1 <<>> example.net NS
;; global options: +cmd
;; Got answer:
;; ->>HEADER<<- opcode: QUERY, status: NOERROR, id: 38194
;; flags: qr aa rd ra; QUERY: 1, ANSWER: 2, AUTHORITY: 0, ADDITIONAL: 2

;; QUESTION SECTION:
;example.net.                  IN        NS


;; ANSWER SECTION:
example.net.         300    IN        NS        ns1.example.net.
example.net.         300    IN        NS        ns2.example.net.

;; ADDITIONAL SECTION:
ns1.example.net.     300    IN        A         10.1.1.3
ns2.example.net.     300    IN        A         10.1.1.4
```

```
;; Query time: 3 msec
;; SERVER: 192.168.0.1#53(192.168.0.1)
;; WHEN: Sat Mar 24 20:44:42 2012
;; MSG SIZE  rcvd: 98
```

네임서버의 목록이 표시되면 네임서버를 하나 선택해 직접 질의를 하면 된다.

```
$ dig web1.example.net @10.1.1.4
```

직접 네임서버에 질의할 때 로컬 DNS 서버의 모든 캐시를 우회해 현재의 최신 레코드를 얻는다. 그래서 직접 질의로 얻은 IP 주소가 여전히 예전의 IP 주소라면 변경된 레코드가 해당 네임서버까지 전달되지 않은 것이다. 그 시점에 목록에 남은 나머지 네임서버에 직접 질의를 하고 그 중 어떤 서버라도 올바르게 수정된 레코드를 갖고 있는지 확인할 필요가 있다. 그 DNS 서버 중 하나도 갱신된 레코드가 없다면 존 파일에 구문 오류가 있을지도 모른다. 어떤 서버에는 갱신된 레코드가 있고 몇몇은 없다면 존 전송 문제일 수도 있다.

외부에 있는 네임서버들은 정상적인 신규 레코드를 가지고 있으나 로컬 네임서버가 캐시된 예전 레코드를 가지고 있다면 몇 가지 방법을 이용할 수 있다. 가장 간단한 해결책은 그냥 로컬 캐시가 만료될 때까지 기다리는 것이다. 이상적으로는 DNS 변경이 필요하고 TTL이 길게 설정돼 있다는 사실을 안다면 많은 DNS 관리자들이 해당 DNS 변경이 있기 몇 일 전에 TTL을 짧게 줄여서 외부에 있는 모든 DNS 서버가 새로 짧게 설정된 TTL을 받게 할 수 있다. 변경 사항이 반영되고 나면 TTL을 예전 값으로 다시 높이면 된다.

로컬 캐시가 만료될 때까지 기다릴 수 없다면 개별 DNS 캐시를 깨끗이 할 수도 있다. 제거할 첫 번째 캐시는 운영체제에 존재하는 캐시일 것이다. 심지어 운영체제가 DNS 요청도 캐시할 것이고, DNS 해석이 필요할 때마다 네임서버로 질의를 보내지 않아도 된다. 리눅스에서는 nscd 데몬이 이 캐시를 관리하고(설치돼 있다면) 캐시를 초기화하려면 아래와 같이 입력하면 된다.

```
$ sudo /etc/init.d/nsdc restart
```

윈도우 시스템이라면 명령 프롬프트를 열고 아래와 같이 입력하면 된다.

```
ipconfig /flushdns
```

맥에서는 터미널을 열고 아래와 같이 입력한다.

```
lookupd -flushcache
```

또는 맥 OSX의 버전에 따라 아래와 같이 입력해야 할 수도 있다.

```
dscacheutil -flushcache
```

재귀적 DNS 서버가 캐시를 갖고 있다면 관리자 권한을 가지고 해당 캐시를 초기화할 필요가 있다. BIND의 DNS 캐시를 초기화하려면 BIND 서비스를 그냥 재시작하면 된다. 레드햇 기반 시스템에서는 아래와 같이 입력하면 된다.

```
$ sudo /etc/init.d/named restart
```

데비안 기반 시스템에서는 named가 아닌 bind 또는 bind9이라는 이름으로 서비스될 수 있다. 재귀적 네임서버를 재시작할 재량이 없다면 유일한 대안은 일시적으로 시스템에 설정된 네임서버를 이전 레코드를 캐시하지 않은 네임서버로 변경하거나, /etc/hosts 파일에 변경하고 싶은 도메인에 대한 IP를 직접 입력할 수도 있지만 이러한 방법은 권장하지 않는 근시안적인 해결책이다.

존 구문 오류

DNS 레코드를 변경하고 해당 존에 있는 어떤 네임서버에도 갱신 내역이 적용되지 않았다는 사실을 알았다면 예상되는 원인은 존 파일의 구문 오류다. 존 파일을 변경하고 BIND를 재시작할 때 존 파일에 구문 오류가 발견되면 해당 존 파일에서 변경된 어떤 내용도 반영되지 않고 현재 레코드를 그대로 유지한다. 로그 파일에 주목하지 않는다면 심지어 구문 오류가 발생했는지도 모를 수 있다. 존 파일을 갱신하고 BIND 서비스를 재시작했지만 해당 네임서버가 여전히 예전 레코드를 돌려준다면 /var/log/syslog나 /var/log/messages에 BIND 오류 메시지가 있는지 확인한다.

다음은 구문 오류로 발생하는 오류 메시지의 예다.

```
Mar 27 21:07:26 ns1 named[25967]: /etc/bind/db.example.net:20: #ns2.example.net:
 ↪bad owner name (check-names)
Mar 27 21:07:26 ns1 named[25967]: zone example.net/IN: loading from master file
 ↪/etc/bind/db.example.net failed: bad owner name (check-names)
Mar 27 21:07:26 snowball named[25967]: zone example.net/IN: not loaded due to
 ↪errors.
```

이 경우 오류 메시지의 첫 번째 줄에서 친절하게도 /etc/bind/db.example.net의 20 번째 줄에 오류가 있다고 알려준다. 이것은 흔히 저지르는 전형적인 실수다. 세미콜론 (;)을 사용하는 BIND 설정 파일을 제외하고 거의 모든 설정 파일에서는 주석으로 #을 사용할 수 있다. 존 파일에서 내용을 주석으로 처리하기 위해 세미콜론을 사용하는 대신 여기서 관리자는 우연히 #을 사용한 것이고, BIND는 그 존에 대한 설정을 거절한 것이다.

존 전송 문제

DNS가 갱신되지 않는 상황을 야기할 수 있는 마지막 문제는 존 전송 문제로 발생하는 문제다. 일반 DNS 기반 구조에서, 하나의 DNS 서버는 특정 존에 대한 주 서버로 취급되고 나머지 서버는 종속 서버로 설정된다. 주 서버에 어떤 변경이 일어나면 그러한 변경 사항은 종속 서버로 전달된다. 존 전송 문제는 즉시 찾아내기가 어려울 수 있는데, 주 네임서버는 변경된 신규 레코드로 응답할 것이기 때문이다. 그러나 그와 같은 질의를 받은 어떤 종속 서버들은 갱신되지 않은 예전 레코드를 응답할 수도 있다. 결과적으로, 여러 다른 클라이언트는 각기 다른 시간대에 여러 IP 주소를 보게 될지도 모른다.

존 전송 문제를 확인하는 가장 빠른 방법은 해당 존에 설정된 모든 네임서버에 dig 같은 도구를 사용해 직접 DNS 질의를 수행하는 것이다. 어떤 네임서버는 갱신되고 어떤 서버는 갱신되지 않는다면 1~2분 정도 기다렸다가 전파되는 데 얼마나 걸렸는지 다시 확인하면 된다. 몇 분 후에도 변경 사항이 전파되지 않는다면, 다음 단계는 주 DNS 서버를 확인하고 해당 서버가 변경된 레코드를 갖고 있는지 확인하는 것이다. 주 DNS 서버는 SOA(Start of Authority: 권한 개시 정보)라고 하는 특별한 레코드 구성을 갖게 되는데, 이 레코드는 어떤 서버가 해당 존에 대해 권한이 있는 DNS 서버로 간주되는지 나열한다. 특정한 레코드 대한 여러 다른 dig 요청처럼 간단히 도메인을 인자로 하고 마지막에 SOA를 덧붙여 질의하면 된다.

```
$ dig example.net SOA

; <<>> DiG 9.7.0-P1 <<>> example.net SOA
;; global options: +cmd
;; Got answer:
;; ->>HEADER<<- opcode: QUERY, status: NOERROR, id: 62609
;; flags: qr aa rd ra; QUERY: 1, ANSWER: 1, AUTHORITY: 2, ADDITIONAL: 2
```

```
;; QUESTION SECTION:
;example.net.                IN        SOA

;; ANSWER SECTION:
example.net.        300   IN        SOA       ns1.example.net. admin.example.net.
➥2011062300 10800 2000 604800 7200

;; AUTHORITY SECTION:
example.net.        300   IN        NS        ns2.example.net.
example.net.        300   IN        NS        ns1.example.net.

;; ADDITIONAL SECTION:
ns1.example.net.    300   IN        A         10.1.1.3
ns2.example.net.    300   IN        A         10.1.1.4

;; Query time: 35 msec
;; SERVER: 192.168.0.1#53(192.168.0.1)
;; WHEN: Tue Mar 27 21:18:46 2012
;; MSG SIZE rcvd: 143
```

이 출력 결과에서 특별히 아래 내용에 주목할 필요가 있다.

```
;; ANSWER SECTION:
example.net.        300   IN        SOA       ns1.example.net. admin.example.net.
  ➥2011062300 10800 2000 604800 7200
```

위에서 보면 권한 개시 정보를 가진 DNS 서버가 ns1.example.net이라는 사실을 알 수 있다. 그 뒤에 있는 레코드인 admin.example.net은 다른 네임서버가 아니라 사실 이 도메인에 대한 관리용 이메일 주소다. 첫 번째 점은 @으로 대체되는 것으로 여겨지므로 이 경우 관리용 연락처는 admin@example.net 이다.

일단 어떤 네임서버가 해당 존의 지휘권을 가진 서버라는 것을 알았다면 그 서버가 바로 주 서버로 구성해야 할 서버다. 존 전송 문제가 있는 것 같다면, 다음 단계는 주 DNS 서버에 직접 로그인해 서버의 구성을 살펴보는 것이다.

존 전송이 BIND에서 동작하는 방식은 주 서버에서 어떤 레코드가 갱신됐다면 BIND가 NS 레코드에 대한 존을 읽고 갱신 내역이 있는 각 네임서버에게 알려준다. BIND에 그 존에 구성돼 있는 서버에 추가해서 공지 대상에 해당하는 네임서버가 별도의 목록으로 구성돼 있으면 해당 서버들 또한 알려준다. 종속 네임서버에는 어떤 서버가 주 서버인지 알 수 있게 구성돼 있고 이 공지가 주 서버 목록에서 나오지 않았다면 이를 무시한다. 이 공지와 함께 주 서버는 존에 변경 사항이 있을 때마다 증가하게 돼 있는 어떤 연속된 숫자를 보낼 것이다. 주 서버에 있는 이 일련번호가 종속 서버에 있는 숫자보다 크면 이 종속 서버는 전체 또는 부분 존 전송에 대한 요청을 수행할 것이고 이 것으로 갱신된 레코드를 얻는다. 존 전송 요청은 주 서버로 다시 되돌아가고, 요청이 존 전송을 허용하는(존에 대해 설정된 모든 서버는 기본적으로 허용됨) IP 주소로부터 나왔다면 존 전송을 시작할 것이다. 위의 단계 중 하나라도 문제가 발생하면 갱신 실패를 야기할 수 있다. 그럼 이번에는 각 문제를 확인하는 방법에 대해 살펴보자.

어떤 존에 대해 변경 사항이 발생하고 BIND를 재시작하면 주 서버는 그러한 변경 사항을 알아차리고 아래와 같은 공지를 받을 것이다.

```
Mar 27 21:47:16 ns1 named[25967]: zone example.net/IN: loaded serial 2012032700
Mar 27 21:47:16 ns1 named[25967]: zone example.net/IN: sending notifies (serial
➥2012032700)
```

위와 같은 공지를 받은 흔적을 로그에서 볼 수 없다면 주 서버의 설정에 대해 문제를 해결할 때다. 먼저 named 프로세스가 동작 중인지 확인하기 위해 다음과 같은 명령을 실행한다.

```
$ ps -ef | grep named
```

named가 동작 중이지 않다면 named 서비스를 시작한다. 서비스가 제대로 시작하지 않는다면 BIND 데몬을 재시작해야 할지도 모른다. 마지막으로 BIND의 named.conf와 나머지 존 구성 파일을 검사하고 특정 존이 이 서버에 대해 종속 서버가 아닌 주 서버로 구성돼 있는지 확인한다.

존 전송이 실패하는 가장 흔한 이유 중 하나는 단순히 일련번호가 갱신되지 않아서다. 주 서버에서 BIND를 다시 적재할 때 로그에서 아래와 같은 오류를 볼 수 있을 것이다.

```
Mar 27 21:09:52 ns1 named[25967]: zone example.net/IN: zone serial (2012011301)
unchanged.zone may fail to transfer to slaves.
Mar 27 21:09:52 ns1 named[25967]: zone example.net/IN: loaded serial 2012011301
Mar 27 21:09:52 ns1 named[25967]: zone example.net/IN: sending notifies (serial
2012011301)
```

이 경우에는 존이 변경됐음에도 일련번호가 변경되지 않았다는 경고를 받았다. 이 메시지를 본다면 간단히 존 파일을 다시 열어 해당 일련번호를 증가시킨 후 확인하면 된다(많은 DNS 관리자가 YYYYMMDD에 두 자리 숫자를 더 추가해서 해당 존이 갱

신된 마지막 시간을 확인하면서 하루에 100번까지 존을 갱신할 수 있게 한다). 그 알림
이 보내졌고 일련번호가 종속 서버에 있는 번호보다 크다면 주 서버에 있는 로그 파일
에서 아래와 같은 항목을 볼 수 있을 것이다.

```
Mar 27 21:47:16 ns1 named[25967]: client 10.1.1.4#38239: transfer of 'example.
↪net/IN': AXFR-style IXFR started
Mar 27 21:47:16 ns1 named[25967]: client 10.1.1.4#38239: transfer of 'example.
↪net/IN': AXFR-style IXFR ended
```

위에서 변경된 존에 대한 전송이 클라이언트 10.1.11.4에 의해 시작된 후 끝난 것을
볼 수 있다. 이 존에 설정된 각 네임서버에서도 이 같은 로그가 있을 것이다. 그렇지 않
다면 주 서버에서 갱신이 필요한 모든 네임서버가 해당 존에 자신들의 NS 항목을 가지
고 구성되거나 named.conf 파일에 also-notify 지시자(directive)로 구성돼 있는지 확
인하면 된다.

주 서버에 있는 로그 파일과 설정이 올바르게 설정된 듯하나 존 전송이 초기화된 것
을 볼 수 없다면 다음 단계는 종속 네임서버를 볼 차례다. 종속 네임서버의 /var/log/
syslog 나 /var/log/messages 파일에서 존이 변경됐다는 공지를 받았다고 알려주는 아
래와 같은 항목을 볼 수 있을 것이다.

```
Mar 27 21:58:44 ns2 named[22774]: client 10.1.1.3#50946: view external: received
↪notify for zone 'example.net'
Mar 27 21:58:44 ns2 named[22774]: zone example.net/IN/external: Transfer
↪started.
Mar 27 21:58:44 ns2 named[22774]: transfer of 'example.net/IN' from 10.1.1.3#53:
↪connected using 10.1.1.3#38239
Mar 27 21:58:44 ns2 named[22774]: zone example.net/IN/external: transferred
↪serial 2012032700
Mar 27 21:58:44 ns2 named[22774]: transfer of 'example.net/IN' from 10.1.1.3#53:
↪end of transfer
```

이러한 로그 항목은 완전한 존 전송 과정을 성공적으로 마쳤다는 것을 보여주지만
다음과 같은 로그 항목을 볼 수도 있다.

```
Mar 27 21:58:45 ns2 named[22774]: zone example.net/IN/external: refused notify
↪from non-master: 10.1.1.7#35615
```

위에서는 종속 서버가 자신의 주 서버로 설정되지 않은 서버로부터(이 경우 10.1.1.7)
요청이 거절됐다는 공지를 받았음을 보여준다. 여기서 IP가 주 서버에 대해 유효하다
면 종속 서버에서 이 존에 대한 BIND 설정을 살펴보고 종속 서버로 설정돼 있는지, 그
리고 주 서버의 IP가 여러 주 서버 IP 중 하나로 설정돼 있는지 확인할 필요가 있다.

다른 한편으로, 다음과 같은 로그 항목을 볼 수도 있다.

```
Mar 27 22:09:00 ns2 named[22774]: client 10.1.1.3#42895: view external: received
↪notify for zone 'example.net'
Mar 27 22:09:00 ns2 named[22774]: zone example.net/IN/external: notify from
↪10.1.1.3#42895: zone is up to date
```

위의 경우 공지가 종속 서버로 보내졌지만 해당 일련번호가 종속 서버에 있는 번호보다 크지 않았기 때문에 갱신되지 않았다. 어떤 관리자는 뜻하지 않게 주 서버에 굉장히 큰 일련번호를 설정했으나(일련번호로 날짜를 사용하고 있는데 실수로 연도를 잘못 설정한 경우), 잘못된 상태에서 갱신 내역을 보냈을 수도 있다. 그리고 그다음 관리자 차례가 됐고, 일련번호를 다시 현재 날짜로 바꿔서 오류를 수정하더라도 종속 서버는 해당 갱신 내역을 거부한다. 이런 상황이 발생할 경우 종속 서버에 로그인해서 존에 들어 있는 로컬 캐시 존 파일을 살펴보며 해결한다. 종속 서버가 이 캐시 파일을 저장하는 위치는 BIND에 설정돼 있다. 그러나 일반적인 위치는 /var/cache/bin와 /etc/bind, /var/lib/bind 디렉터리가 있다. 이 파일을 열면 주 서버에 설정된 것과 매우 비슷하게 존에 대한 모든 레코드를 볼 수 있을 것이다. 파일의 최상단에 일련번호가 설정된 것을 볼 수 있다. 일련번호가 너무 크다면 가장 쉬운 해결책은 그냥 파일을 삭제하거나 옮긴 다음, 종속 서버에 있는 BIND를 재시작하는 것이다. 그리고 나면 BIND 서비스는 주 서버로부터 존 전송을 요청하고 최신 변경 사항을 가져올 것이다.

07

왜 이메일이 전송되지 않을까?
이메일 문제 추적하기

DNS와 더불어 이메일은 가장 오래됐고 가장 널리 사용되는 인터넷 서비스 중 하나다. DNS와는 달리 대부분의 사람들은 이메일을 직접적이고 빈번하게 사용하고 문제가 있으면 바로 알아차린다. 데브옵스 팀에서 어떤 역할을 맡고 있든 이메일 서비스를 책임지고 있다면(이메일 서버를 책임지는 관리자이거나 사무실에서 기술 자문을 해 주는 사람이거나 애플리케이션에 이메일 지원 기능을 추가한 개발자이거나, 또는 일반 이메일 사용자이든 상관없이) 궁극적으로 다음과 같은 질문에 답해야 할 것이다.

- 이메일을 보냈으나 수신인이 받지 못했다. 어떻게 된 것인가?
- 어떤 사람이 이메일을 보냈으나 여러분이 받지 못했다. 어떻게 된 것인가?

7장에서는 이메일 문제를 해결하는 방법, 특히 SMTP(Simple Mail Transfer Protocol)를 사용해 메일을 송수신할 때 발생하는 문제를 해결하는 방법을 살펴본다. 이러한 종류의 문제 해결은 서로 관련은 있지만 POP과 IMAP 같은 프로토콜 기반의 메일 수신함 검색 문제를 해결하는 것과는 다르다. 외부에 많은 메일 서버가 존재하더라도 이메일 전송과 관련된 일반적인 문제 해결은 모든 서버에서 동일하다. IMAP과 POP의 문제 해결은 서버에 따라 매우 다양하며, 문제 해결 기법도 상당히 다르다. 7장에서는

SMTP에 대해서만 다룬다. IMAP이나 POP의 문제 해결에 관심이 있다면 IMAP이나 POP에 대해 자세하게 다룬 문서를 찾아보길 권장한다. 7장의 내용을 모두 읽고 나면 이메일이 전송되지 않은 이유를 추적하는 기법과 도구에 관해 알게 될 것이다.

이메일 요청 추적하기

특정한 이메일 문제에 대한 해결로 들어가기에 앞서 이메일을 보낼 때 어떤 일이 일어나는지 먼저 이해하는 것이 문제 해결에 도움될 것이다. 여러분의 컴퓨터에서 수신인까지 도달하는 과정을 머릿속으로 추적할 수 있다면 문제가 발생했을 때 이메일이 거치는 각 단계를 따라갈 수 있고, 어떤 단계에서 실패했는지 더 잘 이해할 수 있다.

이메일 시스템은 다양한 방법으로 설정된다. 대형 이메일 서비스 제공업체를 통해 이메일을 사용한다면 그 시스템은 상당히 복잡할 수 있지만, 사실 복잡한 이메일 제공업체라도 이메일을 보내는 일반적인 방법은 상당수 동일하다. 그래서 이메일을 추적할 때 그 과정을 간단하고 일반적인 경우로 가정하고 싶을 것이다.

썬더버드(Thunderbird)나 아웃룩(Outlook) 같은 데스크톱 이메일 클라이언트를 사용해 kyle@example.net이라는 회사 이메일 계정으로 이메일을 보내고 싶고, 그 메일 계정은 회사에서 관리하는 mail.example.net이라는 메일 서버에서 관리되고 있다고 해보자. 여기서는 그 이메일을 개인 지메일(Gmail) 계정인 you@gmail.com으로 보내고 싶고, 구글의 메일 서버에 대한 내부 동작 방식을 모르기 때문에 구글 메일 서버를 인터넷에 있는 정상적인 이메일 서버처럼 다루겠다.

먼저 '보내기'를 누르면 이메일 클라이언트는 SMTP를 사용하도록 설정된 발신 메일 서비스와 통신한다. 이 경우 회사 안에 있는 로컬 메일 서버일 가능성이 크고 IMAP으로 이메일을 가져오는 데 사용하는 장비와 같을 수도 있다(꼭 같을 필요는 없다). 이 발신 메일 서버(여기서는 mail.example.net)는 이메일을 중계할 수 있게 설정돼 있어야 한다. 누구에게나 메일을 중계하도록 허용하는 메일 서버를 공개 중계 서버(open relays)라고 하는데, 스패머들은 스팸을 보내기 위해 이런 공개 중계기를 찾아 사용하기 때문에 대부분의 메일 서버는 메일을 중계할 수 있는 사람들을 제한한다. 어떤 서

버는 IP 주소를 기반으로 제한하고, 어떤 서버는 접속하는 클라이언트에게 로그인 과
정을 먼저 요구하기도 한다.

mail.example.net이 이메일을 허용하게 되면 전달할 다른 이메일과 같이 메일 스풀
(mail spool)에 메일을 넣는다. 메시지를 보낼 준비가 되면 메일 서비스는 도착지의 도
메인에 대해 FROM 주소를 훑어본다(이 경우에는 gmail.com). 그리고 나서 gmail.
com에 대한 모든 MX 레코드를 찾기 위해 DNS 질의를 수행하고 아래와 같은 결과를
얻는다.

```
 5 gmail-smtp-in.l.google.com.
10 alt1.gmail-smtp-in.l.google.com.
20 alt2.gmail-smtp-in.l.google.com.
30 alt3.gmail-smtp-in.l.google.com.
40 alt4.gmail-smtp-in.l.google.com.
```

이 경우에는 선택할 수 있는 메일 서버가 5개 있고, 각 메일 서버는 할당된 우선순위
가 있다. mail.example.net 서버는 우선순위가 가장 낮은 원격 메일 서버를 선택할 것
이다(여기서는 우선순위가 5인 gmail-smtp-in.l.goole.com에 해당). 연결할 메일 서버
가 선택되면 SMTP를 이용해 25번 포트로 SMTP 연결을 초기화한다.

어떤 이유로 첫 번째 서버가 응답이 없다면 mail.example.net 서버는 나머지 gmail.
com 메일 서버 목록에서 우선순위가 가장 낮은 서버를 선택한다. 사용할 수 있는 메
일 서버가 하나도 없다면 mail.example.net 서버는 이메일을 다시 큐에 넣고 나중에
다시 보낼 것이다. 대부분의 메일 서버는 메일을 폐기하기 전에 며칠 동안 메일을 보
내려고 계속 시도할 것이다. 메일 서버가 메일을 폐기할 때 발신자에게 바운스 메일
(bounce mail)을 보내서 메일을 전달할 수 없다고 알릴 것이다. 이것은 매우 중요한데,
어떤 원격 도메인에 대한 모든 원격 메일 서버가 가용한 상태에 있지 않다면(또는 로컬
메일 서버가 네트워크 문제로 원격 메일 서버에 연결할 수 없다면) 며칠 후에 그 메일
은 반송되기 때문이다. 이런 방식이 보통 사용자는 메일 서버가 계속해서 메시지 전달
을 시도하기를 바라지 않기 때문에 좋은 방법이지만 대다수의 사용자가 메일 발신이
즉시 일어나는 데 익숙하기 때문에 한 시간의 지연조차 문제가 될 수 있다.

첫 번째 gmail.com 메일 서버가 살아 있다고 가정해 보자. mail.example.net 서버는
SMTP 연결을 만들고 gmail.com 메일 서버에게 발신 메일의 발신자와 수신자가 누구

인지 알린다. gmail.com 메일 서버는 공개 중계 서버가 아니므로 gmail.com으로 전달되기로 한 메일(gmail.com과 gmail.com에 책임이 있는 다른 도메인으로 보낸 메일)만 허용할 것이다. mail.example.net 서버가 이 gmail.com 서버에 연결됐더라도 최소한 gmail.com 서버는 메일의 도메인을 살펴보고 허용할 수 있는 도메인인지 확인한다. 또한 메일 서버는 이메일을 누구에게 보내는지 점검하고 유효한 계정인지 확인한다. 이러한 확인 과정 중 하나라도 실패한다면 메시지는 오류 코드를 받고 거절되고 mail.example.net 서버는 발신자에게 반송 메일을 보낼 것이다.

스팸은 메일 시스템 관리자에게 큰 고민거리여서 gmail.com 메일 서버는 mail.example.net 서버에 연결돼 있는 동안 몇 가지 추가적인 점검을 수행할 수도 있다. 예를 들면, mail.example.net이 스패머로 많은 스팸 블랙홀 목록 중 하나로 등록돼 있는지 확인할 수도 있다. 메일 서버가 유효한지 확인하기 위해 여러 다른 점검 또한 수행할수 있다. 이러한 초기 스팸 점검 중 하나라도 실패하면 메일 서버는 오류 코드를 반환하며 해당 메시지를 거절하고 반송 메일을 보낼 것이다.

이메일이 모든 점검 과정을 통과하면 gmail.com 메일 서버는 mail.example.net 서버로 성공했다는 응답을 보내면서 연결을 끊고, 전송을 위해 이메일을 메일 큐에 추가할 것이다. 물론 이 시점에 대부분의 메일 서버는 메시지 내용을 기반으로 추가적인 스팸 필터링도 수행할 테지만 메시지를 스팸으로 표시하면 메일 서버는 메시지에 대한 반송 메시지를 보내지도 않거나 mail.example.net에 전혀 그 사실을 알리지도 않을 것이다. mail.example.net 서버 측면에서 메시지는 성공적으로 전달된 것이다.

메시지를 허용한 메일 서버가 우선순위가 가장 낮은 기본 메일 서버가 아니라면 메일 서버는 이메일을 스풀에 추가하고 다음 며칠 동안 기본 메일 서버로 전달하려고 할 것이다. 그때 이후로 이메일을 전달할 수 없는 상황이 되면 이메일은 스풀에서 제거되고 반송 메일이 보내질 것이다. 이메일이 일단 성공적으로 기본 메일 서버에 왔을 때 메일 서버가 POP이나 IMAP 서버로도 사용된다면 이메일을 로컬 메일 박스로 전달하거나 사용자의 최종 수신함이 있는 다른 메일 서버로 메시지를 전달하도록 설정돼 있을 것이다.

이메일 헤더 정보 이해하기

시스템을 통해 이메일을 추적해 온 현재 시점에서, 이메일의 헤더로 많은 것을 이해할 수 있다. 기본적으로 이메일을 볼 때 헤더의 많은 부분이 빠져있고 메시지의 송/수신자, 제목, 내용이 표시된다. 메일 상단에 이메일이 송신자에게서 수신자까지 어떻게 왔느냐와 관련된 문제 해결에 대단히 유용한 정보를 제공하는 추가적인 헤더가 있다. 대부분의 메일 클라이언트는 이 정보를 기본적으로 보여주지 않으며, 숨겨진 헤더를 보는 것은 옵션으로 제공될 것이다. 예를 들면, 지메일에서 이 옵션은 메시지를 보면 원문 보기라고 돼 있는 드롭다운 메뉴 안에 있다.

일례로, 위에서 언급한 이메일 추적 과정의 예를 재현하기 위해 kyle@example.net에서 you@gmail.com이란 지메일 계정으로 테스트 이메일을 보낼 수 있다. 일반 이메일 클라이언트에서는 아래와 같은 내용을 볼 수 있다.

```
Date: Wed, 11 Apr 2012 19:55:43 -0700
From: Kyle Rankin <kyle@example.net>
To: you@gmail.com
Subject: Test Subject

Test Body
```

아래는 감춰진 헤더를 포함한 전체 내용이다.

```
Delivered-To: you@gmail.com
Received: by 10.182.250.51 with SMTP id yz19csp53077obc;
        Wed, 11 Apr 2012 19:55:45 -0700 (PDT)
Received: by 10.42.179.196 with SMTP id br4mr523278icb.42.1334199345073;
        Wed, 11 Apr 2012 19:55:45 -0700 (PDT)
Return-Path: <greenfly@example.net>
Received: from mail.example.net (mail.example.net. [64.142.5.5])
        by mx.google.com with ESMTPS id s4si19571254igb.48.2012.04.11.19.55.44
        (version=TLSv1/SSLv3 cipher=OTHER);
        Wed, 11 Apr 2012 19:55:44 -0700 (PDT)
Received-SPF: pass (google.com: best guess record for domain of greenfly@
  ➥example.net designates 64.142.5.5 as permitted sender) client-ip=64.142.5.5;
Authentication-Results: mx.google.com; spf=pass (google.com: best guess record
  ➥for domain of greenfly@example.net designates 64.142.5.5 as permitted sender)
  ➥smtp.mail=greenfly@example.net
Received: by mail.example.net (Postfix, from userid 1000)
id 7F566254A3; Wed, 11 Apr 2012 19:55:43 -0700 (PDT)
Date: Wed, 11 Apr 2012 19:55:43 -0700
From: Kyle Rankin <kyle@example.net>
To: you@gmail.com
```

```
Subject: Test Subject
Message-ID: <20120412025543.GD23360@example.net>
MIME-Version: 1.0
Content-Type: text/plain; charset=us-ascii
Content-Disposition: inline
User-Agent: Mutt/1.5.20 (2009-06-14)

Test Body
```

보다시피 일반적으로 보지 못하는 추가 정보가 이메일에 들어 있고, 대량의 추가적인 헤더가 편지 봉투에 찍힌 우편물 소인처럼 존재한다. 처음 이메일을 전달하는 메일 서버를 시작으로, 이메일이 수신지까지 전달되는 과정에서 거쳐 가는 각 메일 서버는 날짜와 그 메시지에 대한 정보를 수신 헤더에 남긴다. 그다음 서버도 메시지의 상단에 해당 서버의 수신 헤더를 추가하고, 그런 식으로 나머지 서버도 추가하는 식으로 메시지의 최상단 헤더에는 메시지를 최종적으로 받은 마지막 메일 서버가 표시된다.

```
Received: by 10.182.250.51 with SMTP id yz19csp53077obc;
        Wed, 11 Apr 2012 19:55:45 -0700 (PDT)
```

그래서 이메일이 거쳐 온 경로를 추적하고 싶을 경우 이메일의 수신 헤더를 역순으로 살펴보면 된다. 설명을 돕기 위해 위에서 언급한 헤더를 역순으로 다시 붙여 보면 이메일이 거쳐 온 경로를 볼 수 있다. 먼저 다음은 mail.example.net 메일 서버가 허용한 내용을 보여주는 수신 헤더다.

```
Received: by mail.example.net (Postfix, from userid 1000)
        id 7F566254A3; Wed, 11 Apr 2012 19:55:43 -0700 (PDT)
```

다음은 mx.google.com이라는 지메일 메일 서버가 mail.example.net 서버로부터 메시지를 받고 mail.example.net 서버가 이메일의 허용 가능한 호스트인지 확인하기 위해 초기 스팸 점검을 수행한 내용이 있다. 이 헤더들은 이메일이 mail.example.net을 떠나 구글의 메일 서버에서 허용한다는 것을 보여 준다. 또한 각 수신 헤더는 이메일에 헤더별 ID를 할당하는 데 주목할 필요가 있다. 이러한 ID는 메일 서버의 메일 로그에 사용된 ID와 일치해야 하므로 나중에 유용할 수 있다.

```
Received: from mail.example.net (mail.example.net. [64.142.5.5])
        by mx.google.com with ESMTPS id s4si19571254igb.48.2012.04.11.19.55.44
        (version=TLSv1/SSLv3 cipher=OTHER);
        Wed, 11 Apr 2012 19:55:44 -0700 (PDT)
Received-SPF: pass (google.com: best guess record for domain of greenfly@
    example.net designates 64.142.5.5 as permitted sender) client-ip=64.142.5.5;
Authentication-Results: mx.google.com; spf=pass (google.com: best guess record
```

```
→for domain of greenfly@example.net designates 64.142.5.5 as permitted sender)
→smtp.mail=greenfly@example.net
```

다음은 이메일의 수신지에 해당하는 마지막 두 서버를 각각 보여주는데, 여기서 구글 메일 시스템의 내부 기반 구조를 엿볼 수 있는 정보를 확인할 수 있다.

```
Received: by 10.42.179.196 with SMTP id br4mr523278icb.42.1334199345073;
        Wed, 11 Apr 2012 19:55:45 -0700 (PDT)
Received: by 10.182.250.51 with SMTP id yz19csp53077obc;
        Wed, 11 Apr 2012 19:55:45 -0700 (PDT)
```

이메일 발신 문제

이제 메일이 성공적으로 거쳐 가는 경로에 익숙해졌을 테니 메일 발신 문제를 추적하기가 약간 수월해졌을 것이다. 여기서는 적어도 여러분이 사용자 이메일 클라이언트의 설정과 발신 메일 서버에 대한 권한을 갖고 있다고 가정한다. 기본적으로 목표는 발신 메일 서버가 클라이언트의 메일을 허용하고 초기 전달을 허용하는 목적지지 메일 서버와 통신할 수 있음을 보장하는 것이다. 이메일 수신 문제를 해결하는 방법에 대해서는 7장의 후반부에서 다루겠다.

이메일 클라이언트로 메일을 보낼 경우, 이메일을 수신하는 메일 서버와 전혀 다를 수도 있는 지정된 발신 메일 서버와 통신하도록 설정된다. 이 메일 서버는 MX 레코드가 지정된 DNS 목록에 반드시 포함돼 있어야 하는 것은 아니다(그렇게 하면 원격 메일 서버가 수행하는 더 많은 스팸 테스트를 통과하는 데 도움이 될 수도 있지만). 기본적으로 발신 메일 서버는 단지 어떤 유입 포트로 요청을 받고(보통은 TCP 25번 포트나 드물지만 SSL 위에서 SMTP를 사용하면 465번 포트), 특정 호스트가(바라건대 모든 호스트가 아닌) 해당 포트를 통해 이메일의 중계를 허용하도록 설정되고, 인터넷에서 다른 메일 서버와 통신할 수 있는 것이 필요하다.

이메일을 송신하는 데 방해가 되는 몇 가지 주요 문제가 있다. 먼저, 이메일 클라이언트가 발신 메일 서버와 통신할 수 없는 경우다. 두 번째는 발신 서버가 이메일 중계를 허용하지 않는 경우다. 세 번째는 발신 메일 서버가 수신 메일 서버와 통신할 수 없거나 원격 메일 서버와는 통신할 수 있지만 몇 가지 이유로 이메일이 거절되는 경우다.

이메일 클라이언트가 송신 메일 서버와 통신할 수 없는 경우

발신 메일 서버와 통신할 수 없다면 이메일은 아주 멀리 가지는 않았을 것이다. 이것이 문제라면 아마 메일 클라이언트에서 발신 메일 서버를 이용할 수 없다는 경고 메시지를 보여줄 것이다. 이 상황에서 문제 해결의 첫 단계는 이 문제가 어쩌다 발생한 우연한 오류였는지 확인하기 위해 이메일을 다시 보내는 것이다. 이 오류가 다시 나타난다면 메일 서버에 대한 몇 가지 기본적인 네트워크 문제 해결을 수행할 상황이다.

5장에서 원격 호스트와 통신할 수 없는 상황에서 네트워크 문제를 해결하는 방법을 다뤘다. 이 장의 내용을 더 살펴보기 전에 클라이언트가 네트워크의 다른 호스트와 통신할 수 있는지 확인해야 한다. 다른 호스트와 통신할 수 없다면 원인 파악을 위해 5장을 살펴보면 된다. 다른 호스트와 통신할 수 있다면 메일 서버에 특화된 문제 해결을 다루는 장으로 넘어갈 수 있다.

문제가 되는 발신 메일 서버를 다른 예제에서 다룬 mail.example.net이라 가정하자. 그리고 메일 서버의 내부 IP는 10.1.1.20이라고 하고, 이 호스트와 IP를 여러분의 메일 클라이언트에 설정된 발신 메일 서버로 대체할 수도 있다. 이 컴퓨터가 네트워크 상에서 통신할 수 있다고 확신한다면 5장의 "DNS가 동작 중인가?"로 넘어가서 mail.example.net이 그것의 IP 주소로 해석될 수 있는지 확인하는 방법을 따라 해 보고, 그러고 나서 mail.example.net으로 찾아갈 수 있는지 확인하기 위해 5장의 "원격 호스트로 찾아갈 수 있는가?"로 mail.example.net으로 찾아갈 수 있는지 확인하는 절차를 따르면 된다. 모든 과정을 성공적으로 마쳤다면 몇 가지 SMTP에 특화된 단계를 수행할 차례다.

다음 단계는 호스트가 mail.example.net의 25번 포트(또는 이메일 클라이언트에 설정된 발신 메일 서버의 포트)로 통신할 수 있는지 확인하는 것이다. 이를 위해, 5장의 '원격 포트가 열려 있는가?' 단락에서부터 '방화벽 규칙' 단락과 'SMTP' 단락까지의 절차를 적용해야 한다. 두 단락에서는 SMTP가 아닌 웹서버 문제 해결을 목표로 하고 있지만, 살짝 변경하면 같은 과정을 SMTP에도 적용할 수 있다. 80번 포트를 언급하는 내용은 25번 포트로, 아파치 웹서버를 언급하는 내용은 포스트픽스(Postfix) 같은 이메일 서버로, web1을 언급하는 내용은 발신 메일 서버의 호스트명으로 바꿔서 이해하면 된다.

모든 네트워크 문제 해결 과정을 거쳤고 호스트가 발신 메일 서버와 통신할 수 있다고 확신한다면, 다음 단계는 가장 좋은 문제 해결 기술 중 하나인 텔넷으로 테스트 이메일을 발송해 성공적으로 SMTP 트랜잭션을 완료할 수 있는지 확인하는 것이다.

텔넷으로 테스트 이메일 발송하기

SSH 같은 안전하고 암호화된 원격 셸 프로그램이 나오면서 텔넷은 각종 명령줄 유틸리티에서 퇴물처럼 격하되어 취급되고 있지만 직접 네트워크 연결을 테스트하는 상황에서는 아직도 꽤 유용한 도구로 사용될 수 있다.

먼저, 발신 메일 서버의 25번 포트로 텔넷 연결을 한다.

```
$ telnet mail.example.net 25
Trying 10.1.1.20...
Connected to mail.example.net.
Escape character is '^]'.
220 mail.example.net ESMTP Postfix
```

위와 같이 연결이 이뤄지면 순수 SMTP 명령어를 입력할 수 있다. 첫 번째 SMTP 명령어는 HELO이고 이 명령어는 서버에게 여러분이 어떤 도메인에서 왔는지 알려준다. 그리고 나면 다음과 같이 도메인명을 가지고 응답이 올 것이다.

```
HELO kylepc.example.net
250 mail.example.net
```

다음으로, 메일 서버에게 발신자의 이메일 주소를 알려주기 위해 MAIL FROM : 명령어를 사용한다. 흥미로운 점은 일반적으로 FROM 주소에 원하는 주소를 아무거나 써도 된다는 것이다. 메일 서버가 발신 주소를 받아들이면 250 Ok를 응답으로 돌려줄 것이다.

```
MAIL FROM: <kyle@example.net>
250 Ok
```

이메일을 <>로 둘러싸고 있다는 점에 주목하자. 어떤 메일 서버는 이 규칙에 관대하지만 이 규칙을 엄격하게 확인해서 이메일 주소가 <> 안에 없으면 구문 오류를 일으키는 메일 서버도 있다. 250 Ok 응답을 얻으면, 이 메일 서버 테스트의 중간 지점까지 온 셈이다. 이제 RCPT TO : 명령을 보내서 이메일을 누구에게 보낼지 메일 서버에게 알려준다. 여기서는 you@gmail.com으로 이메일을 보낼 것이다.

```
RCPT TO: <you@gmail.com>
250 Ok
```

여기서 발신 메일 서버와 통신하고 있고 RCPT TO :에 기술한 계정이 유효하지 않다면 메일 서버는 오류 코드를 반환할 것이다. 이 같은 상황에 도달하면 메일 서버는 메시지를 허용하고 전송을 시도하리라는 것을 상당 부분 확신할 수 있다. DATA를 입력하고 엔터를 치면 메일 서버는 이메일 본문이 한 개의 마침표를 포함하는 공백 줄로 끝나야 한다는 안내와 함께 응답할 것이다. 또한 이메일 본문에 몇 가지 추가적인 헤더를 더할 수 있다. 제목을 추가하는 Subject : 헤더는 가장 흔히 사용되는 헤더 중 하나다. 메시지 작성이 끝나면 아래와 같이 마침표를 입력해 메시지 작성을 완료한다.

```
DATA
354 End data with <CR><LF>.<CR><LF>
Subject: Testing email 1
Hi,

I'm just testing email service
.
250 Ok: queued as 12BDBE6FEE9
```

테스트 이메일을 보낼 때 Subject에 증가하는 숫자 같은 유일한 어떤 구분 값을 넣기도 하는데, 이것은 문제를 해결하는 과정에서 이메일을 여러 번 보내고 각 테스트 이메일을 보낸 순서로 확인할 때 좋은 방법이다. 서버는 큐 아이디와 함께 250 Ok로 응답할 것이다. 해당 서버에 로그인 계정을 가지고 있다면 큐 아이디를 키워드로 사용해 메일 로그를 통해 이메일을 추적할 수도 있다. 이메일 세션을 마치면 quit를 입력해 SMTP 연결을 끝낸다.

```
quit
221 Bye
Connection closed by foreign host.
```

이메일 오류 코드

텔넷 테스트에서 메일 서버가 개별 요청에 대해 보통의 정상적인 상황이라면 250 코드 값으로 응답하는 것을 확인했을 것이다. 메일 서버로 전달되는 개별 요청은 어떤 응답 코드를 받으며, 그것을 통해 클라이언트는 요청이 성공됐는지 여부를 알 수 있다. 가장 일반적인 코드는 250으로, 요청이 성공적으로 완료된 것을 의미한다. 기본적으로 2로 시작하는 코드는 모두 성공을 의미한다. 예를 들면, quit를 입력했을 때 클라이언트는 원격 서버가 곧 연결을 끊으리라는 것을 의미하는 221 코드를 받았다.

3으로 시작하는 코드는 허용됐으나 처리가 완료되려면 추가적인 정보가 필요하다는 것을 의미한다. 이것의 좋은 예는 DATA 명령을 보낸 상황이다. 이때 354 코드를 받았는데, 그것은 메일 서버가 우리가 마침표로 끝나는 데이터를 입력하기를 기다린다는 것을 의미한다.

4로 시작하는 코드는 일시적인 오류를 나타내는 것으로서, 발신자가 요청을 다시 보내야 한다는 것을 의미하며, 보통 처음부터 다시 보내게 된다. 원격 메일 서버가 비정상적으로 바쁘거나 디스크가 꽉 찬 상황, 또는 시스템의 다른 일시적인 로컬 오류가 있다면 위와 같은 오류 코드를 볼 수 있을 것이다. 설정이 잘 돼 있는 메일 서버에서 이 같은 오류 코드가 나타난다면 조금 지나서 연결을 다시 시도해야 한다. 예를 들면, 어떤 메일 관리자가 스팸을 줄이기 위해 greylisting이라는 것을 설치했다고 하자. greylisting은 대부분 스팸 메일 서버가 발송할 스팸이 굉장히 대량이어서 나중에 다시 발송을 시도하라는 응답을 신경 쓰지 않는다는 점을 가정하고 동작한다. greylisting를 사용하는 메일 서버가 원격 메일 서버로 처음 연결됐을 때 원격 메일 서버는 450 오류 코드와 몇 분 뒤 다시 시도하라는 설명을 응답으로 보낸다.

5로 시작하는 오류 코드는 영구적인 오류를 말하는데, 구문 오류(501) 또는 50으로 시작하는 모든 명령 오류부터 55로 시작하는 코드까지 있고, 55로 시작하는 코드는 사용 불가능한 메일함(550), 메일함이 꽉 찬 경우(552), 메일함 이름이 허용되지 않는 경우(553), 일반적인 트랜잭션 실패(554) 같은 더 일반적인 오류를 나타낸다.

발신 메일 서버가 중계를 허용하지 않는 경우

공개 중계기는 어떤 호스트에서 유입되는 이메일이라도 허용하도록 설정되고, 그 이메일을 다른 메일 서버로 전달하는 메일 서버다. 스팸이 만연하지 않던 시절에는 공개 중계기가 지금과 비교하면 꽤 일반적이었으나, 요즘은 공개된 인터넷에서 다른 호스트에 대한 메일을 중계하는 메일 서버는 스팸 블랙홀 리스트로 표시되어 다른 메일 서버가 해당 중계 서버를 차단하는 것을 바로 알 수 있다.

오늘날 메일을 중계하는 데 사용되는 송신 메일 서버는 인터넷에서 유입되는 SMTP 전송으로부터 방화벽으로 분리시키거나, 또는 제한된 IP 목록이나 메일 유입을 허용하는 제한된 서브넷 목록으로 구성돼 있을 것이다. 이 방법보다 더 나은 것은 SMTP 인증과 같은 인증 모듈을 사용하는 것이다. 그렇게 되면 인증을 사용하는 메일 서버는 유효한 사용자명과 패스워드를 갖는 클라이언트의 메일만 중계한다. 메일 클라이언트가 해당 메일 서버로 연결은 되나 중계 접근이 거부됐다는 오류 메시지를 받는다면 앞에서 언급한 인증 모듈 같은 중계 보호 장치 중 하나에 문제가 있는 것이다.

메일 서버가 SMTP 인증을 사용한다면 사용된 계정의 패스워드가 만료되거나 변경되지는 않았는지 확인하는 것처럼 계정에 대한 유효성을 확인하는 것이 다음 단계다. 메일 서버가 SMTP 인증을 사용하지 않는다면 메일 서버의 설정을 살펴보고 메일 중계 기능이 활성화돼 있고 접근하려는 클라이언트의 IP 주소가 허용된 IP와 네트워크 목록에 있는지 확인하는 것이 다음 단계다. 예를 들면, 포스트픽스에서는 smtpd_recipient_restrictions 설정 옵션으로 이를 설정하는데, 이 설정은 postconf 명령으로 확인할 수 있다.

```
$ postconf smtpd_recipient_restrictions
smtpd_recipient_restrictions = permit_mynetworks, permit_sasl_authenticated,
   ↪reject_unauth_destination
```

포스트픽스를 사용하고 있다면 이러한 옵션의 하위 항목도 활성화돼 있을 수 있지만(이 서버의 경우 인증을 지원함) permit_mynetworks 항목이 활성화돼 있을 가능성이 높다. 이 옵션은 mynetworks 옵션에 설정돼 있는 모든 네트워크에 대해 중계를 허용하는 옵션이며, 이 항목도 아래와 같이 postconf 명령으로 확인할 수 있다.

```
$ postconf mynetworks
mynetworks = 127.0.0.0/8, 192.168.0.0/24
```

위에서 메일 서버가 로컬호스트(127.0.0.0/8)와 192.168.0.x 네트워크에서 수신된 이메일을 받도록 설정된 것을 볼 수 있다.

발신 메일 서버가 목적지 서버와 통신할 수 없는 경우

발신 메일 서버의 큐에 성공적으로 이메일을 넣었지만 여전히 전달되지 않는 것 같다면 다음 단계는 발신 메일 서버와 목적지 메일 서버 사이의 통신을 테스트하는 것이다. 발신 메일 서버에 접근할 수 있다면 로그인해서 메일 로그를 살펴보고(리눅스에서는 보통 /var/log/mail/log나 /var/log/maillog) 로그에서 송신된 메시지 중 어떤 것이라도 찾을 수 있는지 확인하면 된다. 텔넷 이메일 테스트를 수행했다면 이메일 본문을 보냈을 때 다음과 같은 이메일 큐 아이디를 받았을 것이다.

```
250 Ok: queued as 12BDBE6FEE9
```

특정 이메일에 대한 정보를 가장 빨리 찾는 방법은 이메일 아이디를 grep 명령을 사용해서 찾는 것이다.

```
$ grep 12BDBE6FEE9 /var/log/mail.log
Apr 17 20:16:50 mail postfix/smtpd[25545]: 12BDBE6FEE9: client=kylepc.example.
  ➥net[75.101.46.232]
Apr 17 20:17:03 mail postfix/cleanup[25564]: 12BDBE6FEE9: message-id=<>
Apr 17 20:17:03 mail postfix/qmgr[10784]: 12BDBE6FEE9: from=<kyle@example.net>,
  ➥size=252,nrcpt=1 (queue active)
Apr 17 20:17:05 mail postfix/smtp[25586]: 12BDBE6FEE9: to=<you@gmail.com>,
  ➥relay=gmail-smtp  in.l.google.com[173.194.79.27]:25, delay=21,
  ➥delays=19/0.06/0.89/0.68, dsn=2.0.0,  status=sent (250 2.0.0 OK 1334719025
  ➥vs4si1566804pbc.307)
Apr 17 20:17:05 mail postfix/qmgr[10784]: 12BDBE6FEE9: removed
```

위의 예제 로그에서 이메일 발신자(kyle@exampl.net), 수신자(you@gmail.com), 목적지 메일 서버(gmail-smtp-in.l.google.com), 그리고 목적지 메일 서버가 보낸 이메일을 수락해 250 성공 코드(250 2.0.0. OK)로 응답한 것을 볼 수 있다. 이처럼 이메일에 대한 로그 항목이 보이면 발신 메일 서버는 이메일을 수락했고, 스풀에 넣은 것이다. 이것은 발신 메일 서버가 문제없이 동작했지만 원격 메일 서버의 마지막 지점에 문제가 있음을 의미한다(아마 그 이메일은 스팸 폴더로 들어갔을 것이다). 원격 메일 서버와 통신하는 데 어떤 문제가 있다면 이런 로그에서 250 성공 코드가 아닌 에러 코드가 보일 것이고, 에러 코드를 토대로 문제의 본질에 관한 상세 정보를 파악할 수 있을 것이다.

이 시점에서는 갖가지 상황이 목적지 메일 서버로 이메일이 전달되는 것을 방해할 수 있다. 그 중 하나는 메일 서버가 스팸 방지 정책으로 인해 거부될 수 있는 상황이다.

네트워크 안에 있는 어떤 장비가 해킹되거나 바이러스에 감염되어 메일 서버에서 스팸이 발송된다면 이런 상황이 발생할 수 있다. 이 같은 상황이라면 5로 시작하는 오류 코드가 있는지 확인해야 하고, 종종 메일 서버가 위반하고 있는 스팸 규칙에 대한 요약 설명과 더불어 더 상세한 내용으로 연결되는 URL을 함께 볼 수 있을 것이다.

스팸 때문에 차단됐다면 그에 대한 문제 해결은 보통 웹 폼을 통해 SBL(Spam Blackhole List, 스팸 블랙홀 목록)의 관리자에게 연락해서 SBL에서 해당 메일 서버를 제거해 달라고 요청하는 것이다. 그렇지 않으면 대개 사용자에게 표시되는 URL을 통해 메일 서버의 차단을 해제하고 처음 차단을 일으킨 문제를 해결하는 방법에 관한 설명을 확인할 수 있다.

한편으로, 메일 서버가 원격 메일 서버와 통신할 수 없다는 오류가 나타난다면 해당 메일 서버가 계속 이메일을 전송하려고 시도하는 과정에서 이를 알아차렸을지도 모른다. 이 시점에서는 앞에서 수행했던 클라이언트와 발신 메일 서버 사이의 네크워크 연결을 테스트하는 '클라이언트가 발신 메일 서버와 통신할 수 없는 경우' 단락에서 설명한 단계를 반복하고 발신 메일 서버로부터 테스트를 수행하고 목적지 메일 서버에 대해 테스트를 수행하고 싶을 것이다.

목적지 메일 서버와 통신해야 하는 메일 서버가 어떤 것인지 확신할 수 없다면 메일 로그에서 연결하려고 하는 메일 서버와 같은 호스트명을 사용하거나, dig 질의를 수행해 특정 도메인에 대한 모든 메일 서버를 찾을 수 있다. 예를 들면, gmail.com 도메인에 대한 메일 서버를 찾으려면 아래와 같이 입력하면 된다.

```
$ dig gmail.com MX +short
5 gmail-smtp-in.l.google.com.
10 alt1.gmail-smtp-in.l.google.com.
20 alt2.gmail-smtp-in.l.google.com.
30 alt3.gmail-smtp-in.l.google.com.
40 alt4.gmail-smtp-in.l.google.com.
```

5장의 네트워크 문제 해결로 되돌아가서 웹서버와 80번 포트를 언급하는 부분을 25번 포트로만 바꿔서 적용하면 된다. 우선순위가 가장 낮은 발신 서버를 선택하면 된다 (이 예에서는 우선순위가 5인 gmail-smtp-in.l.google.com이다). 그리고 나서 네트워크 문제 해결 단계에서 nmap 과정을 보면 발신 메일 서버에 대해 nmap을 실행하고 점검할 호스트로 gmail-smtp-in.l.google.com을 인자 목록에 넣는다.

```
$ nmap -p 25 gmail-smtp-in.l.google.com

Starting Nmap 5.00 ( http://nmap.org ) at 2012-04-17 20:31 PDT
Note: Host seems down. If it is really up, but blocking our ping probes, try -PN
Nmap done: 1 IP address (0 hosts up) scanned in 3.11 seconds
```

먼저 **nmap**으로부터 제대로 된 응답을 받지 못한 것을 알 수 있다. 왜냐하면 원격 장비가 ping 탐색을 차단했기 때문이다. 이 경우 nmap의 설명에 따라 nmap 명령에 –PN을 추가해서 실행한다.

```
$ nmap -p 25 -PN gmail-smtp-in.l.google.com

Starting Nmap 5.00 ( http://nmap.org ) at 2012-04-17 20:32 PDT
Interesting ports on pb-in-f27.1e100.net (173.194.79.27):
PORT STATE SERVICE
25/tcp open smtp

Nmap done: 1 IP address (1 host up) scanned in 0.14 seconds
```

위에서 원격 SMTP 포트가 열려있음을 확인할 수 있다. 해당 포트가 닫혀 있다면 발신 메일 서버는 25번 포트로 해당 서버(다른 원격 서버도 마찬가지로)와 통신이 차단돼 있거나 원격 메일 서버가 정지돼 있을 것이다. 두 가정을 모두 테스트하기 위해 동일한 nmap 명령을 완전히 다른 도메인(예를 들면, yahoo.com)과 gmail.com의 메일 서버 목록에서 다음 항목을 대상으로 시도해 보고 도메인에 대한 포트가 열려 있는지 확인하면 된다.

위의 두 원격 메일 서버에서 25번 포트가 닫혀 있는 것을 확인했다면 서로 다른 두 회사의 여러 대의 메일 서버가 동시에 정지돼 있는 것보다 여러분의 방화벽이나 ISP의 방화벽에서 25번 포트에서 외부로 나가는 통신을 차단했을 가능성이 크다. 한편으로 지메일의 메일 서버만 사용할 수 없다면 현재 일시적인 정전일 수도 있다. 이때 가장 좋은 방법은 메일 서버가 계속해서 이메일을 전달하게 하는 것이다. 적어도 며칠 동안 이메일을 전송하려고 시도할 때까지는 반송 메시지를 보내지 않을 것이다.

이메일 발신이 방화벽 때문에 차단됐거나 원격 메일 서버가 온라인으로 복구되길 기다리고 있다면 메일 스풀은 해당 도메인으로 보내질 이메일로 채워지기 시작할 것이다. 송신 메일 서버에서 실행되는 **mailq** 명령은 현재 메일 큐의 상태에 대한 정보를 알려준다.

```
$ mailq
Mail queue is empty
```

위의 경우 메일 큐는 비어있고, 가장 바람직한 상태다. 그렇지 않으면 큐 아이디와 송신 주소와 함께 큐에서 대기하고 있는 많은 메시지가 나올 것이다.

메일 서비스가 복구되면 메일 서버는 스풀에 있는 모든 메시지를 전달하려 하지만 즉시 그렇게 하지는 못한다. 대신 무리하게 처리되는 것을 피하기 위해 천천히 메시지를 스풀할 것이다. 어떤 이유로, 기다릴 수 없고 즉시 이 메시지를 전달할 필요가 있다면 메일 서버는 모든 이메일을 즉시 스풀 처리하도록 flush 명령과 같은 것을 제공할 것이다. 아마도 이 flush 명령을 실행하려면 루트 권한이 필요할 것이다. 예를 들면, 포스트픽스의 경우 flush 명령의 사용법은 다음과 같다.

```
$ sudo postqueue flush
```

이메일 수신 문제

다른 계정으로 자신에게 이메일을 보내는 경우가 아니라면 어떤 특정 도메인에 대해 이메일 수신 문제가 발생하는 경우를 파악하기란 쉽지 않을 수 있다. 이메일이 발송된 것을 모른다면 이메일이 도착한 것도 모를 것이다. 보통 이런 종류의 문제는 특정 도메인으로 보내진 이메일이 반송됐을 때 알게 되거나, 누군가가 여러분에게 또는 조직의 누군가에게 중요한 메일을 보내면서 실시간으로 응답을 기대하는 상황에서 더 잘 깨닫게 된다. 즉, 응답을 얻지 못했을 때 수신자에게 "여보세요, 내가 보낸 메일 받았나요?"라고 직접 전화하거나 연락하곤 한다. 이런 상황이 발생했을 때 문제를 해결하는 사람으로서 몇 가지 설명할 수 있는 것이 필요하다. 먼저 메일 시스템이 다른 메일은 잘 받는지, 다음으로 이메일 로그에서 특정 이메일에 대한 송수신 내용을 찾을 수 있는지 설명할 필요가 있다.

이 단락에서는 하나의 수신 메일 서버가 메일을 받는 간단한 시스템을 살펴보겠다. 대부분의 경우 최소한 두 개의 메일 서버가 필요할 텐데, 기본 메일 서버와 기본 메일 서버가 중지됐을 때 사용할 보조 메일 서버가 여기에 해당한다. 이처럼 구성한다면 구성한 모든 수신 메일 서버에서 아래와 같은 문제 해결 단계를 수행할 필요가 있다.

메일 시스템이 정상적으로 동작하고 있는지 테스트하는 가장 쉬운 방법은(특히 사용량이 많은 시스템이라면) 해당 시스템에 로그인한 후 tail -f /var/log/mail.log(또는 어떤 시스템에서는 /var/log/maillog)로 실시간으로 메일 로그를 살펴보는 것이다. 메일 서버가 활성화돼 있다면 다른 사용자로부터 받은 이메일을 볼 수 있을 것이다. 다른 이메일이 동작하는지 볼 수 있다면 해당 메일 서버는 대개 정상적으로 동작하는 것이고, 그다음 단계는 로그를 살펴보는 것이다. 반면 거의 비활성화된 메일 서버에서 새로운 로그 항목을 볼 수 없다면 가장 좋은 다음 단계는 수동으로 원격 메일 서버와 같은 단계를 수행하는 것이다. 하지만 그 단계를 수행하기 전에 정말 어떤 수신 메일도 받지 못하고 메일을 수신했는지에 대해 의심한다면 바로 dig 질의를 수행해 수신 메일 서버가 여러분의 도메인에 대한 메일 서버 중 하나로서 목록에 들어 있고 IP 주소가 올바른지 확인하고 싶을지도 모른다.

```
$ dig example.net MX
```

메일 서버가 DNS에 있는 것을 확인했으므로 원격 메일 서버를 시뮬레이션할 차례다. 이를 위해 네트워크 바깥에 위치한 장비를 한 대 준비하고, 앞에서 언급한 텔넷 이메일 테스트를 수행한다. 이번에는 수신 메일 서버와 연결하고(우선순위가 가장 높은 MX 레코드를 포함한 어떤 메일 서버에든) 여러분이나 이메일이 오지 않는 것에 대해 불평하는 사용자에게 메일을 보낸다. 메일 서버가 텔넷 테스트를 허용해서 수신자의 메일박스에 이메일이 나타난다면 보통 수신 메일이 해당 사용자에 대해 승인됐다고 어느 정도 확신할 수 있다.

텔넷으로 하는 테스트가 연결되지 않는 경우

하지만 텔넷 테스트가 실패할 수 있는 몇 가지 경우가 있다. 그중 하나는 외부에서 여러분의 메일 서버로 전혀 연결할 수 없는 경우다. 이 경우에는 수신 메일 서버로 로그인해서 메일 서버 소프트웨어가 동작하고 있는지 확인한다. 예를 들면, 포스트픽스가 동작하는 시스템에서는 아래와 같이 입력한다.

```
$ sudo /etc/init.d/postfix status
* postfix is running
```

샌드메일(sendmail)이나 엑심(exim)을 실행한다면 포스트픽스를 서버의 초기화 스크립트명으로 대체할 수 있다. 다른 방법으로 ps 명령으로 포스트픽스 프로세스가 동작하는지 확인할 수도 있다. 이것은 루트 권한 없이도 실행할 수 있다는 이점이 있다.

```
$ ps -ef | grep postfix
postfix  10784  16923 0 Jan13 ?      00:02:44 qmgr -l -t fifo -u -c
postfix  10820  16923 0 Jan13 ?      00:00:39 tlsmgr -l -t unix -u -c
root     16923      1 0  2011 ?      00:24:15 /usr/lib/postfix/master
postfix  18320  16923 0 20:23 ?      00:00:00 pickup -l -t fifo -u -c
postfix  20304  16923 0 20:36 ?      00:00:00 anvil -l -t unix -u
root     20426  12533 0 20:38 pts/2 00:00:00 grep postfix
```

메일 서버 프로세스가 동작하지 않는다면 해결책은 간단하다. 해당 프로세스를 실행하는 것이다. 그렇지 않다면 다음 단계는 메일 서버가 25번 포트로 요청을 기다리고 있는지 확인하는 것이다.

```
$ sudo netstat -lnp | grep :25
tcp 0 0 0.0.0.0:25 0.0.0.0:* LISTEN 16923/master
```

여기서는 프로세스 16923(이름이 master인 포스트픽스의 주 프로세스)이 모든 인터페이스(0.0.0.0)에서 25번 포트로 요청을 기다리고 있다. 예를 들면, 이메일 서버가 127.0.0.1에서 기다리고 있다면 해당 메일 서버는 단지 로컬 호스트에 대한 이메일만 기다리고 있다는 것을 의미하고, 외부로부터 이메일을 허용하고 싶다면 허용하는 네트워크를 재설정할 필요가 있다. 그렇지 않으면 25번 포트로 어떤 프로세스도 기다리지 않지만 메일 서버가 동작 중이라면 이메일을 전달하는 데 필요한 일종의 설정 문제를 갖고 있는 셈이다.

마지막으로, 메일 서버가 실행 중이고 올바른 포트에서 요청을 기다리고 있다면 127.0.0.1에서 25번 포트로 텔넷 연결을 통해 해당 호스트 자체에서 다른 텔넷 테스트를 시도해 보고 연결할 수 있는지 확인하면 된다. 가능하다면 같은 서브넷에 있는 다른 서버로부터 연결도 테스트해서 두 시도가 다 성공적이라면 방화벽이나 외부로부터의 연결을 방해하는 라우팅 문제가 이 연결 문제를 일으켰을 가능성이 더 크다.

텔넷은 연결할 수 있지만 메시지가 거절되는 경우

텔넷으로 메일 서버에는 연결할 수 있고 테스트 이메일도 보낼 수 있을 경우 원격 메일 서버에서 확인할 수 있는 어떤 전송 문제는 없는지 확인할 수 있다. 예를 들면, 사용자 메일함이 꽉 찼거나 일반적으로 메일함이 들어 있는 디스크가 꽉 찬 경우, 또는 다른 서버의 문제가 있는 경우 테스트 이메일을 보내려고 할 때 다음으로 살펴봐야 할 위치를 알려주는 오류 메시지를 볼 수 있을 것이다.

한편으로, 메시지가 수신 메일 서버에서 허용됐다면 수신자의 메일박스에 메시지가 들었는지 최종적으로 확인할 필요가 있다. 이메일이 메일함에 들어있지 않다면 메일 서버와 POP/IMAP 서버 간에 어떤 문제가 있는 것이다(또는 같은 장비에 있다면 수신 이메일을 로컬 메일함으로 전달하는 과정에서 문제가 발생한 것이다). 이메일이 메일함에 들어 있다면 메일 서버가 현 시점에 정상적으로 동작했다고 상당 부분 확신할 수 있고, 전달되지 않은 원본 메시지에 무슨 일이 발생했는지 확인하기 위해 로그를 살펴볼 때다.

메일 로그 자세히 살펴보기

메일 서버가 다른 메일을 잘 받는 것 같다면 이제 원격 메일 서버가 여러분의 수신 메일 서버에 연결해서 이메일을 전달하려고 시도했던 증거를 찾을 수 있는지 확인할 필요가 있다. 어떤 사용자 불만에 대응한다면 해당 이메일이 수신됐을 것 같은 시점의 시간 범위와 발신자의 이메일 주소를 찾을 수 있는지 알아봐야 한다. 메일 로그를 상세히 살펴보면 두 가지를 모두 파악하는 데 도움될 것이다.

예를 들면, 사용자 이메일 주소가 jan@example.net이고 사용자인 Jan은 Fred (fred.smith@gmail.com)가 오늘 아침 오전 8시경에 그녀에게 이메일을 보냈다고 했으나 그녀는 아직도 이메일을 받지 못했다면 문제 해결을 시작하기에 충분한 정보가 될 것이다. 이 정보를 가지고 가장 먼저 해야 할 일은 현 시점의 /var/log/mail.log를 less 같은 프로그램으로 열어서 오전 8시경의 로그로 이동하는 것이다. 여기서 반드시 Jan 의 메시지를 찾으려 할 필요는 없지만 그 시간대에 전달된 다른 메시지가 있는지 확인 하기 위해 정상성 점검은 필요할 것이다. 메일 시스템이 그 시간대에 정지됐더라도 메 시지는 보조 메일 서버의 큐에 들어가 있거나, 또는 메일 서버가 다시 온라인으로 돌아 오면 조금 지나서 다시 전달될 것이다.

메일 서버가 그 시점에 정상적으로 동작한다는 것을 확인한 후 그다음으로 오늘 날 짜의 메일 로그에서 Jan의 모든 수신 메일을 다른 파일로 걸러내면 좀 더 살펴보기가 수월할 것이다.

```
$ sudo egrep 'to=.*jan@example.net' /var/log/mail.log > /tmp/jans_incoming_
emails
```

Jan이 오늘이 아니라 며칠 전에 이메일을 보냈다고 말했다면 /var/log/mail.log 대신 해당 날짜의 로그를 담고 있는 보관된 메일 로그로 대체하면 된다. 어떤 경우든 /tmp/ jans_incoming_emails를 텍스트 편집기로 열고 먼저 Jan에게 온 메시지가 있는지, 다음으로 그녀가 오전 8시경 어떤 종류의 메시지를 받았는지 살펴볼 수 있다. 세밀하 게 처리하고 싶다면 시간대 바깥에 있는 메시지를 걸러내는 grep 명령어를 실행할 수 도 있고, 좀 더 정확성을 기하기 위해 적어도 오전 8시 전후로 한 시간 내에 수신한 메 시지를 살펴본다. 이러한 과정에서 그 시간에 맞는 이메일을 발견한다면 전체 메시지 트랜잭션을 보고 싶을 것이므로 메시지 ID를 골라낼 필요가 있다. 예를 들어, 여러분 이 관심이 있을 법한 로그 항목은 아래와 같을 것이다.

```
Apr 19 08:05:06 incoming postfix/local[13089]: 62337254A2: to=<jan@example.net>,
↪relay=local, delay=4.7, delays=0.4/0.03/0/4.3, dsn=2.0.0, status=sent
↪(delivered to command: /usr/bin/procmail -t)
```

해당 줄에서 62337254A2라는 메시지 ID를 뽑아내서 /varlog/mail.log 파일로 돌아 가 전체 메시지 트랜잭션에 대해 grep을 수행한다.

```
$ sudo grep 62337254A2 /var/log/mail.log
Apr 19 08:05:02 incoming postfix/smtpd[13058]: 62337254A2:
  ↪client=unknown[23.19.244.190]
Apr 19 08:05:02 incoming postfix/cleanup[13081]: 62337254A2: message-
  ↪id=<Z3JlZW5mbHlAZ3JlZW5mbHkubmVO882@quickclickdeals.info>
Apr 19 08:05:02 incoming postfix/qmgr[10784]: 62337254A2: from=<contest@
  ↪quickclickdeals.info>, size=11382, nrcpt=1 (queue active)
```

```
Apr 19 08:05:06 incoming postfix/local[13089]: 62337254A2: to=<jan@example.net>,
  ➥relay=local, delay=4.7, delays=0.4/0.03/0/4.3, dsn=2.0.0, status=sent
  ➥(delivered to  command: /usr/bin/procmail -t)
Apr 19 08:05:06 incoming postfix/qmgr[10784]: 62337254A2: removed
```

이러한 경우 송신자(FROM) 헤더가 fred.smith@gmail.com이 아니므로 잘못된 메시지다(스팸인 것 같음).

메일 로그를 확인하는 동안 할 수 있는 또 다른 접근법은 Jan에게 보낸 이메일을 찾는 대신 Fred가 보낸 이메일을 찾는 것이다. 결국에는 Fred가 Jan의 이메일 주소를 잘못 작성해서 이메일이 반송됐지만 Fred는 이 사실을 알아차리지 못했다. 이를 위해 아래와 같이 Fred의 이메일 주소를 대신해서 어떠한 메시지든 골라내면 된다.

```
$ sudo egrep 'from=.*fred.smith@gmail.com' /var/log/mail.log > /tmp/freds_
  ➥incoming_emails
```

그리고 나서 Fred로부터 송신된 메시지 ID가 있는지 확인할 수 있으며, 주 로그 파일에서 그가 송신을 시도한 적이 있는지 확인할 수 있다. 아래와 같이 gmail.com을 포함하는 메시지를 확인하기 위해 간단하게 grep 명령을 실행할 수도 있다.

```
$ sudo grep 'gmail.com' /var/log/mail.log > /tmp/gmail_all_emails
```

이 로그로부터 Jan이 보통 자고 있던 시간 동안 gmail.com 도메인으로부터 온 이메일이 있음을 확인할 수 있다. 이 시점에 로그에서 여전히 아무것도 찾을 수 없다면 Jan에게 가서 로그에서 어떠한 이메일 흔적을 찾을 수 없다고 간단히 얘기하고 발신자에게 다시 보내라고 이야기해도 된다. 결국에는 원격 사이트를 책임지는 관리자와 함께 로그 항목을 비교하게 될지도 모른다. 그것은 전적으로 이 이메일이 얼마나 중요한가에 달려 있다. 그 문제가 여러분 쪽에서 발견되지 않고 다른 관리자의 실수라 하더라도 여러분은 문제의 근본 원인을 추적하기 위해 여전히 곤란한 상황에 처해 있을지도 모른다.

08

웹 사이트가 다운됐는가? 웹 서버 문제 추적하기

DNS와 이메일 같은 서비스는 우리가 매일 접하는 중요한 인터넷 서비스이지만 웹 기반의 서비스가 우리의 직접적인 관심을 더 많이 받는 경향이 있다. 다른 누군가의 이메일 서버 혹은 DNS 서버가 다운됐을 때를 즉시 알아챌 수도 있고 그렇지 않을 수도 있지만 여러분이 즐겨 찾는 웹 사이트가 다운된 경우는 거의 즉시 알 수 있다. 또한 많은 애플리케이션이 로컬 시스템에 설치되어 실행되는 대신 웹 서버에 설치된 후 웹브라우저를 통해 접근해서 실행하는 방식으로 바뀌었다. 웹 서버의 상태에 의존하는 것이 상당히 많아지면서 여러분은 어떤 식으로든 책임지고 있는 것이 있을 것이며, 이러한 웹 서버 문제를 해결할 수 있는 능력이 그 어느 때보다도 중요해졌다.

데브옵스 조직의 모든 구성원은 결국 어떤 시점에서 웹 서버 문제를 해결할 가능성이 있다. QA 측면에서 보자면 웹 프론트엔드에서 매일 사용 중인 각종 자동화된 테스트와 빌드 도구는 이제 군이 언급하지 않더라도 웹 기반의 애플리케이션을 통해 일정 수준의 자동화된 테스트를 수행할 가능성이 있다. 웹 서버가 응답하지 않을 경우 원인을 추적하기 위한 도구가 필요할 것이다. 개발자 입장에서는 시스템들이 이미 웹에서 완전히 실행되는 환경에 있지 않다면 적어도 일정 수준 이상의 웹 프론트엔드 소프트웨어를 개발하게 될 가능성이 높다. 또한 데브옵스 팀에서 개발자들은 종종 전통적인 팀에서보다 웹 서버의 구성에 대해 좀 더 많은 역할을 수행하게 된다. 그리고 느려진 웹 서버 혹은 사용할 수 없는 웹 서버의 문제를 해결하는 것과 관련된 책임을 더 많이 갖게 된다. 물론 여러분이 시스템 관리자라면 해당 환경에서 최소한 일부 웹 서버를 책임져야 할 것이다. 그리고 "웹사이트가 다운됐는가?"라는 두려운 질문에 맨 먼저 대답해야 할 사람일 것이다. 웹 서버 문제 해결을 언급하고 있는 이 장을 구성이 복잡한 한 권의 책으로 바꾸는 것은 쉽다. 하지만 여전히 여러분의 웹 애플리케이션에는 도움이 되지 않을 특정한 웹 프레임워크, 콘텐츠 관리 시스템, 혹은 다양한 플러그인이나 블로깅 플랫폼에 대한 문제 해결 단계에서 더 나아가지 못하고 옴짝달싹 못하게 하는 책이 될 수도 있다.

대신 여기서는 아파치와 엔진엑스(Nginx)라는 잘 알려진 두 웹 서버의 동작 상태를 측정하는 데 적용할 수 있는 일반적이고 기본적인 문제 해결 단계를 다루겠다. 여기서 설명하는 내용은 현재 어떤 웹 서버 소프트웨어를 실행 중이든 어떤 문제가 발생했을 때 그 문제의 범위를 좁히는 데 가까이 갈 수 있도록 대부분의 웹 서버 문제에 적용할 수 있는 전반적인 도구와 기법에 해당한다.

서버가 동작 중인가?

해결해야 할 첫 번째 웹 서버 문제 중 하나는 웹 서버가 완전히 사용할 수 없는 경우다. 이 경우는 문제 해결 단계 중 가장 일반적인 형태로서 이미 네크워킹 문제를 진단하기 위해 5장에서 소개한 기본 예제로 사용된 바 있다. 결국, 여러분이 웹 서버에 접근할 수 없을 때 가장 처음 해답을 얻고 싶은 질문 중 하나는 문제가 여러분 쪽에 있느냐 원격지에 있느냐다. 네트워크 문제 해결 단계의 전반적인 내용에 대해서는 5장을 먼저 살펴보기를 적극 권장한다. 그러나 이 장에서는 네트워크에 문제가 없다는 것을 가정하고 있으므로 5장에서 다룬 일부 웹 서버에 특화된 문제 해결 단계를 한번 더 다루겠다. 이번 예제에서는 서버의 이름과 IP 주소가 각각 web1과 10.1.2.5이므로 호스트 이름과 웹 서버에 대한 IP 주소를 여러분의 웹 서버와 일치시키려면 명령어를 변경해야 할 것이다.

원격 포트가 열려 있는가?

해당 장비로 라우팅할 수 있지만 웹 서버의 80번 포트로 접근할 수 없다. 다음 테스트는 포트가 열려 있는지 확인하는 것이다. 이 작업을 수행하기 위한 여러 다른 방법이 있다. 첫째로는 텔넷을 시도해 볼 수 있다.

```
$ telnet 10.1.2.5 80
Trying 10.1.2.5...
telnet: Unable to connect to remote host: Connection refuse
```

Connection refused가 나온다면 포트가 다운됐거나(아파치가 원격 호스트에서 실행되고 있지 않거나, 해당 포트가 리스닝 상태에 있지 않을 가능성이 있다) 방화벽이 접근을 차단하고 있을 것이다. 텔넷 연결을 할 수 있다면 결국 네트워킹에 전혀 문제가 없다는 의미다. 웹 서비스가 바로 올라왔지만 예상대로 작동하지 않는다면 웹 서버의 아파치 설정을 자세히 살펴봐야 한다.

저자는 텔넷을 대신해 포트 테스트에 nmap을 주로 사용하는 편인데, nmap은 종종 방화벽을 감지할 수 있기 때문이다. nmap이 설치돼 있지 않을 경우 패키지 관리자를 이용해 nmap 패키지를 설치한다. web1 서버를 테스트하려면 다음과 같이 입력한다.

```
$ nmap -p 80 10.1.2.5
Starting Nmap 4.62 ( http://nmap.org ) at 2009-02-05 18:49 PSTInteresting ports
on web1 (10.1.2.5):
PORT STATE SERVICE
80/tcp filtered http
```

와우! nmap은 꽤 똑똑해서 정말로 닫힌 포트와 방화벽으로 닫힌 포트의 차이점을 대개 구분할 수 있다. 일반적으로 실제로 포트가 닫혀 있을 때 nmap은 해당 포트가 닫혀 있다고 보고할 것이다. 위에서는 차단된 경우가 보고된 것을 볼 수 있다. 이는 어떤 방화벽이 라우팅 구간에 존재해서 해당 패킷을 바닥에 떨어뜨리고 있음을 의미한다. 아울러 80 포트가 차단됐는지 확인하기 위해 게이트웨이(10.1.1.1)와 web1에 적용한 방화벽 규칙을 자세히 살펴볼 필요가 있다는 뜻이기도 하다.

로컬에서 원격 호스트 테스트하기

이 시점에서 문제를 네크워크로 범위를 좁힐 수 있었거나 문제가 호스트 자체에 있다고 생각할 수 있다. 문제가 호스트 자체에 있다고 생각한다면 80번 포트를 사용할 수 있는지 여부를 테스트하는 몇 가지 작업을 수행할 수 있다.

리스닝 포트 테스트하기

일단 문제가 네트워크에 없다고 확신한다면 웹 서버에 로그인해서 80번 포트가 리스닝 중인지 테스트해야 한다. netstat -nlp 명령어는 리스닝 상태에 있는 모든 포트와 해당 포트를 연 프로세스의 목록을 보여준다. 이렇게 실행하고 나서 출력 결과에서 80번 포트에서 리스닝하는 것이 무엇인지 출력 결과를 통해 분석하거나, grep 명령어를 사용해 80번 포트에서 리스닝하는 것들만 볼 수도 있다.

```
$ sudo netstat -lnp | grep :80
tcp 0 0 0.0.0.0:80 0.0.0.0:* LISTEN 919/Apache
```

첫 번째 열은 포트가 사용하는 프로토콜을 가리킨다. 두 번째 및 세 번째 열은 수신 큐와 송신 큐다(여기서는 둘 다 0으로 돼 있다). 여기서 주의를 기울여야 할 칼럼은 바로 호스트가 리스닝 중인 로컬 주소가 나열된 네 번째 칼럼이다. 여기서 0.0.0.0:80은 호스트가 모든 IP주소에 대해 80번 포트를 리스닝하고 있음을 의미한다. 아파치가 서버의 이더넷 주소에서만 리스닝하고 있다면 10.1.2.5:80과 같이 특정 IP 주소를 볼 수 있을 것이다. 마지막 칼럼은 어떤 프로세스가 포트를 열었는지 나타낸다. 여기서 아파치가 리스닝 상태로 실행 중이라는 것을 확인할 수 있다. netstat 출력 결과에서 이 같은 사실을 확인할 수 없다면 아파치 서버를 실행할 필요가 있다.

방화벽 규칙

프로세스가 실행 중인 상태이고 80 포트에서 리스닝하고 있다면 해당 서버는 일종의 방화벽 상에 위치하고 있을 가능성이 있다. 방화벽 규칙을 모두 보고 싶다면 iptables 명령어를 사용하면 된다. 방화벽이 비활성화돼 있다면 출력 결과는 아래와 같을 것이다.

```
$ sudo /sbin/iptables -L
Chain INPUT (policy ACCEPT)
target    prot opt source          destination
```

```
Chain FORWARD (policy ACCEPT)
target    prot opt source           destination

Chain OUTPUT (policy ACCEPT)
target    prot opt source           destination
```

이 출력 결과에서 기본 정책이 **ACCEPT**로 설정돼 있다는 데 주목하자. 하지만 어떤 규칙도 나열되지 않더라도 방화벽이 기본적으로 모든 패킷을 버리도록 설정돼 있을 수 있다. 이 같은 경우라면 다음에 가까운 출력 결과를 보게 될 것이다.

```
$ sudo /sbin/iptables -L
Chain INPUT (policy DROP)
target    prot opt source           destination

Chain FORWARD (policy DROP)
target    prot opt source           destination

Chain OUTPUT (policy DROP)
target    prot opt source           destination
```

한편으로 80번 포트를 차단하는 방화벽 규칙이 있다면 아마도 다음과 같을 것이다.

```
$ sudo /sbin/iptables -L -n
Chain INPUT (policy ACCEPT)
target    prot opt source           destination
REJECT tcp -- 0.0.0.0/0 0.0.0.0/0 tcp dpt:80
reject-with icmp-port-unreachable

Chain FORWARD (policy ACCEPT)
target    prot opt source           destination

Chain OUTPUT (policy ACCEPT)
target    prot opt source           destination
```

분명 후자의 경우 80번 포트의 트래픽을 허용하도록 방화벽 규칙을 수정할 필요가 있다.

명령줄에서 웹 서버 테스트하기

일단 웹 서버가 실제로 올바른 포트에서 리스닝하고 있다는 것을 확신한다면 그다음 문제 해결 단계는 웹 서버가 실제로 요청에 응답하는지 확인하는 것이다. 테스트하는

데 웹 브라우저를 사용할 수 있긴 하지만 curl이나 텔넷과 같은 명령줄 도구를 이용해
웹 서버 문제를 해결하는 방법을 알고 있다면 어느 호스트에서든 즉시 테스트해볼 수
있다(그리고 더 중요한 것은 ssh로 연결된 상태에서도 테스트할 수 있다는 점이다). 결
국 대부분의 서버에 GUI 웹브라우저가 설치돼 있지 않고, 심지어 curl이나 links, 혹은
w3m과 같은 명령줄 웹 브라우저조차 설치돼 있는지는 보장할 수 없지만 텔넷은 거의
확실히 설치돼 있을 것이다. 이런 이유로 8장에서는 두 가지 대안으로 curl과 텔넷을
이용해 웹 서버를 테스트하는 법을 보여줄 것이다.

Curl로 웹 서버 테스트하기

Curl은 여러 도구 중에서도 HTTP와 HTTPS 프로토콜로 통신할 수 있는 비교적 간단
한 명령줄 도구다. curl의 man 페이지를 확인해 보면(명령줄에서 man curl을 입력해)
curl이 지원하는 모든 종류의 옵션을 확인할 수 있을 것이다. 사실 웹 API를 통해 통신
하는 수많은 명령줄 도구가 curl을 독점적으로 사용하고 있다. curl은 HTTP 프로토
콜을 처리함으로써 인증 테스트, 데이터 게시, SSL 사용과 GUI 웹브라우저에서 당연
하게 여겨질 만한 각종 기능을 훨씬 용이하게 만들어주므로 웹 서버 문제를 해결하는
데 원시 텔넷[1]에 비해 이점이 많다. 텔넷으로는 우리가 직접 HTTP 명령어를 입력해야
한다.

여기서는 기본적인 웹 서버의 기능성을 테스트하고 싶으므로 curl의 복잡한 명령
줄 옵션을 알아야 할 필요는 없다. 사실 curl로 웹 서버를 테스트하는 것은 명령줄에서
curl과 읽어들일 URL을 입력하는 것만큼이나 간단하다.

```
$ curl http://www.example.net
<html><body><h1>It works!</h1>
<p>This is the default web page for this server.</p>
<p>The web server software is running but no content has been added, yet.</p>
</body></html>
```

이 예제에서는 아파치 웹 서버에 의해 생성된 기본 웹 페이지를 볼 수 있다. 어떤 이
유로 웹 서버에 접근할 수 없다면 다음과 같은 내용이 나타날 것이다.

```
$ curl http://www.example.net
curl: (7) couldn't connect to host
```

---

1 (옮긴이) 수신되는 데이터를 해석하지 않고 화면에 그대로 보여주는 것.

기본적으로 curl은 요청했던 웹 페이지의 내용물을 출력할 테지만 종종 웹 서버 문제를 해결하기 위해 HTTP 상태 코드(조만간 더 자세하게 다루겠다), 요청에 걸린 시간, 데이터 전송량 등에 대한 추가적인 데이터를 얻고 싶을 때가 있다. curl은 -w 옵션을 통해 요청에 대한 추가적인 데이터를 가져오게 하고 이를 화면에 보여준다. 예를 들어, 요청에 대한 HTTP 상태 코드를 보고 싶다면 다음과 같이 입력하면 된다.

```
$ curl -w "%{http_code}\n" http://www.example.net
<html><body><h1>It works!</h1>
<p>This is the default web page for this server.</p>
<p>The web server software is running but no content has been added, yet.</p>
</body></html>
200
```

추가 정보는 요청의 끝에 표시된다. 이 경우 HTTP 상태 코드는 우리가 원하는 200이다. curl의 man 페이지(man curl을 입력)에서는 -w 인자와 함께 묶어서 사용할 수 있는 갖가지 추가적인 옵션 목록을 보여준다. 다음은 상태 코드, 요청에 걸린 시간, 다운로드된 데이터의 크기, 콘텐츠 타입을 구하는 데 활용할 수 있는 예제다.

```
$ curl -w "%{http_code} %{time_total} %{size_download} \
%{content_type}\n" http://www.example.net
<html><body><h1>It works!</h1>
<p>This is the default web page for this server.</p>
<p>The web server software is running but no content has been added, yet.</p>
</body></html>
200 0.004 177 text/html
```

텔넷으로 웹 서버 테스트하기

curl이 명령줄에서 웹 서버를 테스트하는 유용하고 간단한 도구이긴 하지만 때때로 curl이 설치돼 있지 않은 서버에서 웹 서버를 테스트해야 할 수도 있고, 혹은 저수준 HTTP 호출을 표시해야 할 수도 있다. 둘 중 어떤 경우에도 텔넷을 사용할 수 있다. 거의 모든 리눅스 시스템에는 텔넷이 설치돼 있고, HTTP에 대해 몇 가지 기본적인 사항만 알고 있다면 귀중한 각종 진단 데이터를 웹 서버에서 가져올 수 있다.

텔넷으로 웹 서버 테스트를 시작하려면 텔넷으로 연결하고 싶은 호스트를 인자로 지정하고 이어서 80번 포트 혹은 리스닝하고 있는 웹 서버 포트를 추가한다.

```
$ telnet www.example.net 80
Trying 10.1.2.5...
Connected to www.example.net.
Escape character is '^]'.
```

텔넷으로 웹 서버 테스트를 시작하려면 텔넷으로 연결하고 싶은 호스트를 인자로 주고 이어서 80번 포트 혹은 리스닝 중인 웹 서버 포트를 추가한다. 어떤 이유로 웹 서버에 연결할 수 없다면 앞에서 네트워크 문제 해결을 다룬 단락으로 돌아갈 필요가 있다. 일단 웹 서버에 연결되고 나면 몇 가지 기본적인 HTTP를 입력해 볼 수 있다.

```
GET / HTTP/1.1
host: www.example.net
```

이 예제에서는 HTTP 프로토콜(HTTP/1.1)에 이어서 해당 사이트에 대한 기본 인덱스 페이지를 요청하는 기본 GET 요청(GET /)을 사용한다. 예를 들어 /admin/inventory.cgi 페이지를 테스트하고 싶다면 GET /admin/inventory.cgi HTTP/1.1이라고 입력할 것이다. 그런 다음 엔터키를 치고 host:와 함께 연결하고자 하는 호스트의 이름을 입력한다(URL에서 http:// 직후에 나오는 부분). 이 host 파라미터는 웹 서버들이 종종 많은 가상 호스트를 동일한 장비에 두기 때문에 중요하다. 그래서 원하는 호스트를 지정하지 않은 경우 기대했던 웹 페이지가 나오지 않을 수도 있다.

일단 host:가 있는 줄의 입력을 끝내고 엔터 키를 입력하면 서버로부터 완전한 응답을 받을 것이다.

```
HTTP/1.1 200 OK
Date: Thu, 28 Jun 2012 03:56:32 GMT
Server: Apache/2.2.14 (Ubuntu)
Last-Modified: Mon, 24 May 2010 21:33:10 GMT
ETag: "38111c-b1-4875dc9938880"
Accept-Ranges: bytes
Content-Length: 177
Vary: Accept-Encoding
Content-Type: text/html
X-Pad: avoid browser bug

<html><body><h1>It works!</h1>
<p>This is the default web page for this server.</p>
<p>The web server software is running but no content has been added, yet.</p>
</body></html>
```

요청을 완료했다면 Ctrl-] 키를 눌러 텔넷을 종료할 수 있다. 기본적으로 더 많은 문제 해결 데이터를 curl보다 텔넷에서 얻을 수 있다. 이 예제에서는 HTTP 상태 코드 (200 OK), 요청한 날짜와 함께 페이지가 수정된 최종 날짜, 웹 서버 버전, 그리고 일반적으로 웹 브라우저에서는 표시되지 않는 다른 데이터를 볼 수 있다. 물론 단순한 GET 요청보다 복잡한 뭔가를 하고 싶다면 HTTP를 다시 공부한다거나 혹은 더 쉽게 리다이렉션 및 기타 복잡한 설정을 처리할 수 있는 curl로 되돌아가는 편이 더 낫다.

HTTP 상태 코드

웹 서버 문제를 해결할 때 웹 서버가 각 요청에 응답하는 HTTP 상태 코드가 매우 유용하다. 이전 예제에서 웹 서버는 상태 코드로 200을 결과로 반환했고, 200은 표준 코드로서 모든 것이 제대로 작동할 때 볼 수 있는 코드다. 200 OK는 요청이 성공적으로 이뤄졌음을 의미한다. 이 밖에도 다른 상태 코드가 많이 있고, 각 상태 코드는 코드 자체의 숫자 중심의 분류 체계를 가지고 있다. 그래서 가령 2로 시작하는 모든 상태 코드는 성공을 의미하고, 4로 시작하는 코드는 클라이언트 오류를 나타낸다. 이 단락에서는 각 상태 코드의 분류 체계를 설명하고 좀 더 일반적인 일부 코드를 정리하겠다.

1xx 정보 전달 코드

1로 시작하는 상태 코드는 일종의 정보를 제공하는 응답 코드다. 이 상태 코드의 범위는 HTTP/1.1을 위한 것이므로 HTTP/1.0 클라이언트에 보내지지 않을 것이다. 다음은 이 분류 체계에서 볼 수 있는 두 가지 주요 응답이다.

- **100 Continue**

  이 코드는 요청의 나머지 부분을 계속해서 진행하도록 알려준다.

- **101 Switching Protocols**

  이 코드는 해당 서버가 클라이언트의 요청에 대한 응답으로 업데이트된 HTTP 버전으로 전환되는 것을 나타낸다.

2xx 성공 코드

2로 시작하는 상태 코드는 성공적인 요청을 나타낸다. 웹 서버 문제를 해결하고 있다면 이 응답 코드를 보고 싶을 것이다. 200 OK는 응답 코드 가운데 가장 흔한 상태 코드로서 요청에 대한 성공을 나타낸다. 다음은 흔히 볼 수 있는 상태 코드다.

- **200 OK**

  요청이 성공적으로 수행됐다.

- **201 Created**

  요청이 성공적으로 수행되어 새로운 자원을 생성했다.

- **202 Accepted**

  요청이 처리를 위해 받아들여졌지만 아직 처리되지 않았을 수도 있다.

- **203 Non Authoritative Information**

  응답된 정보가 원래의 출처에서 온 것이 아니라 제3자로부터 온 것이거나 원래 정보의 일부일 수 있다.

- **204 No Content**

  요청 결과 성공적으로 응답됐으나 내용이 없다.

- **205 Reset Content**

  클라이언트는 문서 보기를 재설정해야 한다.

- **206 Partial Content**

  서버가 부분적으로 GET 요청을 완료했다.

3xx 리다이렉션 코드

상태 코드가 3으로 시작될 때는 해당 상태 코드는 서버로부터의 일종의 클라이언트 리다이렉션 메시지를 나타낸다. 관리자들은 종종 한 URL의 내용을 다른 URL로 이전했을 때, 혹은 한 도메인에서 다른 도메인으로 이전하거나, 심지어 HTTPS 대신 HTTP를 사용하도록 리다이렉션하기 위해 이러한 종류의 리다이렉션 응답을 이용한다.

다음은 이러한 종류의 몇 가지 일반적인 상태 코드다.

- **300 Multiple Choices**

  서버에서의 응답에 여러 개의 자원이 포함돼 있으므로 클라이언트 측에서는 선택해서 리다이렉션할 수 있다.

- **301 Moved Permanently**

  이 코드는 리소스가 다시 이전의 URI에서 결코 다시 이용할 수 있지 않아서 새로운 자원으로 이전됐을 때 사용된다. 관리자들은 클라이언트가 향후의 모든 요청을 새로운 URI로 가리키게 할 때 이 코드를 사용한다.

- **302 Found**

  301 상태와는 달리 이 코드는 자원을 일시적으로 리다이렉션한다. 앞으로는 클라이언트에서 원래의 URI를 사용해야 한다.

- **303 See Other**

  이 코드는 일반적으로 POST 요청에 대한 응답으로 다른 URI에 GET 요청을 통해서도 얻을 수 있는 응답이다.

- **304 Not Modified**

  이 응답은 클라이언트가 수정되는 문서에 조건부 GET 요청을 보낼 때 사용된다. 이 응답은 클라이언트에게 문서가 변경되지 않았다는 사실을 알 수 있게 한다.

- **305 Use Proxy**

  서버는 요청된 데이터에 접근하기 위해 덧붙여지는 응답 URI에 프록시를 제공할 것이다.

- **306 Unused**

  이 상태 코드는 아직 사용되지 않았다.

- **307 Temporary Redirect**

  이 코드는 302 코드와 유사하고 클라이언트가 요청하는 리소스가 일시적으로 다른 URI에서 찾을 수 있을 때 사용된다. 하지만 향후에 클라이언트는 원래의 URI를 사용해야만 한다.

4xx 클라이언트 오류 코드

서버 문제를 해결할 때 4로 시작하는 몇 가지 오류 코드를 보게 될 것이다. 이러한 종류의 상태 코드는 서버가 클라이언트 측에 오류가 있는 것으로 판단하고 다루게 한다. 이러한 종류의 가장 흔한 오류는 클라이언트에서 존재하지 않는 페이지를 요청할 때 반환되는 404다. 다음은 이러한 종류의 몇 가지 일반적인 오류 코드다.

- **400 Bad Request**

  이 코드는 클라이언트 측의 잘못된 구문에 대한 응답으로 사용된다.

- **401 Unauthorized**

  이 요청은 사용자 인증을 필요로 하므로 클라이언트는 올바른 인증과 함께 요청을 반복해야 한다.

- **403 Forbidden**

  401 코드와는 달리 이 요청은 사용자에게 허용되지 않으며, 클라이언트는 인증 요청을 반복해서 시도해서도 안 된다. 이 오류 코드는 흔히 권한 오류를 나타낸다.

- **404 Not Found**

  서버는 클라이언트가 요청한 페이지를 찾을 수 없다. 이 오류 코드는 보통 사용자가 오타를 입력해서 요청하거나, 리다이렉션이 없이 옮겨진 페이지에 대한 요청일 경우 혹은 파일이 존재했으나 삭제됐을 때 나타난다.

- **408 Request Timeout**

  클라이언트가 요청을 생성하는 데 너무 오랜 시간이 걸렸다. 아마도 텔넷을 통해 웹 서버 문제 해결을 실험할 때 이 코드를 볼 수 있을 것이다.

- **410 Gone**

  3xx 리다이렉션 요청과는 달리, 이 코드는 리소스가 존재했지만 지금은 영원히 사라져 버린 경우에 발생하는 코드다.

5xx 서버 오류 코드

4xx 상태 코드와 마찬가지로 5xx 상태 코드는 오류를 다룬다. 다만 이 경우 오류가 서버 측에 있을 가능성이 있다. 여러분이 웹 서버 관리자이고 이러한 종류의 오류 코드를 본다면 오류의 원인에 대한 더 많은 정보를 얻기 위해 웹 서버 오류 로그를 파헤쳐야 할 것이다. 다음은 이 분류에 속하는 일부 상태 코드다.

- **500 Internal Server Error**

  서버가 요청을 처리할 때 내부 오류가 발생했다. 아마 버그가 있는 CGI 혹은 PHP 스크립트를 실행하는 도중 오류가 발생했을 때 이 상태 코드를 볼 수 있다.

- **501 Not Implemented**

  서버는 클라이언트에서 요청하는 기능을 지원하지 않는다.

- **502 Bad Gateway**

  서버가 게이트웨이나 프록시 장치로 구성돼 있고 실제 서비스를 제공하는 업스트림 서버에서 유효하지 않은 응답을 수신할 때 이 오류가 나타난다.

- **503 Service Unavailable**

  서버가 클라이언트의 요청에 대해 일시적으로 사용 불가능한 상태로, 흔히 서버가 과부하 상태 혹은 서버에서 수행되는 일종의 유지보수에 의해 발생한다.

- **504 Gateway Timeout**

  서버가 요청을 수행하는 데 필요한 일부 업스트림 서버에서 시간 내에 응답을 받지 못했다. 업스트림 서버는 HTTP가 될 수도 있지만, FTP나 LDAP, DNS 서버도 될 수 있다.

- **505 HTTP Version Not Supported**

  별다른 설명이 필요 없다. 이 오류 코드는 클라이언트에서 요청한 HTTP 버전을 서버에서 지원하지 않을 때 사용된다.

웹 서버 로그 분석하기

웹 서버 문제를 해결하는 기본적인 방법 중 하나는 로그를 이용하는 것이다. 웹 서버가 받아들이는 각 요청은 표준 형식으로 로그에 기록된다. 그 형식은 처음에는 조금 이상해 보여도 각 줄은 문제 해결을 위한 유용한 정보를 많이 담고 있다. 아파치와 엔진엑스 모두 /var/log/apache2(혹은 아파치나 httpd로서 배포판에 따라 다르다)와 /var/log/nginx에 각각 로그를 저장한다. 두 웹 서버 모두 기본적으로 로그 형식이 비슷하고 요청 로그는 access.log, 오류 로그는 error.log에 저장한다. 이것 말고도 대부분의 관리자는 서비스 중인 각 사이트(가상 호스트)가 별도의 로그를 기록하도록 설정돼 있다. 따라서 접근 로그는 아마도 상당수 비어 있을 것이고, 반면 www.example.org.log에 대부분의 데이터가 들어 있을 것이다.

웹 서버 로그를 통해 얻을 수 있는 정보의 종류를 설명하기 전에 이 장의 앞 부분에서 사용했던 curl을 이용해 해당 로그를 살펴보자

```
$ curl -w "%{http_code}\n" http://www.example.net
<html><body><h1>It works!</h1>
<p>This is the default web page for this server.</p>
<p>The web server software is running but no content has been added, yet.</p>
</body></html>
200

10.1.2.3 - - [04/Jul/2012:12:08:05 -0700] "GET / HTTP/1.1" 200 303 "-"
  ➥"curl/7.19.7(x86_64-pc-linux-gnu) libcurl/7.19.7 OpenSSL/0.9.8k zlib/1.2.3.3
  ➥libidn/1.15"
```

로그 항목은 여러 다른 항목으로 나눠져 있으며, 해당 영역이 데이터를 가지고 있지 않거나 적용할 수 없는 경우에는 '-'로 대체된다. 이 예제에서는, 로그 형식에 대해 많이 알지는 못하더라도 몇 가지 가정을 할 수 있다. 첫째로, IP 주소가 10.1.2.3인 곳에서 요청이 왔다는 것, 둘째로 우리는 해당 요청에 대한 날짜를 확인할 수 있다는 것이다. 이어서 서버가 처리한 요청에(GET / HTTP/1.1) 대해 HTTP 코드 200을 반환한 것을 확인할 수 있다. 마지막으로, 로그의 끝 부분에 클라이언트가 서버로 전달한 사용자 에이전트(User-Agent) 문자열이 있다. 이 경우 사용자 에이전트는 curl로 나타나 있다.

알아두기

vi 사용자라면 아마 로그 파일을 포함한 거의 모든 텍스트 파일을 여는 데 vi를 사용할 것이다. 아쉽게도 vi는 어떠한 텍스트 파일이라도 전체 복사본을 임시 공간에 저장하고 연다(때로는 /tmp나 사용자의 홈 디렉터리에 저장하기도 한다). 비록 이번 실습에서는 작은 텍스트 파일이어서 괜찮지만 웹 서버 로그는 기가바이트 단위로 커질 수 있다. 저자가 경험한 디스크 공간이 고갈된 웹 서버 문제는 대부분 누군가가 수 기가바이트의 웹 서버 로그 파일을 여느라 /tmp 디렉터리를 가득 채워서 발생한 문제였다. 어쨌거나 여기서는 웹 로그 파일을 편집하고 싶은 것이 아니라 단순히 보고 싶은 것이므로 vi 대신 less처럼 페이지 단위로 보여주는 명령줄 도구를 이용하면 된다.

각 웹 서버는 로그 형식을 사용자가 정의해 각 요청에 대해 더 많은 정보를 출력할 수 있도록 허용한다. 하지만 아파치 설정 파일에서의 기본 로그 형식은 다음과 같다.

```
LogFormat "%h %l %u %t \"%r\" %>s %O \"%{Referer}i\" \"%{User-Agent}i\""
combined
```

%가 앞에 오는 기호는 각 로그에 저장할 값을 나타낸다. 이러한 전체 옵션은 아파치 문서에 있으며, 여기서는 각 기호에 대해서만 간략하게 소개한다.

- **%h**

  원격 호스트(호스트 이름 혹은 IP)

- **%l**

  원격 로그 이름(일반적으로 '-'로 반환됨. IdentCheck가 켜져 있으면 제외)

- **%u**

  원격 사용자(페이지가 인증을 요구하지 않는다면 '-'를 반환)

- **%t**

  요청이 수신된 시간

- **%r**

  요청의 첫 번째 줄

- **%s**

  상태 코드

- **%O**

  헤더를 포함해 전송한 바이트 수

- **%{Header}i**

  요청에 명시된 헤더의 내용

대부분의 웹 서버 로그가 표준 형식이므로 다른 여러 도구가 로그에서 데이터를 구문 분석해서 표시할 수 있다. 이처럼 구문 분석하고 표시해주는 소프트웨어는 통계와 추세를 확인하는 데 유용하지만 문제를 해결 중일 때 종종 특정 IP 혹은 특정 URI의 데이터를 가져오고 싶을 것이다. 이를 위해 명령줄 도구인 grep과 perl은 여전히 가장 좋은 도구 중 하나이며, 단순하지만 이러한 도구는 여러분이 로그인한 거의 모든 웹 서버에도 설치돼 있을 가능성이 높다.

온라인에는 한 줄로 작성해서 원하는 웹 로그를 가져오는 수많은 예제가 있지만 여기서는 여러분이 만들어 볼 수 있는 몇 가지 기본 예를 살펴보겠다. 첫 번째는 특정 발신 IP에 대한 로그를 가져오는 간단한 grep 명령어다. 이 예제에서는 호스트 10.1.2.3으로부터 보내진 모든 로그 항목을 찾아볼 것이다.

```
$ egrep '^10.1.2.3 ' /var/log/apache2/access.log
. . .
10.1.2.3 - - [04/Jul/2012:12:08:05 -0700] "GET / HTTP/1.1" 200 303 "-"
➥"curl/7.19.7(x86_64-pc-linux-gnu) libcurl/7.19.7 OpenSSL/0.9.8k zlib/1.2.3.3
➥libidn/1.15"
```

위와는 달리 단지 해당 IP에서 얼마나 많은 요청을 받았는지 알고 싶다면 출력 결과를 파이프(pipe)를 이용해 wc -l 명령어로 연결하면 출력 결과의 줄 수를 셀 수 있다.

```
$ egrep '^10.1.2.3 ' /var/log/apache2/access.log | wc -l
37
```

물론 로그 파일이 여러 날의 기록을 포함하고 있다면 오직 특정 일의 로그에만 관심이 있을 수 있다.

```
$ egrep '^10.1.2.3.*04\/Jul\/2012' /var/log/apache2/access.log
```

혹은, 그날의 특정 시간에만 관심을 가질 수도 있다.

```
$ egrep '^10.1.2.3.*04\/Jul\/2012:12' /var/log/apache2/access.log
```

perl을 이용하면 아파치 로그에서 훨씬 더 흥미로운 통계를 얻어 낼 수 있다. 예를 들어, 오늘 웹 서버에 추가로 발생한 부하를 발견했을 수 있고 그러한 부하 중 하나가 특정 호스트에서 오고 있는지 알고 싶을 수 있다. 아래의 한 줄짜리 perl 명령어는 앞에서 본 특정 일에서 IP주소를 가져오는 egrep 명령어와 유사하게 실행되지만 한 단계 더 나아가서 각 IP의 누적 기록을 집계한다.

```
$ perl -e 'while(<>){ if( m|(^\d+\.\d+\.\d+\.\d+).*?04/Jul/2012| ){ $v{$1}++; } }
➥foreach( keys %v ){ print "$v{$_}\t$_\n"; }' /var/log/apache2/access.log |
➥sort -n
. . .
213 27.171.3.72
217 64.2.73.9
2040 10.2.1.3
```

여기서 같은 내부 IP 주소(10.2.1.3)가 로그의 다른 어떤 IP 주소보다도 10배쯤 더 많은 요청이 생성됐음을 알 수 있다. 높은 부하와 관련된 문제를 조사하고 있고 이와 같은 내용을 봤다면 10.2.1.3에서 오는 로그 항목을 모두 가져와 내부의 서버가 무슨 일을 하는지 확인할 수 있을 것이다.

이러한 경우 위와 같은 한 줄짜리 perl 코드로는 분석하기가 어려울 것이다. 다음은 동일한 명령어를 정규 파일에 넣은 것이다.

```
#!/usr/bin/perl
while(<>){
    if(m|(^\d+\.\d+\.\d+\.\d+).*?04/Jul/2012|){
        $v{$1}++;
    }
}

foreach( keys %v ){
    print "$v{$_}\t$_\n";
}
```

> **경고**
>
> 아마 웹 서버를 처음 구성할 때 로그에 DNS 해석을 활성화하고 싶을 수도 있다. 결국, 자동으로 각 방문자가 어느 도메인으로부터 들어오는지 자동으로 알 수 있다면 편리하지 않을까? 그것은 로그 설정을 살짝 변경할 때 발생하는 흔한 실수다. 서버가 대용량의 트래픽으로 뒤덮여 버렸을 때 모든 것이 정상보다 느려진다(즉, DNS 서버 부하도 급증한다.) 모든 들어오는 요청에 대해 IP주소를 호스트 이름으로 해석하기 위해 DNS 요청을 내보내는 것이 필요해진다. 너무 많은 요청으로 서버가 수용할 수 없는 백로그(backlog)를 만들어 버린다. 이 이야기의 교훈은 문제 해결을 위해 웹 서버 로그의 IP 주소에 대한 호스트 이름을 알아내고 싶다면 웹 서버를 잘 동작하고 빠르게 유지한 후에 그렇게 하라는 것이다.

웹 서버 통계 얻기

상당히 많은 웹 서버 관련 문제를 서버의 외부에서 해결할 수는 있지만 궁극적으로 다음과 같은 정보를 파악하기 위해 해당 환경 속으로 들어가 보고 싶을 것이다. 즉, 얼마나 많은 웹 서버 프로세스가 현재 요청을 서비스하고 있는가? 얼마나 많은 웹 서버 프로세스가 유휴(idle) 상태인가? 바쁜 상태의 프로세스들은 지금 무슨 일을 하고 있는가? 이러한 데이터를 가져오기 위해서는 모든 종류의 유용한 서버 통계를 제공하는 특별한 서버 상태 페이지를 활성화할 수 있다.

아파치와 엔진엑스 모두 서버 상태 페이지를 제공한다. 아파치의 경우, 내장된 status라는 이름의 모듈을 활성화해야 한다. 모듈을 활성화하는 방법은 배포판에 따라 다양하다. 예를 들어, 우분투 서버에서는 a2enmod status를 입력하면 된다. 다른 배포판에서는 아파치 설정 파일을 살펴보고 status 모듈을 불러오는 단락의 주석을 찾아봐야 할 것이며, 아마도 다음과 같은 모습일 것이다.

```
LoadModule status_module /usr/lib/apache2/modules/mod_status.so
```

모듈이 우분투 시스템에 로드되고 나면 서버 상태 페이지가 이미 로컬호스트에서 사용할 수 있게 구성돼 있다. 다른 시스템에서는 아마도 다음과 같이 아파치 설정을 추가해야 할 것이다.

```
ExtendedStatus On
<IfModule mod_status.c>
#
# Allow server status reports generated by mod_status,
# with the URL of http://servername/server-status
# Uncomment and change the ".example.com" to allow
# access from other hosts.
#
<Location /server-status>
    SetHandler server-status
    Order deny,allow
    Deny from all
    Allow from localhost ip6-localhost
#     Allow from .example.com
</Location>

</IfModule>
```

이 설정 예제에서는 실제로 이 페이지에 접근할 수 있는 사람은 모든 호스트에서의 접근을 거부하고 오직 로컬호스트만을 통해 허가됐음을 주의하자. 일반적으로 전 세계에서 이런 종류의 디버깅 정보를 볼 수 있게 하고 싶지는 않으므로 이것은 안전한 기본 설정 값에 해당한다.

엔진엑스에서는 기존 설정에 다음과 같은 구성을 추가한다. 이 예제에서 오직 로컬호스트에서만 리스닝하고 있지만 로컬 네트워크의 다른 장비에서도 허락되도록 변경할 수도 있다.

```
server {
    listen 127.0.0.1:80;

    location /nginx_status {
        stub_status on;
        access_log off;
        allow 127.0.0.1;
        deny all;
    }
}
```

일단 설정을 구성하고 웹 서버에 다시 로드했을 때 원격 IP에서도 해당 페이지를 볼 수 있게 허가돼 있다면 브라우저를 열고 웹 서버의 /server-status에 접근한다.

예를 들어, 웹 서버가 www.example.net에 위치하고 있다면 http://www.example.net/server-status를 불러오고 그림 8-1에 표시된 것과 같은 페이지가 나타나는 것을 확인할 수 있다.

Apache Server Status for localhost

Server Version: Apache/2.2.14 (Ubuntu) PHP/5.3.2-1ubuntu4.15 with Suhosin-Patch
Server Built: Mar 5 2012 16:42:17

Current Time: Wednesday, 04-Jul-2012 15:23:44 PDT
Restart Time: Monday, 16-Apr-2012 22:52:21 PDT
Parent Server Generation: 16
Server uptime: 78 days 16 hours 31 minutes 23 seconds
Total accesses: 2342053 - Total Traffic: 253.6 GB
CPU Usage: u4855.07 s362.04 cu9.39 cs0 - .0769% CPU load
.344 requests/sec - 39.1 kB/second - 113.5 kB/request
2 requests currently being processed, 18 idle workers

```
. .W_____._.K___..... ...................
.............._.......... ...............
............................. ...........
.............................
.............................
.............................
.............................
...................
```

Scoreboard Key:
"_" Waiting for Connection, "S" Starting up, "R" Reading Request,
"W" Sending Reply, "K" Keepalive (read), "D" DNS Lookup,
"C" Closing connection, "L" Logging, "G" Gracefully finishing,
"I" Idle cleanup of worker, "." Open slot with no current process

Srv	PID	Acc	M	CPU	SS	Req	Conn	Child	Slot	Client	VHost	Request
0-16	-	0/0/58177	.	71.25	15053	0	0.0	0.00	6057.78	127.0.0.1	www.example.net.example. OPTIONS * HTTP/1.0	
1-16	-	0/0/51964	.	0.01	15049	1	0.0	0.00	4732.86	127.0.0.1	www.example.net.example. OPTIONS * HTTP/1.0	

그림 8-1 표준 아파치 상태 페이지

상태 페이지의 상단에서 어떤 버전의 아파치가 실행 중이고, 가동 시간은 어느 정도이며, 전반적인 트래픽과 얼마나 많은 요청이 초당 서비스되고 있는지 등의 데이터를 포함한 일반적인 통계 정보를 볼 수 있다. 그리고 이랫부분에서는 웹 서버가 얼마나 바쁜지에 대한 개요를 한눈에 보여주고 그 아래에 각 프로세스가 마지막으로 서비스한 요청에 대한 표를 나타내는 스코어보드를 제공한다.

이러한 모든 데이터가 각기 다른 문제 해결 환경에서도 유용하지만, 서버의 부하 상태를 빠르게 측정할 때 특히 편리하다. 스코어보드의 각 부분은 특정 웹 서버 프로세스에 해당하고, 각 문자는 프로세스가 어디에 사용되고 있는지에 관한 정보를 제공해준다.

- **_**

  연결을 기다리는 중

- **S**

  시작 중

- **R**

  요청을 읽는 중

- **W**

  응답을 전송 중

- **K**

  프로세스가 Keepalive 상태로 연결돼 있기 때문에 여러 파일을 전송할 수 있음

- **D**

  DNS 조회 중

- **C**

  연결을 닫는 중

- **L**

  로그를 기록하는 중

- **G**

  우아한(Gracefully) 종료 중[2]

- **I**

  유휴 워커(서비스 스레드)를 정리하는 중

- **.**

  현재 할당된 프로세스가 없는 열린 슬롯

그림 8-1은 오직 한 프로세스만 K(keep alive) 상태에 있고 한 프로세스는 W(응답을 보내는 중) 상태에 있는 상당히 한가한 웹 서버임을 보여준다. 각 프로세스가 최종적으로 무슨 일을 하고 있었는지 궁금하다면 단지 표에서 페이지를 아래로 스크롤하고 스코어보드에서 해당 번호의 프로세스를 찾으면 된다. 예를 들면, W 프로세는 서버 2-16에서 찾을 수 있다. 이 화면에서는 분명하게 드러나지 않지만 이 프로세스들은 실제로 server-status 페이지 자체에 대한 요청에 응답했다. 또한 아파치의 프로세스 수에 해당하는 연결을 기다리는 몇몇 '_'(연결을 기다리는 중)을 발견할 수 있다. 아파치는 항상 응답을 위해 새로운 프로세스를 실행하도록 설정돼 있다. 스코어보드의 나머

---

2 (옮긴이) 우아한 종료란 중요한 정보를 보내거나 받는 도중에 소켓을 닫지 않기 위한 방법이다.

지 부분은 어떤 새로운 프로세스가 들어 올 수 있는 슬롯을 상징하는 '.'으로 가득 채워져 있으며, 기본적으로는 MaxClient(아파치가 생성할 수 있는 최대 프로세스 수)로 설정돼 있다.

이 페이지를 새로고침했을 때 알 수 있는 것은 스코어보드에 있는 개체들이 각 요청이 들어오는 동안 변한다는 것이다. 이러한 스코어보드는 웹 서버를 계속 지켜보고 있을 때 유용하다. 계속해서 페이지를 새로고침하면 된다. 트래픽이 급증하는 동안 새로운 프로세스가 생성되고 요청을 수행하면서 W로 변경되는 것을 볼 수 있다. 그런 다음 치솟는 트래픽이 가라앉아 진정되면 이러한 프로세스들은 천천히 '_'로 변경되고 궁극적으로는 해당 프로세스들이 더는 필요하지 않은 '.' 상태로 변경된다.

일반적으로 server status 페이지에 접근하려 할 때 웹 서버에 로그인해 있는 동안 명령줄에서 작업할 수 있다. 이것은 호스트들이 여러분에게 필요한 모든 정보를 제공하는 동안에도 여러분이 페이지를 보는 것을 제한할 수 있다는 의미다. 이제 기본적으로 보통의 server status 페이지로 curl을 실행하면 HTML 출력 결과를 얻게 된다. 하지만 server status 페이지에 auto 옵션을 전달하면 스크립트에 의헤 명령줄로 보고 분석하는 것에 대한 더욱 유용한 텍스트 출력을 얻을 수 있다.

```
$ curl http://localhost/server-status?auto
% Total % Received % Xferd Average Speed Time  Time  Time Current
                                 Dload  Upload Total Spent Left Speed
117 586 117 586 0 0 2579 0 --:--:-- --:--:-- --:--:-- 2579117 586 11
7 586 0 0 1905 0 --:--:-- --:--:-- --:--:-- 0
Total Accesses: 2343235
Total kBytes: 265925501
CPULoad: .0773742
Uptime: 6801454
ReqPerSec: .34452
BytesPerSec: 40036.7
BytesPerReq: 116210
BusyWorkers: 53
IdleWorkers: 28
Scoreboard: WW_W__W_W__W_K_W_W_K___WWWWW_WWKWWWW_WWWWWWWWWWWWWWWWWWKKKKKK_KW_.
WC.CW_____K_____..................................................
...................................................................
...................................................................
...................................................................
............................
```

명령줄에서 server status 페이지를 모니터링하고 싶을 때 계속해서 curl 명령을 실행할 수도 있지만 watch라는 편리한 명령어를 사용할 수도 있는데, 이 명령어는 지정한 x초마다 어떤 명령이든 실행할 것이다(기본값은 2초). 그러므로 status 페이지를 5초마다 새로고침해서 지켜보고 싶다면 다음과 같이 입력하면 된다.

```
$ watch -n 5 'curl http://localhost/server-status?auto'
```

watch를 빠져 나오려면 Ctrl-C를 누르면 된다.

일반적인 웹 서버 문제 해결하기

이 모든 웹 서버 문제를 해결하는 방법을 문서화하기는 어렵지만 식별 가능한 증상을 보이는 문제에 대한 몇 가지 일반적인 증상들을 접할 가능성이 있다. 이 단락에서는 여러분이 찾아 낼 수 있는 문제의 일반적인 몇 가지 유형을 비롯해 문제의 증상과 그것의 해결 방안을 중점적으로 살펴본다.

설정 문제

설정 문제는 웹 서버에서 확인할 수 있는 일반적이고 비교적 간단한 문제다. 웹 서버는 설정과 관련된 변경 사항을 받아 리로드해야 하기 때문에 웹 서버를 리로드하지 않고 많은 변경 사항을 적용하고 싶은 유혹을 받을 수 있다. 이렇게 하면 서버를 유지보수하는 동안(혹은 새로운 SSL 인증서를 불러오기 위해 서버를 재시작해야 할 경우) 설정 파일에 일부 구문 오류가 있다면 서버가 시작을 거부한다는 사실을 알게 될 가능성이 있다.

아파치와 엔진엑스 모두 기동, 재기동, 서비스 리로드를 할 때 설정 오류를 찾기 위한 하나의 방법으로 설정 파일의 유효성 검사를 한다. 안타깝게도 이 또한 오류를 수정하는 동안에는 서버가 다운돼 있음을 의미한다. 다행히 두 웹 서버 모두 서버가 여전히 실행 중인 상태에서도 설정의 구문 오류를 테스트하고 구문 오류를 강조하는 수단을 제공한다.

아파치의 경우 apache2ctl configtest 명령어가 있다. 이 명령어를 실행하려면 설정 파일을 모두 읽을 수 있는 사용자(root 사용자)여야 한다. 성공적인 실행 결과는 다음과 같다.

```
$ sudo apache2ctl configtest
Syntax OK
```

구문 오류가 있을 경우 이 명령어는 해당 부분을 쉽게 찾을 수 있게 오류에 대한 파일과 줄 번호를 알려줄 것이다.

```
$ sudo apache2ctl configtest
apache2: Syntax error on line 233 of /etc/apache2/apache2.conf: Could not open
➥configuration file /etc/apache2/conf/: No such file or directory
```

(위의 경우, 설정 파일에 오타가 있었다. 여러분이 넣고자 했던 디렉터리는 /etc/apache2/conf.d였다.)

엔진엑스에서도 nginx -t를 실행해 구문 검사를 할 수 있다.

```
$ sudo nginx -t
the configuration file /etc/nginx/nginx.conf syntax is ok
configuration file /etc/nginx/nginx.conf test is successful
```

아파치와 마찬가지로 엔진엑스가 오류를 발견하면 해당 파일과 줄 번호를 알려준다.

```
$ sudo nginx -t
[emerg]: unknown directive "included" in /etc/nginx/nginx.conf:13
configuration file /etc/nginx/nginx.conf test failed
```

권한 문제

특히 새로운 웹 서버 관리자의 일반적인 골칫거리는 웹 서버에 대한 권한 문제다. 아파치와 엔진엑스의 초기 프로세스를 모두 root로 실행했더라도 모든 서브 프로세스가 실제로는 더욱 제한된 권한을 가진 사용자(보통 www-data 혹은 아파치 같은 사용자)로 서비스를 실행하고 있다. 예를 들어, 만약 여러분이 다른 사용자로 웹 페이지를 업로드하고 있다면 해당 파일이 www-data 혹은 아파치 사용자가 읽을 수 있음을 확인할 때까지는 아마도 권한 문제를 겪을 수 있다.

그렇다면 권한 문제는 외부에서 어떻게 보일까? 이 예제는 기본적인 엔진엑스의 초기 구성과 메인 index.html 파일을 더는 누구나 읽을 수 없도록 권한을 변경하는 내용을 담고 있다. 그리고 페이지 읽기 시도를 위해 curl을 사용했다.

```
$ curl http://localhost
<html>
```

```
<head><title>403 Forbidden</title></head>
<body bgcolor="white">
<center><h1>403 Forbidden</h1></center>
<hr><center>nginx/0.7.65</center>
</body>
</html>
```

웹 페이지의 출력 결과는 curl에게 보여 줄 것도 없이 HTTP 오류다(403 허가되지 않음 오류). 아쉽게도 출력 결과로부터 페이지 보기가 금지됐다는 사실을 알 수 있지만 아직 그 이유를 확실하게 알지 못한다. 이 시점에서 엔진엑스의 오류 로그로 가면 아래와 같은 내용을 볼 수 있다.

```
2012/07/07 16:13:37 [error] 547#0: *2 open() "/var/www/nginx-default/index.html"
➥failed(13: Permission denied), client: 127.0.0.1, server: localhost, request:
➥"GET / HTTP/1.1", host: "localhost"
```

이 오류 로그는 엔진엑스가 /var/www/nginx-default/index.html을 열려고 시도했지만 권한이 거절당했음을 나타낸다. 이 시점에서 해당 파일이 엔진엑스가 실행된 www-data로는 읽을 수 없었음을 확인할 수 있다.

```
$ ps -ef | grep nginx
root 545 1 0 15:19 ? 00:00:00 nginx: master process /usr/sbin/nginx
www-data 547 545 0 15:19 ? 00:00:00 nginx: worker process

$ ls -l /var/www/nginx-default/index.html
-rw-r----- 1 root root 151 2006-08-30 03:39 /var/www/nginx-default/index.html
```

이 경우 chmod o+x 명령어를 통해 해당 파일을 누구나 읽을 수 있게 해서 권한 문제를 해결할 수 있다. 다른 방법으로는 파일의 그룹(gourp) 소유권을 www-data 그룹이 소유하도록 변경할 수 있다(혹은 www-data를 해당 그룹의 구성원으로 추가한다).

어떤 관리자는 권한 문제를 회피하기 위해 기본적으로 모든 파일을 누구나 읽고 쓸 수 있도록 만들어 두기도 하지만 이렇게 할 경우 심각한 보안상의 위험이 생긴다. 대신 www-data와 apache 사용자 및 파일을 업로드할 사용자를 구성원으로 하는 그룹을 만드는 방법을 고려해 본다(이는 웹 서버를 어떤 사용자로 실행하느냐에 따라 달라진다). "chmod 777"을 지정하는 식으로 모든 사용자가 파일을 읽을 수 있게 한다면 이것은 정말로 일시적인 권한 오류가 있는지 확인하는 용도로만 사용한다. 권한 변경을 통해 문제를 해결하고 나면 더 안전한 권한으로 되돌려야 한다.

느려지거나 사용할 수 없는 웹 서버 문제

설정이나 권한 문제들에 대해서는 상당히 잘 정의가 되어 있어서 명확하지만, 일반적으로 여러분이 해결해야 할 웹 서버 문제들은 아마도 매우 애매한 경우가 많을 것이다. 심지어 일시적으로 사용할 수 없을 정도로 서버가 느려진 것처럼 보이기도 할 것이다. 수많은 근본 원인들이 이런 종류의 문제를 만들어 내기는 하지만 이 단락에서는 느려진 웹 서버에 대한 일반적인 원인과 그러한 원인의 증상에 대해 안내할 것이다.

높은 부하

서버가 느려지거나 일시적으로 사용할 수 없을 때 맨 먼저 확인해봐야 하는 것은 부하다. 아직 2장을 읽지 않았다면, 2장을 읽고 서버가 높은 부하 때문에 고통받고 있는지 어떻게 판단할 수 있고, 높은 부하의 결과가 웹 서버 프로세스 때문인지 알아본다. 이 경우 여러분은 부하가 CPU나 RAM, 혹은 IO에서 발생하는지 판단하는 방법을 배울 수 있다.

웹 서버 프로세스의 높은 부하가 문제로 확인됐고 해당 부하가 CPU에 의한 것이라면 웹 서버가 실행해 동적으로 내용을 생성하는 CGI나 PHP 코드 등과 관련된 문제를 해결해야 할 수도 있다. 웹 서버 로그를 통해 높은 부하가 발생하는 동안 어떤 페이지에 접근하는지 확인하자. 그런 다음 다양한 동적 페이지가 얼마나 많은 CPU를 소모했는지 측정하기 위해 해당 페이지들을 로드해보자(아마도 주 서버가 과부하 상태이면 테스트 서버에서 이 작업을 수행한다).

부하가 RAM에 집중돼 있고 점점 더 많은 스왑 저장소를 사용해서 심지어 RAM이 완전히 고갈될지도 모르는 상황이라면 그토록 두려운 웹 서버 스왑에 대한 죽음의 나선(death spiral)에 직면할 것이다. 이 경우는 일반적으로 아파치 prefork 서버에서 일반적으로 나타나지만 아파치 worker 또는 심지어는 엔진엑스 서버에서 올바른 조건에서도 잠재적으로 발생할 수 있다. 근본적으로 웹 서버를 설정할 때 응답을 위해 서버에서 생성할 수 있는 웹 서버 인스턴스의 최대 개수를 설정할 수 있다. 이 부분은 아파치 prefork에서는 MaxClient 설정으로 알려져 있다. 서버가 너무 많은 요청을 받아 RAM이 처리할 수 있는 것보다 더 많은 웹 서버 프로세스를 생성했을 때 결국에는 프로세스들이 훨씬 느린 스왑 영역을 사용하게 된다. 이는 해당 프로세스들이 RAM에 상주하는 프로세스보다 훨씬 더 느린 응답을 초래하고, 이것은 요청을 처리하는 데 더 긴 시간을 소비하게 된다는 의미다. 궁극적으로 RAM과 스왑을 모두 소진할 때까지 현재 부하를 처리하는 데 더 많은 프로세스가 필요한 상황이 발생한다.

이 문제를 해결하려면 현재 장착된 RAM 용량에 적당한 웹 서버 프로세스 개수를 계산해볼 필요가 있다. 첫 번째로 개별 웹 서버 프로세스가 얼마나 많은 RAM을 사용하는지 계산해야 한다. 그다음으로는 운영체제에서 사용하는 부분을 제외한 전체 RAM을 확인한다. 그다음으로는 스왑으로 가지 않고 현재 남아있는 여유 RAM에 몇 개의 아파치 프로세스가 적당한지 알아낸다. 그리고 나서 RAM 용량에 비해 더 많은 프로세스를 시작하지 않도록 웹 서버를 설정해야 한다.

물론 동적으로 생성되는 웹 페이지에 이러한 값을 설정하는 것은 조금 까다로울 수 있다. 결국, 이를테면 다른 스크립트에 비해 일부 PHP 스크립트는 적은 양의 RAM을 사용한다. 이러한 상황에서 최선의 전술은 분주한 웹 서버에서 모든 웹 서버 프로세스에 대한 최고, 최소, 평균치에 해당하는 RAM 소비량을 측정해 보는 것이다. 그런 다음 최악의 경우(RAM의 최대 사용량) 혹은 평균에 해당하는 경우에 따라 웹 서버의 수를 어떻게 설정할지 결정할 수 있다.

부하가 I/O에서 비롯되고 웹 서버와 같은 장비에 데이터베이스가 백엔드에 탑재돼 있다면 단순히 데이터베이스 요청에 의해 디스크 I/O를 포화 상태로 만들 수 있다. 물론, 2장의 부하 문제 해결 절차를 따르고 있다면 문제의 범인으로 웹 서버 프로세스 대신 데이터베이스 프로세스를 식별할 수 있었을 것이다. 각 경우에 별도의 서버에 데이터베이스를 넣거나 저장 장치의 속도를 올리거나 혹은 9장에서 데이터베이스 문제를 해결하는 방법에 대해 더 많은 정보를 얻고 싶을 것이다. 데이터베이스 서버가 별도의 컴퓨터에서 작동하는 경우라도 네트워크를 통해 데이터베이스에서 응답을 기다리는 각 웹 서버 프로세스는 여전히 높은 부하 평균을 만들어낼 수 있다.

그렇지 않고 서버는 I/O에 집중된 상황에 부딪쳤지만 이것이 데이터베이스로부터의 문제가 아니라 단지 웹 서버 자체의 문제인 것처럼 보인다면 시스템에서 단순히 실행되고 있는 웹사이트를 작동시키는 소프트웨어가 웹 요청으로 디스크 I/O를 포화시킬 수도 있다. 그 대신 로그에서 IP 주소를 호스트명으로 변환하기 위해 역방향 DNS 해석을 사용하도록 설정한 경우 웹 서버 프로세스들은 요청을 완료하기 전에 단순히 DNS 요청이 끝날 때까지 기다려야 할 수도 있다.

서버 상태 페이지

시스템의 높은 부하 문제를 해결하는 것 말고도 느린 서버를 진단할 때 보게 되는 다른 중요한 곳 중 하나는 서버 상태 페이지다. 앞에서 서버 상태 페이지를 웹 서버에서 어떻게 활성화하는지 이야기한 바 있다. 느리거나 혹은 사용할 수 없는 웹 서버에서 이 상태페이지는 웹 서버 상태에 대한 멋지고 전반적인 시각을 제공한다. 이 페이지에서는 시스템 평균 부하를 볼 수 있을뿐더러 현재 얼마나 많은 프로세스가 바쁜 상태이고 무슨 일을 하고 있는지 확인할 수 있다.

예를 들어, 다음과 같은 것을 볼 수 있다.

```
$ curl http://localhost/server-status?auto
. . .
Scoreboard: WWWWWWWWWWWWWKWWWWWKWWWWWWWWWWWKWWWWWWWWWWWWWWWWWWWWWWWWWKKKKKWKWWW
WCWCWWWWWWKWW___WWWWWWWWWWWWWWWWWWWWWWWWWWWWWWWWWWWWWWWWWWWWWWWWWWWWWWWWWW
WWWWWWWWWWWWWWWWWWWWWWWWWWWWWWWWWWWWWWWWWWWWWWWWWWWWWWWWWWWWWWWWWWWWWWWWWW
WWWWWWWWWWWWWWWWWWWWWWWWWWWWWWWWWWWWWWWWWWWWWWWWWWWWWWWWWWWWWWWWWWWWWWWWWW
WWWWWWWWWWWWWWWWWWWWWWWWWWWWWWWWWWWWWWWWWWWWWWWWWWWWWWWWWWWWWWWWWWWWWWWWWW
WWWWWWWWWWWWWWWWWWWWWWWW
```

이 서버가 요청에 의해 완전히 과부하돼 있음을 알 수 있다. 이 페이지를 새로고침으로써 어떤 프로세스가 때때로 열려있는(K: Keep-Alive) 것을 볼 수도 있지만 명백하게 거의 모든 프로세스가 요청을 바쁘게 처리하고 있다. 이러한 상황에서 단지 웹 서버가 더 많은 프로세스를 생성해야 할 수도 있고(RAM 용량에 맞출 수 있는 경우) 혹은 대안으로 부하 분산을 돕도록 또 다른 웹 서버를 추가할 시점일 수도 있다.

이번에도 앞에서 본 스코어보드와 같은 것을 봤지만 웹 서버가 꽤 빠른 응답을 준 것을 알았다면 각 웹 요청은 백엔드에서 뭔가를 기다리고 있을 수 있다. 이와 같은 반응은 애플리케이션 서버가 백엔드의 응답을 기다리고 있는 요청으로 과부하가 걸렸을 때 발생할 수 있다(때로는 웹 서버가 의존하는 데이터베이스 서버에 과부하가 걸렸기 때문에 발생할 수 있다). 그렇기 때문에 모든 웹 서버 프로세스가 분주하더라도 웹 서버 프로세스를 더 추가하는 것이 꼭 문제 해결에 도움되는 것은 아니다. 해당 프로세스들 또한 여전히 응답을 줄 백엔드를 기다리게 된다.

한편으로 다음과 같은 출력 결과를 볼 수도 있다.

```
Scoreboard: WW_W__W_W__W_K_W_W_K___WWWWW_WWKWWWW_WWWWWWWWWWWWWWWWWKKKKKK_KW_.
WC.CW_____K_____............................................................
.............................................................................
.............................................................................
.............................................................................
............................
```

위와 같은 서버 상태는 RAM에 로드되고, 또 로드되기를 기다리는 여분의 프로세스가 많다는 것을 나타낸다. 서버가 느리지만 스코어보드는 이와 같은 양상을 보인다면 웹 서버 로그를 파헤쳐서 어떤 페이지가 현재 로드되고 있는지 파악해봐야 것이다. 궁극적으로 웹 사이트의 어떤 페이지가 응답하는 데 오래 걸리는지 파악하고 싶을 것이고, 그러고 나면 근본 원인을 찾아내기 위해 해당 소프트웨어들을 파헤칠 필요가 있다. 물론 단순히 해당 소프트웨어를 실행할 서버의 용량이 부족한 것일 수도 있다. 그렇다면 하드웨어 증설을 고민할 시점이 된 것이다.

09

왜 데이터베이스가 느린가?
데이터베이스 문제 추적하기

데브옵스 팀이라면 데이터베이스 문제를 만나지 않고는 못 배길 것이다. 일정 수준의 복잡도를 띤 애플리케이션은 분명 데이터베이스에 데이터를 저장할 것이다. 데이터베이스를 감싸고 있는 라이브러리가 보급되고, 자주 사용되는 각종 데이터베이스도 설치하기 쉬우며, 일반 개발자들도 SQL에 친숙하다는 이유로 비교적 간단한 애플리케이션에서도 데이터베이스에 데이터를 저장하고 SQL 명령을 통해 저장된 데이터를 가져온다.

순수하게 정적인 데이터만을 사용하는 웹사이트는 드물다. 대부분의 웹사이트는 사용자에게 동적인 콘텐츠를 제공하며, 인기 있는 블로깅 플랫폼을 비롯해 많은 웹사이트가 데이터베이스에 모든 관련 콘텐츠를 저장한다. 회사에 전문적인 데이터베이스 관리자가 있든 없든 모든 데브옵스 팀원들은 몇 가지 기본적인 데이터베이스 문제 해결 기술의 도움을 받을 수 있다. 어쨌든 DBA(데이터베이스 관리자)는 여러분의 노트북에서 실행되는 위키나 빌드 환경 또는 테스트 환경에 사용되는 데이터베이스에 대해서는 책임지지 않을지도 모른다.

데브옵스 세계에서는 전통적인 SQL 기반 데이터베이스가 예전만큼 인기 있지는 않다. 새로운 NoSQL 스타일의 데이터베이스가 매주 나오는 것처럼 보인다. 모든 인기 있는 SQL 기반 데이터베이스와 NoSQL 데이터베이스에 대한 문제 해결 방법을 살펴보는 것만으로도 한 권 또는 두 권의 책을 가득 채울 것이다. 그 대신 9장에서는 가장 인기 있는 오픈소스 SQL 기반 데이터베이스인 MySQL과 PostgreSQL를 간단하게 다루겠다. 각 주요 단락에서는 특별한 문제 해결 기법을 소개할 것이고, 그것이 MySQL과 PostgreSQL에 어떻게 적용되는지 설명할 것이다. 이 장을 끝까지 읽고 나면 데이터베이스가 정상적으로 실행되고 올바른 포트를 리스닝하고 있는지 여부를 식별하고, 성능 지표를 추출함으로써 데이터베이스에서 느린 쿼리를 파악할 수 있을 것이다.

데이터베이스 로그 찾기

데이터베이스 문제를 해결할 때 반드시 확인해야 할 곳 중 하나는 문제가 발생한 데이터베이스에 대한 오류 로그다. 데이터베이스를 기동할 때 문제가 발생했다면 특히 더 확인해야 한다. 또한 오류 로그는 종종 성공적으로 기동했던 정보 및 데이터베이스에 보내진 쿼리에 대한 구문 오류 정보도 제공한다. 이런 정보는 애플리케이션을 디버깅할 때 특히 유용하다.

MySQL

MySQL에서는 배포판에 따라 /var/log나 /var/log/mysql, 또는 /var/lib/mysql 디렉터리에서 이러한 오류 로그를 찾을 수 있다. 다음은 MySQL을 기동할 때 /var/log/mysql/error.log 파일에 남은 오류 로그의 예다.

```
120714 15:35:26 [Note] Plugin 'FEDERATED' is disabled.
120714 15:35:26 InnoDB: Initializing buffer pool, size = 8.0M
120714 15:35:26 InnoDB: Completed initialization of buffer pool
120714 15:35:26 InnoDB: Started; log sequence number 0 67138180
120714 15:35:27 [Note] Event Scheduler: Loaded 0 events
120714 15:35:27 [Note] /usr/sbin/mysqld: ready for connections.
Version: '5.1.63-0ubuntu0.10.04.1-log' socket: '/var/run/mysqld/mysqld.sock'
➥port: 3306(Ubuntu)
```

PostgreSQL

PostgreSQL에서는 배포판에 따라 /var/log 또는 /var/log/postgresql 디렉터리에 로그가 남는다. 다음은 쿼리 구문에 오류가 포함된 /var/log/postgresql/postgresql-8.4-main.log 파일에 남은 로그 예제다.

```
2012-07-10 20:08:07 PDT LOG: database system is ready to accept connections
2012-07-10 20:08:07 PDT LOG: autovacuum launcher started
2012-07-10 20:08:07 PDT LOG: incomplete startup packet
2012-07-11 14:15:48 PDT LOG: incomplete startup packet
2012-07-11 14:16:01 PDT LOG: incomplete startup packet
2012-07-12 05:06:53 PDT ERROR: operator does not exist: name = pg_stat_all_
➥tables at character 47
2012-07-12 05:06:53 PDT HINT: No operator matches the given name and argument
➥type(s). You might need to add explicit type casts.
```

높은 서버 부하

데이터베이스의 특정 단계로 들어가기에 앞서 부하 수준이 높은 느린 데이터베이스 서버와 관련된 문제를 해결하려고 한다면(특히 서버에 데이터베이스만 실행되는 것이 아니라면) 2장에 있는 높은 부하 원인을 진단하는 방법에 관한 팁을 확인한다. 2장에서 설명한 단계들은 데이터베이스가 실제 부하의 원인인지를 파악하는 데 도움될뿐더러 부하가 CPU와 관련이 있는지, RAM과 관련이 있는지, IO와 관련이 있는지 판단하는 데 도움될 수 있다.

데이터베이스가 높은 CPU 부하를 발생시킨다면 과도하게 많은 처리 능력을 이용하는 악성 SQL 쿼리문이 실행되고 있을지도 모른다. 이러한 경우 느린 쿼리를 찾아내고 싶을 것이다. 이 방법은 이 장의 후반부에서 다루겠다. 부하가 RAM과 관련이 있다면 동시 처리되는 쿼리가 더 적어지도록 데이터베이스를 튜닝하거나, RAM 자원을 특별히 많이 사용하는 비용이 높은 쿼리를 찾고 싶을 것이다(또는 데이터베이스를 RAM 디스크에 저장하는 것을 중단하고 싶을 것이다). 부하가 IO와 관련이 있다면 대부분의 IO를 사용하고 있는 특정 프로세스를 파악하려면 iotop을, 대부분의 IO를 사용하고 있는 스토리지를 식별하려면 sysstat과 같은 툴을 사용할 수 있다. 물론 이러한 모든 경우, 하드웨어를 업그레이드하거나 클러스터에 또 다른 서버를 추가해야 할 수도 있다.

데이터베이스가 정상적으로
실행되고 있는가?

데이터베이스에 문제가 있는 것 같을 때 맨 먼저 확인해야 할 것은 데이터베이스가 실행 중이고 올바른 포트를 리스닝하고 있느냐다. 해당 포트가 원격에서 사용 가능한지 테스트할 수 있더라도 데이터베이스가 실행되고 있고 올바른 포트를 리스닝하고 있는지 테스트하는 가장 좋은 방법은 데이터베이스가 설치돼 있는 서버 자체에서 테스트하는 것이다. 그렇기는 하지만 데이터베이스에 연결하는 것을 막는 네트워크 문제가 의심된다면 네트워크 문제를 어떻게 해결하는지에 관한 더 많은 정보를 구하기 위해 5장의 내용을 참조한다. MySQL과 PostgreSQL은 상당히 다른 프로세스로 구성돼 있으며, 다른 포트를 리스닝한다.

MySQL

MySQL이 정상적으로 실행되고 있는지 테스트하는 몇 가지 방법이 있다. 먼저, 초기화 스크립트가 status 명령어를 지원하므로 초기화 스크립트를 사용할 수 있다. 이러한 방법의 장점은 프로세스명이 무엇인지 알 필요가 없으며, /etc/rc.d/init.d/나 /etc/init.d/ 디렉터리에 있는 초기화 스크립트명만 알면 된다. 데비안 기반의 시스템이라면 해당 서비스는 mysql이라고 하며, 아래와 같이 상태 정보를 추출할 수 있다.

```
$ sudo service mysql status
mysql start/running, process 735
```

또한 ps와 grep 조합을 사용해 MySQL이 실행되고 있는지 확인할 수 있다.

```
$ ps -ef | grep mysql
mysql    735    1  0    Jun12 ?  02:02:56 /usr/sbin/mysqld
```

status 명령어가 반환한 프로세스 ID(735)가 ps로부터 얻은 것과 같은지 확인한다. 물론, MySQL이 실행되고 있지만 잘못된 포트를 리스닝하고 있다면(또는 localhost에서만 리스닝하고 있다면 모든 인터페이스에서 리스닝해야 한다) 실행되고 있더라도 여전히 MySQL에 연결할 수 없을지도 모른다. 그래서 그다음에 MySQL이 정확한 포트를 리스닝하고 있는지 테스트하고 싶을 것이다. MySQL은 기본적으로 3306 포트를 리스닝할 것이다. 물론, 다른 포트를 리스닝하도록 설정했다면 여러분의 환경과 일치하도록 다음 명령어를 변경할 필요가 있다. netstat 명령어에 -lnp 옵션을 지정하면 해당 포트를 열고 있는 프로세스와 함께 리스닝 상태에 있는 모든 포트를 보여줄 것이다.

```
$ sudo netstat -lnp | grep :3306
tcp   0   0  127.0.0.1:3306       0.0.0.0:*       LISTEN       735/mysqld
```

다시, 위 결과에서 MySQL 프로세스가 이전에 실행했던 것과 같은 프로세스 ID(735)인지 확인한다. 이 명령어를 실행했을 때 어떠한 결과도 얻지 못한다면 3306 포트를 리스닝하고 있는 프로세스가 없다는 의미다. 단지 netstat 출력 결과를 grep을 사용하지 않고(또는 mysql을 대신 grep해서) 어떤 프로세스가 나오는지 확인하고 싶을 수도 있다. 이 예제에서는 MySQL 프로세스가 localhost(127.0.0.1:3306)만 리스닝하고 있는 것 또한 주목할 만한 가치가 있다. 여기서는 데이터베이스에 접근하는 웹서비스가 같은 서버에 있기 때문에 문제가 없다. 그러나 다른 서버에서 MySQL에 접근해야 하는데도 이 같은 결과를 얻었다면 네트워크 인터페이스의 모든 IP와 모든 인터페이스(0.0.0.0)를 리스닝하게끔 MySQL을 재설정해야 한다.

PostgreSQL

MySQL에서와 같이 PostgreSQL이 정상적으로 실행되고 있는지 테스트하기 위해 초기화 스크립트나 ps 명령어를 사용할 수 있다. 그러나 시스템에 따라 PostgreSQL 초기화 스크립트는 다른 이름을 가질 수 있다. 예를 들어, 우분투 같은 데비안 기반 시스템에서는 초기화 스크립트명 뒤에 PostgreSQL 버전이 붙으며, 아래와 같이 실행할 수 있다.

```
$ sudo service postgresql-8.4 status
Running clusters: 8.4/main
```

postgresql-8.4를 postgresql-9.1 또는 여러분의 시스템에 설치된 버전으로 바꾸면 된다. 또는 초기화 스크립트명이 확실하지 않다면 /etc/init.d나 /etc/rc.d/init.d 디렉터리를 확인하면 된다.

다른 방법으로 ps 명령어를 사용할 수 있다.

```
$ ps -ef | grep postgres
postgres 1629 1 0 Jul10 ? 00:00:06 /usr/lib/postgresql/8.4/bin/postgres -D /
  ➥var/lib/postgresql/8.4/main -c config_file=/etc/postgresql/8.4/main/
  ➥postgresql.conf
postgres 1631 1629 0 Jul10 ? 00:00:38 postgres: writer process
postgres 1632 1629 0 Jul10 ? 00:00:30 postgres: wal writer process
postgres 1633 1629 0 Jul10 ? 00:00:08 postgres: autovacuum launcher process
postgres 1634 1629 0 Jul10 ? 00:00:04 postgres: stats collector process
```

MySQL에서와 달리 PostgreSQL에서는 기본 설치만으로 각각 다른 작업을 수행하는 여러 개의 실행 프로세스가 생긴다. 또한 PostgreSQL이 기본적으로 MySQL과 다른 포트(5432)를 리스닝하기 때문에 netstat 명령어를 실행할 때 해당 포트를 grep할 필요가 있다.

```
$ sudo netstat -lnp | grep :5432
tcp    0   0   127.0.0.1:5432    0.0.0.0:*         LISTEN   1629/postgres
tcp6   0   0   :::1:5432         :::*             LISTEN   1629/postgres
```

여기서 해당 포트를 리스닝하고 있는 프로세스가 ps 실행 결과에서의 첫 번째 프로세스와 같은 프로세스 ID(1629)인지 확인하면 된다. 어떠한 결과도 얻지 못한다면 postgres가 다른 포트를 리스닝하는지 확인하기 위해 포트 대신 postgres를 grep해 본다(또는 grep 명령어 없이 netstat 결과만 확인해도 된다). 또한 이와 같은 경우 PostgreSQL이 단지 localhost IP(127.0.0.1:5432)만 리스닝하고 있는 것을 주목한다. 그러므로 같은 서버에 있는 프로세스만 데이터베이스에 접근할 수 있다(안전한 기본값). 다른 서버에서 데이터베이스에 접근해야 하지만 PostgreSQL이 단지 127.0.0.1만을 리스닝하고 있다면 사용하고 싶은 네트워크 인터페이스 IP 혹은 모든 인터페이스(0.0.0.0)에 대해 리스닝하도록 PostgreSQL을 재설정할 필요가 있다.

데이터베이스 성능 지표 구하기

데이터베이스 문제를 추적하려고 할 때 서버 지표는 유용할 수 있지만 데이터베이스 자체 지표는 훨씬 더 유용할 수 있다. MySQL과 PostgreSQL 모두 각 지표에 접근할 수 있다. 그러나 앞으로 보겠지만 지표에 접근하는 방법은 완전히 다르다.

MySQL

MySQL에서 지표를 가져오기 위해서는 mysqladmin 도구를 사용할 것이다. 이 도구는 시스템에서 MySQL 클라이언트 소프트웨어의 구성요소로 설치해야 한다(이는 다른 시스템에서도 mysqladmin 도구와 클라이언트 소프트웨어를 설치할 수 있고, 잠재적으로 네트워크를 통해 데이터베이스에 접근해 지표 데이터를 가져올 수 있음을 의미한다). 다음과 같이 mysqladmin 도구와 status 명령어를 이용하면 가장 기본적인 (그리고 어쩌면 바로 즉시 유용할 만한) 데이터를 가져올 수 있다.

```
mysqladmin -u root -p status
Enter password:
Uptime: 2680987 Threads: 1 Questions: 17494181 Slow queries: 0 Opens: 2096 Flush
  ↪tables: 1 Open tables: 64 Queries per second avg: 6.525
```

다음은 mysqladmin man 페이지에서 가져온 각 값이 보여주는 성능 지표다.

- **Uptime**

  MySQL 서버의 총 실행 시간(초)

- **Threads**

  활성화된 스레드 수(클라이언트)

- **Questions**

  서버가 시작된 이후 클라이언트로부터 요청받은 쿼리의 수

- **Slow queries**

  long_query_time초보다 길게 실행된 쿼리의 수

- **Opens**

  서버가 열어 본 테이블의 수

- **Flush tables**

  서버가 실행했던 flush-*, refresh, reload 명령의 횟수

- **Open tables**

  현재 열려 있는 테이블의 수

- **Queries per second avg**

  데이터베이스가 받은 초당 평균 쿼리의 수

다양한 데이터베이스 문제 해결을 위해 이 값들은 기준선을 설정하기에 충분하며, 어떤 값이 언제 정상 범위를 벗어났는지(특히 Threads, Slow queries, Queries per second avg) 알려줄 수 있다. 물론 extended-status 명령어를 사용하면 더 자세한 정보를 확인할 수 있다.

```
$ mysqladmin -u root -p extended-status
Enter password:
+-----------------------------------+------------------+
| Variable_name                     |      Value       |
+-----------------------------------+------------------+
| Aborted_clients                   | 0                |
| Aborted_connects                  | 5                |
| Binlog_cache_disk_use             | 0                |
| Binlog_cache_use                  | 0                |
| Bytes_received                    | 3264109643       |
| Bytes_sent                        | 49337359253      |
. . .
| Threads_cached                    | 7                |
| Threads_connected                 | 1                |
| Threads_created                   | 6575             |
| Threads_running                   | 1                |
| Uptime                            | 2683061          |
| Uptime_since_flush_status         | 2683061          |
+-----------------------------------+------------------+
```

extended-status 명령어는 status 명령어를 통한 모든 정보와 더불어 이 값들이 언제 정상 범위를 벗어나는지 확인할 수 있게 데이터베이스를 위한 기준선을 설정하는 데 사용할 수 있는 엄청나게 다양한 지표 정보를 제공할 것이다.

PostgreSQL

PostgreSQL은 MySQL과는 굉장히 다른 방법으로 성능 통계 정보를 수집하고 보여준다. 먼저 postgresql.conf 파일을 편집해(예를 들어, 우분투 시스템에서는 이 파일이 /etc/postgresql/8.4/main/ 디렉터리에 있다) track_activities 값과 track_counts 값이 모두 on으로 설정돼 있는지 확인할 필요가 있다. 기본적으로 이 값들은 on으로 돼 있으나 이 값들을 변경할 필요가 있다면 변경된 값을 적용하기 위해 PostgreSQL을 재시작해야 한다.

일단 통계 정보 수집이 활성화되고 나면 수집된 데이터는 데이터베이스의 특정 테이블에 저장될 것이다. MySQL과 달리 해당 테이블로부터 통계 데이터를 가져오려면

SQL 명령어를 사용해야 한다. 통계 테이블의 전체 목록은 PostgreSQL 공식 문서에 나와 있지만 다른 단락에서 특별히 유용할 테이블을 몇 가지 보여주겠다. 먼저 쿼리를 보내려면 postgres 사용자 권한이 있어야 한다(또는 데이터베이스에 대한 수퍼사용자 권한을 가진 사용자).

```
# su - postgres
$ psql
psql (8.4.12)
Type "help" for help.
```

pg_stat_activity

pg_stat_activity 테이블은 서버 프로세스가 접근하고 있는 데이터베이스, 서버 프로세스가 사용하는 시스템 프로세스, 서버 프로세스에 접근하고 있는 사용자, 현재 쿼리, 쿼리가 수행된 시간 등 현재 실행 중인 서버 프로세스에 대한 정보를 보여준다. 특히 이 테이블은 특정 데이터베이스 프로세스가 CPU 시간을 많이 사용하는 것을 알고 있고, 중간에 어떤 쿼리가 CPU 시간을 많이 차지하는지를 알고 싶을 때 유용하다. 이 테이블에 저장된 모든 데이터를 보려면 아래와 같이 표준 select 구문을 사용한다.

```
postgres=# select * from pg_stat_activity;
datid | datname | procpid | usesysid | usename | current_query
| waiting | xact_start | query_start | backend_start | client_addr | client_port
-------+----------+---------+----------+---------+----------------------------
----+---------+-----------------------------+-----------------------------+-
----------------------------+-------------+--└-----------
11564 | postgres | 4689 | 10 | postgres | select * from pg_stat_activity; | f |
2012-07-12 04:26:19.602872-07 | 2012-07-12 04:26:19.602872-07 | 2012-07-12
04:26:01.363883-07 | | -1
(1 row)
```

이 예제에서는 기본 PostgreSQL 데이터베이스가 모두 많은 일을 하지 않는다는 것을 확인할 수 있다. 유일한 프로세스는 통계 정보를 추출하기 위해 여러분이 실행한 것이다. 그러나 특정 프로세스를 찾고 싶다면 SQL 구문을 변경하기만 하면 된다.

```
postgres=# select * from pg_stat_activity where procpid=4689;
datid | datname | procpid | usesysid | usename | current_query
| waiting | xact_start | query_start | backend_start | client_addr | client_port
-------+----------+---------+----------+---------+----------------------------
----+---------+-----------------------------+-----------------------------+-
----------------------------+-------------+-------------
11564 | postgres | 4689 | 10 | postgres | select * from pg_stat_activity where
procpid=4689; | f | 2012-07-12 04:26:19.602872-07 | 2012-07-12 04:26:19.602872-
07 | 2012-07-12 04:26:01.363883-07 | | -1
(1 row)
```

pg_stat_database

pg_stat_database 테이블에는 해당 데이터베이스에 연결된 서버 프로세스 수, 커밋/롤백된 트랜잭션 수, 블록과 로우(block and row) 통계와 같은 데이터베이스 통계 정보가 저장된다. pg_stat_activity와 같이 기본적인 select 구문을 사용해 현재 모든 데이터를 추출할 수 있다.

```
postgres=# select * from pg_stat_database;
datid | datname | numbackends | xact_commit | xact_rollback | blks_read | blk
s_hit | tup_returned | tup_fetched | tup_inserted | tup_updated | tup_deleted
-------+-----------+-------------+-------------+---------------+-----------+----
------+--------------+-------------+--------------+-------------+-------------
1 | template1 | 0 | 0 | 0 | 0 | 0 | 0 | 0 | 0 | 0 | 0
11563 | template0 | 0 | 0 | 0 | 0 | 0 | 0 | 0 | 0 | 0 | 0
11564 | postgres | 1 | 3876 | 0 | 116 | 61544 | 1075635 | 6775 | 0 | 0 | 0
(3 rows)
```

이 예제는 기본적으로 설치된 PostgreSQL에서 실행한 것이라서 기본 데이터베이스가 보여지지만 여러분이 생성한 어떠한 데이터베이스도 볼 수 있다.

pg_stat_all_tables

pg_stat_all_tables 테이블에는 순차 스캔 통계, 인덱스 스캔 통계, 테이블에 대해 수행된 다른 오퍼레이션 횟수에 관한 데이터 등 테이블 단위의 통계 정보가 저장된다. 이 테이블에는 존재하는 모든 테이블에 대한 데이터가 저장되기 때문에 기본 select 구문은 많은 데이터를 반환한다.

```
postgres=# select * from pg_stat_all_tables;
relid | schemaname | relname | seq_scan | seq_tup_read | idx_scan | idx_tup_
fetch | n_tup_ins | n_tup_upd | n_tup_del | n_tup_hot_upd | n_live_tup | n_dead_
tup | last_vacuum | last_autovacuum | last_analyze | last_autoanalyze
-------+--------------------+------------------------+----------+--------------
+----------+--------------+-----------+-----------+-----------+---------------+
------------+-----------+-------------+-----------------+--------------+-------
-----------
2753 | pg_catalog | pg_opfamily | 0 | 0 | 0 | 0 | 0 | 0 | 0 | 0 | 0 | 0 | | | |
2617 | pg_catalog | pg_operator | 0 | 0 | 7 | 7 | 0 | 0 | 0 | 0 | 0 | 0 | | | |
. . .
2328 | pg_catalog | pg_foreign_data_wrapper | 0 | 0 | 0 | 0 | 0 | 0 | 0 | 0 |
0 | 0 | | | |
(65 rows)
```

여기서 여러분이 원하는 데이터를 얻기 위해 특정 SQL 문을 사용해 출력 결과를 간소화할 수도 있다. 물론 모든 시스템 테이블을 제외하고 사용자 테이블만 보고 싶을지도 모른다. 사용자 테이블만 보고 싶은 경우에는 pg_stat_user_tables 테이블을, 시스템 테이블만 보고 싶은 경우에는 pg_stat_sys_tables 테이블을 보면 된다.

느린 쿼리 확인하기

데이터베이스 문제를 디버깅할 때 답해야 할 가장 공통적인 질문 중 하나는 "왜 데이터베이스가 느리지?"라는 질문이다. 이 질문에 답하기 위해 특정 임계치보다 오랫동안 실행되는 느린 쿼리를 파악하고 싶을 것이다. 느린 쿼리를 파악하고 나서야 데이터베이스에서 더 빠르게 실행되도록 해당 쿼리를 최적화할 수 있다. MySQL, PostgreSQL 모두 나중에 느린 쿼리를 확인할 수 있게 느린 쿼리를 지정된 위치에 로깅하는 메커니즘을 제공한다.

MySQL

MySQL에서 느린 쿼리 로깅을 활성화하려면 log_slow_queries와 long_query_time이라는 두 가지 변수를 설정해야 한다. log_slow_queries 변수에는 느린 쿼리를 모두 로깅할 파일을 설정해야 하며(MySQL을 실행하는 사용자가 해당 위치에 쓰기가 가능한지 확인해야 한다), long_query_time 변수에는 얼마나 오랫동안 쿼리가 수행돼야 느린 쿼리로 간주할 것인지 임계치를 초단위로 설정해야 한다. MySQL를 설치하면 기본 my.cnf 파일에 이러한 설정값이 이미 표시돼 있으며, 주석으로 처리돼 있다.

```
# Here you can see queries with especially long duration
log_slow_queries = /var/log/mysql/mysql-slow.log
long_query_time = 2
```

일단 이 값들을 모두 설정하고 나면 MySQL 프로세스를 재시작해야 한다. MySQL 프로세스를 재시작할 때 log_slow_queries 변수에 설정한 파일에 로그가 아래와 같이 남는지 확인하면 된다.

```
/usr/sbin/mysqld, Version: 5.1.63-0ubuntu0.10.04.1-log ((Ubuntu)). started with:
Tcp port: 3306 Unix socket: /var/run/mysqld/mysqld.sock
Time            Id Command        Argument
```

임계치보다 더 오래 수행되는 쿼리가 발견되면 이 로그 파일에서 해당 쿼리와 더불어 쿼리를 실행한 사용자, 쿼리 수행 시간 및 잠금 시간, 전송된 행의 수, 검사 횟수에 대한 정보를 확인할 수 있을 것이다. 그러고 나서 이 정보를 활용해 애플리케이션으로 돌아가 해당 쿼리가 어디에서 실행되는지 식별하고 최적화할 방법을 찾을 수 있다.

MySQL 쿼리의 문제를 식별하는 또 다른 방법은 mysqladmin processlist 명령어를 통해서다. 이 명령어는 현재 실행되고 있는 모든 MySQL 프로세스에 대한 정보를 보여준다. 아래는 mysqladmin 명령어를 실행해 클라이언트(로컬 mysql 클라이언트 연결)가 하나뿐인 비교적 사용되지 않는 WordPress 설치 프로세스가 있는 것을 보여준다.

```
$ mysqladmin -u root -p processlist
Enter password:
+------+------+-----------+-----------+---------+------+-------+------------------+
| Id   | User | Host      | db        | Command | Time | State | Info             |
+------+------+-----------+-----------+---------+------+-------+------------------+
| 2663 | root | localhost | wordpress | Sleep   | 80   |       |                  |
| 2686 | root | localhost |           | Query   | 0    |       | show processlist |
+------+------+-----------+-----------+---------+------+-------+------------------+
```

또한 초 단위로 -i 옵션을 추가할 수 있다. 이 명령을 실행하면 지정한 초 간격으로 반복해서 실행할 것이다. 그러고 나면 초 간격마다 명령어 결과를 모니터링할 수 있으며, 정상적인 시간보다 훨씬 더 오래 걸리는 쿼리를 식별할 수 있다. 시스템을 느리게 하는 쿼리를 파악하고 그것을 종료시키고 싶다면 processlist 명령어 실행 결과에서 프로세스 ID를 확인하고, 해당 프로세스 ID를 kill 명령어에 전달해서 실행하면 된다. 예를 들어, 80초 동안 연결돼 있는 WordPress 데이터베이스 연결을 종료하고 싶다면 아래와 같이 입력하면 된다.

```
$ mysqladmin -u root -p kill 2663
```

PostgreSQL

PostgreSQL에는 모든 쿼리를 로깅하는 옵션이 있다. 이 옵션은 log_min_duration_statement에 설정된 임계치를 넘은 것에만 해당되는 것은 아니다. 이 값이 -1로 설정돼 있다면 어떤 쿼리도 로깅되지 않는다. 이 값이 0이라면 모든 쿼리가 로깅될 것이다. 0보다 큰 어떤 값이 설정돼 있다면 그 값(밀리초 단위)보다 오래 걸린 쿼리가 모두 로깅될 것이다. 예를 들어, 100밀리초보다 오래 걸린 쿼리를 모두 로깅하려면 아래와 같이 설정하면 된다.

```
log_min_duration_statement = 100
```

일단 설정하고 나면 설정을 적용하기 위해 PostgreSQL 서비스를 재시작해야 한다. 그러고 나서 임계치보다 오래 걸린 모든 쿼리를 로그에서 확인할 수 있다. MySQL과 달리 PostgreSQL은 이 값이 초 단위가 아니라 밀리초 단위라는 점을 기억한다. 그러나 모든 쿼리를 로깅해서 데이터베이스를 느리게 만들고 싶지 않다면 임계치를 너무 낮게 설정하지 않도록 주의한다. 예를 들어, 이 값을 1로 설정하면 통계 정보를 수집하는 쿼리까지 로깅하게 될 것이다.

```
2012-07-12 11:02:00 PDT LOG: duration: 28.964 ms statement: select * from
  ➥pg_stat_activity;
2012-07-12 11:02:12 PDT LOG: duration: 39.845 ms statement: select * from
  ➥pg_stat_all_tables;
```

10

그건 하드웨어 고장이야!
일반적인 하드웨어 문제 진단하기

데브옵스의 세계는 대체로 소프트웨어의 세계다. 그러나 궁극적으로 소프트웨어는 물리적인 장비 위에서 실행돼야 하며, 물리적인 장비는 자신이 소유한 호스트에서 문제를 가질 수 있다. 개발자이거나 QA 조직에서 일하는 사람이라면 하드웨어는 시스템 관리자의 영역이라고 생각할지 모른다. 데브옵스 조직의 모든 사람들은 훨씬 더 긴밀하게 협력하기 때문에 하드웨어 문제 해결 능력을 갖추는 것은 매우 가치 있는 일이다. 결국에는 하드웨어에 대한 책임이 누군가에게 있든 중요한 서버의 하드디스크가 고장 나리라는 것을 미리 알아낼 수 있다면 여러분은 알고 싶지 않겠는가? 네트워크 애플리케이션이 코드의 버그 때문이 아니라 네트워크 카드 오류로 장애가 발생했다는 사실을 알고 있다면 디버깅하는 시간을 절약할 수 있을 것이다. 애플리케이션에 무작위로 장애가 발생하더라도 코드에는 문제가 없을 수 있고 불량 RAM이 원인이 될 수도 있다.

10장에서는 여러분이 경험할 수 있는 흔히 발생하는 몇 가지 하드웨어 장애와 그 문제를 확인하고 해결하는 조치 사항들을 다루겠다. 흔히 많이 고장 나는 하드웨어부터 (하드디스크와 RAM) 설명할 것이다. 그리고 나서 몇 가지 흔히 발생하는 다른 하드웨어 문제를 해결하는 방법을 설명하겠다.

하드디스크가 고장 난 경우

서버를 구성하는 요소는 다양하지만 하드디스크는 항상 가장 취약한 부품인 듯하다. 하드웨어의 어떤 부분이 수명에 도달하기 전에 고장 난다면 그것은 아마 하드디스크일 것이다. 많은 서버들이 RAID 형태로 어느 정도의 중복을 두고 있는 것은 이 때문이다. 하드디스크 제조업체가 자체적인 하드디스크 테스트 도구를 갖추고 있긴 하지만 오늘 날 출시되는 하드디스크는 반드시 SMART도 지원해야 한다. SMART는 하드디스크 의 전반적인 상태를 모니터링하고, 곧 고장 나리라는 것을 경고해 줄 수 있다. 많은 벤 더 도구와 달리 재부팅 없이 SMART를 통해 하드디스크의 상태를 체크할 수 있다.

SMART 도구는 주요 리눅스 배포판에서 사용할 수 있을 것이다. 그래서 패키지 관 리자를 사용해 "smart" 키워드로 검색하기만 하면 된다. 가령 데비안 기반의 배포판에 서는 smartmontools라고 한다. 일단 패키지를 설치하고 나면 하드디스크를 스캔하기 위해 루트 사용자로 실행할 수 있는 smartctl 프로그램이 있어야 한다. 하드디스크 상 태를 체크하려면 smartctl 프로그램에 -H 옵션을 지정하면 된다.

```
$ sudo smartctl -H /dev/sda
smartctl version 5.37 [i686-pc-linux-gnu] Copyright (C) 2002-6 Bruce Allen
Home page is http://smartmontools.sourceforge.net/
SMART Health Status: OK
```

이 예제에서는 하드디스크 상태가 양호하지만 어떤 경우에는 smartctl이 하드디스 크에 대해 고장 또는 주의 메시지를 반환할지도 모른다.

```
$ sudo smartctl -H /dev/sda
smartctl version 5.38 [x86_64-unknown-linux-gnu] Copyright (C) 2002-8 Bruce
Allen
Home page is http://smartmontools.sourceforge.net/

=== START OF READ SMART DATA SECTION ===
SMART overall-health self-assessment test result: PASSED
Please note the following marginal Attributes:
ID# ATTRIBUTE_NAME FLAG VALUE WORST THRESH TYPE UPDATED WHEN_FAILED RAW_VALUE
190 Airflow_Temperature_Cel 0x0022 056 037 045 Old_age Always In_the_past 44
    ➥(Lifetime Min/Max 20/50)
```

이러한 경우 하드디스크는 통과했지만 하드디스크의 주변 공기 온도에 대해 주의를 받았다(아마 더 나은 환풍 시설을 사용할 수 있을 것이다). 두 예제 모두 smartctl이 시 스템의 첫 번째 스카시(SCSI) 드라이브인 /dev/sda를 지정했기 때문에 모든 드라이브를 체크하려면 /dev/sdb나 다른 디바이스로 변경할 필요가 있을지도 모른다. 시스템에 드라이브가 장착돼 있는지 확신할 수 없다면 'sudo fdisk -l'의 결과를 확인한다. 이 명령어는 감지할 수 있는 모든 디스크와 파티션 목록을 보여줄 것이다. 하지만 fdisk는 여러분이 설정한 소프트웨어 RAID 파티션(/dev/mdX devices)과 같은 가상 드라이브도 보여준다는 점을 잊지 말자.

또한 smartctl을 -a 옵션과 함께 사용하면 하드디스크에 대한 훨씬 더 많은 정보를 확인할 수 있다. 이 옵션은 드라이브에 대한 모든 SMART 정보를 가져올 것이다.

```
$ sudo smartctl -a /dev/sda
smartctl version 5.38 [x86_64-unknown-linux-gnu] Copyright (C) 2002-8 Bruce Allen
Home page is http://smartmontools.sourceforge.net/

=== START OF INFORMATION SECTION ===
Model Family:       Seagate Barracuda 7200.10 family
Device Model:       ST3400620AS
Serial Number:      3QH01QZ3
Firmware Version:   3.AAD
User Capacity:      400,088,457,216 bytes
Device is:          In smartctl database [for details use: -P show]
ATA Version is:     7
ATA Standard is:    Exact ATA specification draft version not indicated
Local Time is:      Sun Jul 15 14:03:44 2012 PDT
SMART support is:   Available - device has SMART capability.
SMART support is:   Enabled

=== START OF READ SMART DATA SECTION ===
SMART overall-health self-assessment test result: PASSED
See vendor-specific Attribute list for marginal Attributes.

General SMART Values:
Offline data collection status: (0x82) Offline data collection activity
                                      was completed without error.
                                      Auto Offline Data Collection: Enabled.
Self-test execution status:     (   0) The previous self-test routine completed
                                      without error or no self-test has ever
                                      been run.
Total time to complete Offline
data collection:                ( 430) seconds.
Offline data collection
capabilities:                   (0x5b) SMART execute Offline immediate.
                                      Auto Offline data collection on/off support.
                                      Suspend Offline collection upon new
                                      command.
                                      Offline surface scan supported.
                                      Self-test supported.
                                      No Conveyance Self-test supported.
                                      Selective Self-test supported.
```

```
SMART capabilities:            (0x0003) Saves SMART data before entering
                                        power-saving mode.
                                        Supports SMART auto save timer.

Error logging capability:      (0x01) Error logging supported.
                                       General Purpose Logging supported.
Short self-test routine
recommended polling time:      (   1) minutes.
Extended self-test routine
recommended polling time:      ( 132) minutes.
The Hard Drive Is Dying 189
SMART Attributes Data Structure revision number: 10
Vendor Specific SMART Attributes with Thresholds:
ID# ATTRIBUTE_NAME            FLAG   VALUE  WORST THRESH TYPE  UPDATED WHEN_FAILED
↳RAW_VALUE
  1 Raw_Read_Error_Rate       0x000f 120  093  006  Pre-fail Always   - 242629896
  3 Spin_Up_Time              0x0003 085  085  000  Pre-fail Always   - 0
  4 Start_Stop_Count          0x0032 100  100  020  Old_age  Always   - 46
  5 Reallocated_Sector_Ct     0x0033 100  100  036  Pre-fail Always   - 0
  7 Seek_Error_Rate           0x000f 075  060  030  Pre-fail Always   - 33428869
  9 Power_On_Hours            0x0032 062  062  000  Old_age  Always   - 33760
 10 Spin_Retry_Count          0x0013 100  100  097  Pre-fail Always   - 0
 12 Power_Cycle_Count         0x0032 100  100  020  Old_age  Always   - 67
187 Reported_Uncorrect        0x0032 100  100  000  Old_age  Always   - 0
189 High_Fly_Writes           0x003a 100  100  000  Old_age  Always   - 0
190 Airflow_Temperature_Cel   0x0022 060  037  045  Old_age  Always
  ↳In_the_past 40(Lifetime Min/Max 20/50)
194 Temperature_Celsius       0x0022 040  063  000  Old_age  Always   - 40
  ↳(0 16 0 0)
195 Hardware_ECC_Recovered    0x001a 065  057  000  Old_age  Always   - 35507735
197 Current_Pending_Sector    0x0012 100  100  000  Old_age  Always   - 0
198 Offline_Uncorrectable     0x0010 100  100  000  Old_age  Offline - 0
199 UDMA_CRC_Error_Count      0x003e 200  200  000  Old_age  Always   - 68
200 Multi_Zone_Error_Rate     0x0000 100  253  000  Old_age  Offline - 0
202 TA_Increase_Count         0x0032 100  253  000  Old_age  Always   - 0

SMART Error Log Version: 1
No Errors Logged

SMART Self-test log structure revision number 1

SMART Selective self-test log data structure revision number 1
SPAN  MIN_LBA  MAX_LBA  CURRENT_TEST_STATUS
  1       0        0  Not_testing
  2       0        0  Not_testing
  3       0        0  Not_testing
  4       0        0  Not_testing
  5       0        0  Not_testing
Selective self-test flags (0x0):
  After scanning selected spans, do NOT read-scan remainder of disk.
If Selective self-test is pending on power-up, resume after 0 minute delay.
```

smartctl이 한 개의 하드디스크 상태를 체크할 때는 유용하겠지만 이상적으로는 시스템이 임박한 장애를 자동으로 파악하고 문제가 생겼을 때 여러분에게 알려줄 수 있어야 한다. smartctl을 제공하는 패키지에는 이런 일들을 할 수 있는 smartd라는 데몬도 포함돼 있다. smartd는 기본적으로 비활성화돼 있을 수도 있으므로 데비안 기반 시스템에서는 /etc/default/smartmontools를 편집해 start_smartd=yes 항목의 주석을 제거하고 서비스를 시작하기 위해 'sudo service smartmontools start' 명령어를 실행해야 한다. 데비안 기반의 배포판을 사용하고 있지 않다면 SMART 패키지 문서를 확인해 보자. 아마 서비스가 자동으로 시작될 수도 있다. 이러한 경우 시스템에 적합하게 기본 설정을 일부 수정하기 위해 /etc/smartd.conf 설정 파일을 확인할 필요가 있을지도 모른다.

RAM 오류 테스트하기

문제를 해결하기에 가장 번거로운 오류 유형 중 일부는 불량 RAM 때문에 발생하는 것이다. 종종 RAM 오류는 무턱대고 발생하는 프로그램 오류와 함께 장비에 불규칙한 대혼란이나 심지어 불규칙한 커널 패닉 상태를 야기한다. 사실 한번 안정적으로 운영되던 서버에서 불규칙하게 발생하는 오류를 동반한 문제가 발생하기 시작하면 맨 먼저 RAM 불량인지 확인해야 한다.

대부분의 주요 리눅스 배포판에는 Memtest86+라고 하는 사용하기 쉬운 RAM 테스트 도구가 포함돼 있다. 어떤 경우에는 이 프로그램이 기본으로 설치돼 있을뿐더러 우분투 같은 배포판에서는 부팅 옵션으로 준비돼 있기도 하다. 그렇지 않으면 해당 패키지를 설치하고, GRUB 설정에 자동으로 추가되지 않더라도 손쉽게 추가할 수 있다. 또 다른 방법은 간단하게 리눅스 설치 디스크나 복구 도구를 사용하는 것이다.

Memtest86+는 아주 작은 공간을 차지하기 때문에 대부분 설치 디스크는 부팅할 때 선택할 수 있는 진단 도구로서 Memtest86+를 제공한다. 일단 부팅할 때 Memtest86+을 시작하게 하면 그림 10-1에서와 같이 즉시 시작되어 RAM을 스캔하기 시작할 것이다.

Memtest86+은 다양한 RAM 오류 유형을 식별할 수 있는 갖가지 철저한 테스트를 수행한다. 맨 위에는 진행 상태와 함께 현재 어떤 테스트가 실행되고 있는지 볼 수 있다. Pass 항목에서는 완료된 테스트가 얼마나 되는지 확인할 수 있다. 철저한 메모리 테스트가 실행되는 데는 수 시간이 걸릴 수 있으며, 관리자는 문제가 있으리라 의심되는 RAM에 대해 필요하다면 테스트를 밤새 또는 며칠 동안 수행하고 싶을지도 모른다. Memtest86+가 오류를 발견한다면 화면 아래에 결과를 보여줄 것이다.

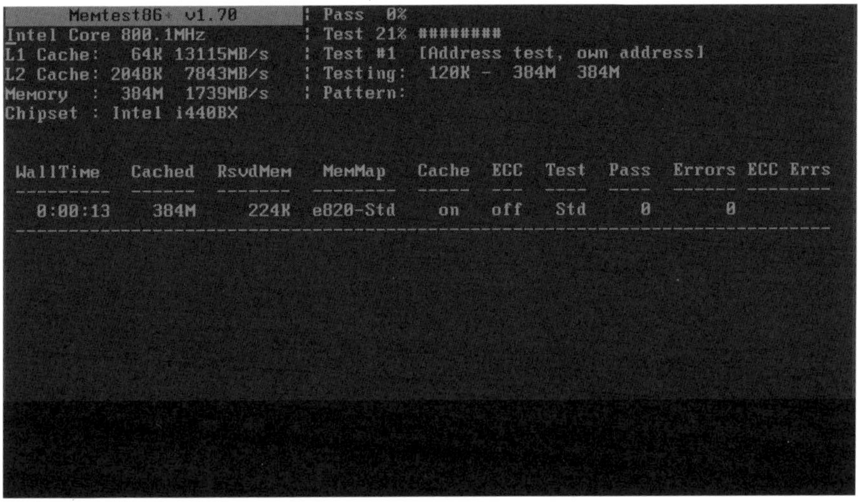

그림 10-1 RAM을 테스트 중인 Memtest86+

RAM에서 오류가 발견되더라도 어떤 DIMM이 오류를 가지고 있는지 자동으로 식별할 수 없을지도 모른다. 현 시점에서는 시스템을 부팅하는 데 필요한 최소한의 RAM(DIMM 한 쌍)을 제외한 모든 RAM을 제거하는 절차를 밟고 DIMM 한 쌍이 오류를 가지고 있는지 확인하기 위해 Memtest86+를 실행해 봐야 할 것이다.

DIMM이 문제가 없다고 확인되면 그것들을 문제가 없는 것으로 분류하고, 오류가 발생하는 DIMM 쌍을 발견할 때까지 계속 진행해야 한다. 이러한 과정을 수행한다면 DIMM 쌍을 분리할 수 있으며, 불량 DIMM을 발견할 때까지 알려지지 않은 DIMM 하나와 문제가 없다고 알려진 DIMM 하나를 가지고 Memtest86+를 실행할 수 있다. 물론 느긋해 해서는 안 된다. 서버가 원상 복구될 때까지 모든 DIMM을 확실히 테스트해야 한다. 나는 같은 서버에서 두 개의 다른 DIMM이 동시에 문제를 일으키는 경우를 본 적도 있다.

네트워크 카드가 고장 난 경우

네트워크 카드에 장애가 발생하기 시작하면 온갖 종류의 네트워크 문제 해결 조치가 별다른 효험이 없을 때처럼 다소 불안하게 만들 수 있다. 종종 호스트에 연결돼 있는 네트워크 카드나 다른 네트워크 구성 요소에 장애가 발생하기 시작하면 시스템에서 패킷 오류를 볼 수 있다. 네트워크 문제 해결을 위해 이전에 사용해 본 ifconfig 명령어를 사용해 네트워크 카드의 TX(송신) 또는 RX(수신) 오류를 확인할 수 있다. 다음은 문제가 없는 네트워크 카드의 한 예다.

```
$ sudo ifconfig eth0
eth0 Link encap:Ethernet HWaddr 00:17:42:1f:18:be
inet addr:10.1.1.7 Bcast:10.1.1.255 Mask:255.255.255.0
inet6 addr: fe80::217:42ff:fe1f:18be/64 Scope:Link
UP BROADCAST MULTICAST MTU:1500 Metric:1
RX packets:1 errors:0 dropped:0 overruns:0 frame:0
TX packets:11 errors:0 dropped:0 overruns:0 carrier:0
collisions:0 txqueuelen:1000
RX bytes:229 (229.0 B) TX bytes:2178 (2.1 KB)
Interrupt:10
```

가장 흥미로운 줄은 아래와 같다.

```
RX packets:1 errors:0 dropped:0 overruns:0 frame:0
TX packets:11 errors:0 dropped:0 overruns:0 carrier:0
collisions:0 txqueuelen:1000
```

이 줄에서는 디바이스에 오류가 있는지 알려줄 것이다. 여기서 많은 오류를 표시되기 시작한다면 물리적인 네트워크 구성 요소의 문제를 해결할 필요가 있다. 네트워크 카드, 네트워크 케이블 또는 스위치 포트가 불량일 가능성이 있다. 네트워크 케이블을 새 것이나 양호하다고 확인된 케이블로 교체하는 것과 같이 가장 테스트하기 쉬운 요소부터 시작한다. 오류가 계속해서 발생한다면 케이블을 새 스위치 포트나 양호하다고 확인된 스위치 포트로 옮겨본다. 어떠한 방법도 도움이 되지 않는다면 마지막으로 네트워크 카드를 교체해 본다(또는 서버에 여러 개의 이더넷 포트가 장착돼 있다면 다른 포트로 바꿔본다).

서버가 너무 뜨거운 경우

서버, 특히 분주한 서버는 많은 열을 발생시킨다. 이상적으로는 서버가 냉각이 잘 되는 시설에 있더라도 누군가의 책상 아래에 아무렇게 놓여 있거나, 냉각이 불량한 데이터 센터의 랙에서 맨 위에 놓여 있을지도 모른다. 냉각이 잘 되지 않는 서버는 하드디스크 와 나머지 서버 구성 요소의 장애를 예상보다 빨리 야기할 수 있다. 냉각이 충분히 되지 않을 경우 요즘 출시되는 마더보드는 과열 상태에 가까워졌음을 발견했을 때 CPU 다운을 일으켜서 서버가 완전히 죽지 않았더라도 사용할 수 없을 정도로 느려질 수도 있다. 또 어떤 경우에는 과열된 서버의 구성 요소는 불규칙한 프로세스 오류를 야기할 수도 있다.

데이터센터가 특히 너무 덥게 운영되고 있다고 의심되면 한 가지 해법으로 랙에 설치 하는 랙마운트 온도계(온도를 모니터링할 수 있는)를 구매할 수 있다. 랙마운트 온도 계는 잘 작동하지만 주위 공기가 충분히 시원하더라도 서버가 여전히 너무 뜨겁다면 온도계가 그리 도움되지 않을 수도 있다. 리눅스는 CPU와 마더보드의 온도, 어떤 경 우에는 PCI 디바이스 온도와 심지어 팬 속도까지 확인할 수 있는 도구를 제공한다. 이 러한 모든 지원 기능은 lm-sensors 패키지에서 제공되며, 이 패키지는 특정 배포판에 서만 사용할 수 있다.

일단 lm-sensors 패키지가 설치되면 루트 권한으로 sensors-detect 프로그램을 실 행한다.

```
$ sudo sensors-detect
```

대화형 스크립트가 시스템의 하드웨어를 조사하게 되며, 이 스크립트는 온도를 알아 내는 방법을 알아 낸다. 물어보는 질문에 응답하는 법을 모른다면 엔터를 치기만 하면 된다. sensors-detect 스크립트가 끝나고 나면 sensors 명령어를 통해 서버에 대한 데 이터를 가져올 수 있다.

```
$ sensors
k8temp-pci-00c3
Adapter: PCI adapter
Core0 Temp:   +34.0°C
Core1 Temp:   +38.0°C
```

```
k8temp-pci-00cb
Adapter: PCI adapter
Core0 Temp:  +32.0°C
Core1 Temp:  +36.0°C
```

다른 하드웨어는 다른 모양으로 온도를 보여줄 것이다. 예를 들어, 이전 코드는 HP ProLiant 서버에서 실행한 결과인 반면 아래의 결과는 ThinkPad 노트북에서 실행한 결과다.

```
$ sensors -f
acpitz-virtual-0
Adapter: Virtual device
temp1:    +134.6°F   (crit = +260.6°F)
temp2:    +132.8°F   (crit = +219.2°F)
thinkpad-isa-0000
Adapter: ISA adapter
fan1: 3756 RPM
temp1:    +134.6°F
temp2:    +122.0°F
```

두 번째 결과에서 볼 수 있듯이 팬 속도뿐 아니라 어느 정도의 온도가 디바이스에 치명적이라고 간주되는지도 확인할 수 있다. 이 예제에서는 온도를 화씨로 변환하기 위해 -f 옵션을 추가했다. 우선 첫째로 서버 주위의 공기 흐름을 조사하고 서버 환풍구가 먼지로 막히지 않았는지 확인한다. 서버가 랙 아래로부터 시원한 공기가 나오는 데이터센터에 있다면 뜨거운 서버를 바닥에 더 가깝게 아래로 내리는 방법을 고려할 수도 있다(서버가 그러한 데이터센터에 있지 않더라도 공기는 바닥에 가까울수록 더 시원해지는 것 같다). 랙에 여유 공간이 있다면 더 간격을 둬서 서버를 배치하는 방법으로 서로 위에 쌓아두지 않게 한다. 서버를 적재하지 않고 대신 선반에 설치하거나 다른 서버 위에 서버를 쌓아 두는 나쁜 버릇이 있다면 그것도 나쁜 공기 흐름과 과열의 원인으로 작용할 것이다.

전원 공급 장치가 고장 난 경우

10장에서 간단하게 다룰 마지막 하드웨어 장애는 전원 공급 장치 장애다. 오늘날 출시되는 대부분의 서버 하드웨어는 전원 공급 장치에 장애가 발생했을 때 서버의 전원이 꺼지지 않게끔 여러 대의 전원 공급 장치를 보유하는 옵션을 가지고 있다. 전원 공급 장치가 완전히 고장 나는 것은 문제가 될 수 있더라도 전원 공급 장치가 꺼져서 서버가 중지되는 문제를 해결하는 것은 그렇게 큰 일은 아니다. 이 단락에서 간단하게 언급하는 전원 공급 장치 장애는 엄밀히 말해서 전원 공급 장치가 작동하긴 하지만 충분한 전원을 공급할 수 없는 현상에 대한 것이다.

전력 부족이나 곧 장애가 발생할 상황으로 인해 전원 공급 장치가 충분한 전원을 공급할 수 없을 경우 서버에는 이상한 문제가 발생할 수 있다. 사실 그 증상은 프로그램이 무작위로 오류가 발생하는 RAM 오류와 매우 비슷하지만 전원 공급 장치의 불량은 하드디스크의 일시적인 장애도 야기할 수 있다. 시스템 로그에서 SMART 오류가 나타나거나 읽기 전용 모드로 리마운트를 야기하는 파일 시스템 오류를 경험할지도 모른다(이 오류에 대한 더 상세한 내용은 4장에서 다룬다). 그러나 RAM 체크를 하거나 SMART 체크를 실행해도 아직 문제가 없다고 나온다. 많은 관리자가 이런 종류의 문제에 직면했을 때 단지 마더보드나 또 다른 핵심 컴포넌트 장애가 발생하기 시작했다고 가정하고 전체 서버를 밖으로 던져 버릴 것이다!

그렇다면 이 같은 문제가 불량 전원 공급 장치 때문에 발생했고 불량 RAM이나 디스크 장애 때문에 발생하지 않았다고 어떻게 알 수 있을까? 일반적으로 전원 공급 장치 장애가 발생하기 시작해서 충분한 전원을 공급할 수 없을 때보다 시스템 부하가 높을 때 발생하는 문제가 더 흔하다. 예를 들어, 빌드 서버가 대규모 빌드 작업을 수행하는 중일 때 훨씬 더 자주 파일 시스템 오류가 발생한다는 사실을 알게 될 것이다(이것이 냉각 문제를 가리킬 수도 있지만). 이런 종류의 문제를 진단하는 가장 간단한 방법은 기본적인 문제 해결 방법을 사용하는 것이다. 즉, 전원 공급 장치를 새 것(또는 문제가 없다고 알려진 시스템의 전원 공급 장치)으로 교체해 문제가 재현되는지 확인해 본다.

• 찾 아 보 기 •